LE COMMERCE DU GLOBE

COMPTES DE REVIENT

DE

MARCHANDISES ÉCHANGÉES ENTRE TOUTES LES PRINCIPALES PLACES DE COMMERCE DU MONDE

PAR

H.-L. MULLER, Négociant au Havre

LE HAVRE

Alphonse LEMALE, Imprimeur

1865

LE COMMERCE DU GLOBE

LE COMMERCE DU GLOBE

COMPTES DE REVIENT

DE

MARCHANDISES ÉCHANGÉES ENTRE LES PRINCIPALES PLACES DE COMMERCE DU MONDE

PAR

H.-L. MULLER, Négociant au Havre

ZONE DES INDES OCCIDENTALES

PORT-AU-PRINCE, LA HAVANE, PORTO-RICO, CIENFUEGOS, MATANZAS

HAVRE

Alphonse LEMALE, Imprimeur

—

1867

PRÉFACE

Depuis 1839, époque à laquelle nous fîmes paraître la première Edition du COMMERCE DU GLOBE, il est survenu de si nombreux changements que les Comptes dont ce volume est composé, sont aujourd'hui, pour la plupart, hors de service.

Le Commerce avait besoin d'un ouvrage nouveau, en rapport avec les transactions actuelles; des demandes incessantes nous ayant été adressées dans ce sens depuis plusieurs années, nous nous sommes enfin décidés à refaire cet ouvrage sur un plan nouveau et sur une échelle beaucoup plus vaste.

En me bornant à refaire ce qui existe depuis vingt-cinq ans, en y introduisant les modifications survenues, je n'eusse satisfait que très imparfaitement aux besoins nouveaux. Pour élargir le cadre du premier ouvrage et embrasser dans celui-ci toutes les parties du monde, le concours des agents consulaires de France dans les pays d'Outre-Mer m'était indispensable. Il est de mon devoir de reconnaître que S. E. Monsieur le Ministre du Commerce, ainsi que S. E. Monsieur le Ministre des Affaires Etrangères, sur la recommandation particulière de notre Chambre de Commerce, ont bien voulu, dans un but d'utilité publique, accueillir ma demande avec une très grande bienveillance, et me donner toute l'assistance désirable.

Tous les négociants peuvent, sans doute, établir eux-mêmes leurs *Comptes de Revient*; mais tous savent, par expérience, qu'on manque souvent des renseignements indispensables. Mille fois pendant ma longue carrière commerciale, j'aurais trouvé fort intéressant, et fort utile, d'avoir sous la main un livre qu'il m'eût suffi d'ouvrir pour y rencontrer les renseignements qui me manquaient, comme aussi pour contrôler mes calculs, en les comparant à des échelles présentant toutes les variations dans le coût de la marchandise et dans les changes, et faisant ressortir en regard le *Prix de Revient* au lieu de destination. — Si mes calculs eussent été faits à l'avance, c'eût été une immense satisfaction et une très grande tranquillité d'esprit pour moi d'être d'accord avec le livre en question, et si je n'avais pas eu les renseignements nécessaires, j'aurais été doublement heureux de les y trouver avec les calculs tout faits.

Voici quel est le plan de cet Ouvrage :

Une Edition Française renfermera des Notices sur ce qui concerne le Commerce et la Marine des principales Places de Commerce, ainsi que des Comptes de Revient de denrées échangées entre tous les pays d'Outre-Mer et les ports français.

Chaque Compte sera accompagné d'un tableau de parité qui indiquera, selon le change, s'il est avantageux de se rembourser sur telle Place plutôt que sur telle autre, et, en outre, d'une échelle comparative qui permettra de calculer d'un coup d'œil les variations dans les prix de revient, produites par l'augmentation ou la réduction soit du prix d'achat, soit du fret, soit du change.

Une Edition Anglaise renfermera à peu près les mêmes matières que l'Edition française, mais avec cette différence *capitale* qu'elle sera faite en vue du commerce Britannique, et que tous les Comptes de Revient seront établis pour les importations en Angleterre.

Ces deux ouvrages auront certainement leur importance pour tous les négociants Européens et pour ceux qui habitent les pays d'Outre-Mer; car, il est intéressant de savoir exactement quel est le port d'Europe qui laisserait la plus belle marge pour telles ou telles marchandises expédiées de n'importe quel port d'Outre-Mer; — avec ces deux ouvrages sous les yeux et les prix courants nécessaires, on pourra établir ces comparaisons sans faire aucun calcul.

Pour faciliter l'acquisition de ces deux ouvrages réunis, dont le coût sera au-dessus de la valeur ordinaire des autres livres, — les dépenses pour obtenir les nombreux renseignements indispensables étant considérables, et les difficultés typographiques occasionnées par les tableaux rendant l'impression fort coûteuse, — nous ferons paraître des **livraisons par zônes** qui comprendront les comptes français et anglais, extraits des deux éditions principales, et qui pourront s'obtenir séparément. Ainsi, par exemple, le négociant d'Europe qui travaillera spécialement avec les ports de la Méditerranée, et toutes les Maisons de commerce de ces pays, pourraient hésiter à prendre les deux éditions principales qui renfermeront un certain nombre de Comptes peut-être sans intérêt pour eux : tandis que ces négociants pourront acheter à un prix modéré l'Edition spéciale qui renfermera les *Comptes de Revient* pour la France de toutes les marchandises qui s'exportent des divers ports *des Indes Occidentales*.

Il en sera de même pour les *Zônes* ci-après : chacune d'elles comprendra les Comptes de tous les ports placés dans son rayon.

En voici le détail :

La Plata ; — Golfe du Bengale Mer d'Oman, Afrique, — Brésil ; — Iles de la Sonde et de l'Océanie ;— Indes Occidentales ; — Méditerranée, Egypte, Mer Noire.

Pour un travail de cette importance, il s'agissait de trouver une combinaison qui le mît à l'abri des changements qui peuvent survenir dans les droits de sortie des pays producteurs, comme dans les droits d'entrée des pays de consommation. C'est là l'élément principal qui peut modifier le *Compte de Revient*. — Afin d'éviter cet inconvénient, j'établis tous les Comptes sans ces droits ; ces comptes ne seront donc susceptibles, sous ce rapport, d'aucune altération et pourront servir longtemps.

Pour les droits de sortie des pays de production, j'établis sur chaque Compte un calcul séparé qui fait ressortir ce qu'ils produisent en France par 100 kilog. ; il suffira d'ajouter la somme indiquée aux Prix de Revient des tableaux. — On trouvera en outre sur chaque compte, pour le calcul de ces mêmes droits de sortie, des logarithmes à tous les changes qui serviront, au moyen d'une simple multiplication, à calculer, en cas de changement des droits, ce que ces droits produiront par 100 kil. — Les explications se trouveront dans la notice placée en tête de chaque Port.

Quant aux droits d'entrée en France, ils seront mentionnés sur chaque Compte, dans la colonne des observations. — Ces droits seront à ajouter aux Prix de revient des tableaux, quand la marchandise devra être vendue à l'acquitté.

S'il survenait des changements susceptibles de modifier les calculs de quelques Comptes, je recevrais avec reconnaissance des indications détaillées et je m'empresserais d'établir de nouveaux Comptes.

Dans la première colonne verticale de chaque tableau figurent les Prix d'achat fractionnés par huitièmes ou de 1 à 10 avec la mention : *Subdivisions — Coût et frais variables*. — Les *frais invariables* ne sont pas contenus dans les sommes placées en regard de ces chiffres; ils figurent seulement dans les Prix de revient compris sous la mention *Coût et frais variables et invariables;* en additionnant les premiers avec les derniers, quand cela sera nécessaire, il n'y aura pas double emploi.

Tous mes comptes sont établis pour la France, en vue d'un mois de séjour en magasin.

J'ai admis uniformément une commission de vente de 2 °/₀ qui varie jusqu'à 3 °/₀ en y comprenant le ducroire.

Le rendement du poids net au port de débarquement étant une chose importante, quand il s'agit d'établir un *Compte de Revient*, je me suis scrupuleusement attaché à m'entourer de renseignements exacts pour arriver à connaître le rendement moyen de chaque article.

Quand le Commerce aura reconnu l'exactitude des Comptes renfermés dans cet ouvrage, il pourra simplifier ses ordres d'achat avec les pays d'Outre-Mer, ordres qui se trouvent parfois compliqués à cause des diversités de monnaies, de changes, frets, etc., en transmettant des limites « *franco au Port de débarquement, d'après le* COMMERCE DU GLOBE. » — Ce mode préservera le négociant de tout mécompte, attendu que ces limites comprendront tous les frais que la marchandise aura à supporter jusqu'après la vente, ainsi qu'une commission de 2 °/₀.

Les armateurs, subrécargues et capitaines de navires, trouveront dans cet Ouvrage bien des choses utiles à consulter pour la direction des grands intérêts dont ils sont chargés. Un seul renseignement qui manquerait, et qu'on trouverait dans ce recueil, peut provoquer une bonne résolution, soit en commandant l'abstention sur tels articles, soit en décidant à reporter l'opération sur d'autres.

Souvent il arrive que les capitaines en cours de voyages, ne trouvant pas un fret de retour satisfaisant, et espérant faire mieux, achètent pour le compte de l'armement un chargement de bois ou d'autres marchandises. — S'ils avaient eu sous les yeux le COMMERCE DU GLOBE qui, pour ces marchandises, renfermera des comptes spéciaux, indiquant pour chacune d'elles que, à tel prix coûtant à la source, et à tel prix de vente en Europe, *il resterait net par 1000 kil. tel fret pour l'armement,* ces capitaines auraient peut-être évité des pertes sérieuses à leurs armateurs.

Les Maisons établies dans les pays d'Outre-Mer, qui s'occupent d'importations de produits manufacturés, sont parfois fort embarrassées pour effectuer leurs retours, à cause des changes onéreux ou du manque de confiance. — Elles, aussi, trouveront un intérêt particulier à consulter le COMMERCE DU GLOBE qui leur indiquera, sans qu'elles aient besoin de faire aucun calcul, ce qui convient le mieux à leurs intérêts pour faire des remises en Europe, soit d'acheter des produits de leur pays aux cours établis, soit d'acheter des traites.

En offrant cet Ouvrage au Commerce, nos peines seront bien récompensées si nous obtenons l'assurance qu'il lui a réellement rendu quelques services.

HAVRE, le 1er Octobre 1866.

H.-L. MULLER.

P.-S. — Les USAGES COMMERCIAUX étant rendus uniformes pour tous les ports Français, nos Comptes de Revient, établis pour le Havre, pourront servir également pour les importations dans tous les autres ports de France.

PORT-AU-PRINCE

Port-au-Prince, capitale de la République d'Haïti, se trouve sur la côte ouest de l'île, au fond du golfe des Gonaïves. 20,000 habitants.

Après Cuba, c'est l'île la plus considérable des Antilles, elle s'étend sur une longueur de 640 kilomètres et sur une largeur moyenne de 150. Sa surface atteint au moins le 6me de l'étendue de la France et pourrait, par comparaison avec notre population, contenir 6 millions d'habitants, tandis qu'elle n'en compte qu'environ 600,000.

Production. — Café, cacao, coton, campêche, bois jaune, bois d'acajou, tabac, cire, pitte, miel, sirops, écaille de tortue, cuirs, tafia.

Le commerce a complètement changé depuis une quinzaine d'années. Anciennement, les importations étaient toutes faites pour le compte du commerce de l'Europe; mais, à partir de l'établissement du monopole, c'est le contraire qui a eu lieu. Le chiffre des marchandises arrivant des deux continents est énorme, eu égard à la faiblesse numérique de la population, et cependant la totalité de ce qui entre se consomme dans le pays. Le luxe qui s'introduisit dans toutes les classes de la société, sous l'empire, dut nécessairement être favorable à notre commerce. Les huiles, les vins de Champagne et ceux du Midi, les tissus de fil, de soie et de laine, les passementeries, broderies, les articles de Paris, la riche quincaillerie et en général les comestibles fins, ont été l'objet d'un grand débit.

Sous le gouvernement de Soulouque, six ports seulement : Port-au-Prince, le Cap-Haïtien, Jacmel, les Gonaïves, les Cayes, Jérémie, étaient ouverts au commerce étranger. Depuis l'avénement du général Geffrard à la présidence, les ports d'Aquin, de Miragoane et de Saint-Marc ont été ouverts aussi au commerce étranger.

Si une maison étrangère veut établir des succursales dans les autres ports de l'île, elle est tenue de choisir ses agents ou correspondants parmi les commerçants indigènes. Le commerce de l'île est du reste concentré principalement dans les mains des étrangers, lesquels ne peuvent obtenir que des patentes de négociants consignataires, ou de commis, le commerce de détail et l'achat des denrées étant réservés aux Haïtiens.

Monnaies Haïtiennes. — Il existait, sous les présidents Pétions et Boyer, une monnaie nationale métallique, appelée gourde d'Haïti. Au pair avec la piastre forte, quoique inférieure en valeur intrinsèque, elle a été l'unique numéraire du pays jusqu'en 1825, époque de la création d'un papier-monnaie, lequel a circulé au même taux que la gourde d'argent; mais la révolution de 1843 et les massacres de Soulouque en 1848, en précipitèrent la dépréciation. Les gourdes métalliques, qui continuaient à circuler au pair avec les assignats, disparurent de l'île et produisirent pour ceux qui les expédiaient à l'étranger de fort beaux bénéfices. Lorsqu'en 1852 le gouvernement rendit un decret qui quadruplait la valeur de cette monnaie, la mesure était trop tardive, puisqu'il existait à peine, en 1858, sur la place, pour 8 millions de gourdes.

L'émission de papier-monnaie a été successivement augmentée et l'on calcule que la circulation actuelle à Haïti est de 80,000,000 de gourdes papier-monnaie.

En fait de numéraire, le plus avantageux est d'abord le doublon d'Espagne appelé *carolus* qui vaut ici P. 16 ½ et les autres diminutifs en proportion de cette valeur; l'or américain vient ensuite et la monnaie française en troisième lieu.

Usages Commerciaux. — La tare est pour l'Etat 1 ½ % sans restriction et pour le commerce suivant le poids du sac, qui varie selon la qualité de la toile, à l'égard des vendeurs.

Toutes les marchandises d'exportation se vendent au comptant sans escompte, s'il arrive par exception qu'on accorde des facilités de payement, c'est moyennant une stipulation d'intérêt de 2 à 3 % par mois.

Les frais que nécessitent les diverses marchandises sont énumérés dans les factures ci-après, mais en vertu de l'usage, les navires européens doivent payer non-seulement le transport à 4 $ le millier pour chaque denrée, mais encore les frais du chargement d'accon restent à leur charge et se paient approximativement une gourde par millier de campêche. Les bâtiments américains sont généralement affrétés pour recevoir et délivrer la marchandise sous palan.

Les commissions pour les maisons en relations directes d'affaires avec l'Europe sont 2 ½ % pour toutes denrées; mais si un ordre d'achat de campêche est donné, l'usage est de prélever 5 % sur le montant de la facture, en vertu du minime montant et des nombreuses occupations que nécessitent ces sortes d'opérations. Quant à la commission de remboursement, les maisons d'ici n'en chargent aucune aux maisons qui leur adressent des navires, préférant dans l'occurence refuser la consignation si le capitaine n'était détenteur des fonds nécessaires ou, si son armateur n'était suffisamment connu.

Le courtage des négociations est de deux gourdes d'Haïti par doublon.

Fret. — Le prix moyen du fret en retour est de F. 55 à F. 65 pour toute chose, le tonnage est généralement suivant le tarif du Havre.

Pour les navires anglais, ainsi que des nations du Nord, le tonneau est fixé à 2240 ℔ anglaises. les navires américains sont affrétés généralement pour aller et retourner suivant leur capacité, et le fret de retour est de 5 à 5 ½ piastres.

Changes et Remboursements. — En affaires ordinaires chaque maison de commerce émet des traites payables indistinctement, soit en Angleterre soit en France, suivant leurs relations commerciales; mais lorsqu'il s'agit de payer les droits d'exportation des cafés, toutes les traites fournies par les diverses maisons, quelle que soit leur nationalité, sont toutes payables dans Paris, accompagnées des connaissements, à 90 jours de vue, et les cafés deviennent responsables du montant des traites tirées en faveur du gouvernement d'Haïti.

Le change de la monnaie du pays est toujours fixé par le gouvernement pour le paiement des droits; de 1863 à 1864 il était de $ 13 d'Haïti pour la piastre forte; quant au commerce, les variations sont considérables, les changes ont varié ces dernières années de $ 12 à $ 24 d'Haïti par 1 P. soit de $ 192 à $ 384 pour un doublon de 16 piastres.

POIDS ET MESURES

Le quintal — kil. 48.950.

La livre = » 0.480, l'once = 3.059 décagr.
le marc = 2.447 hectogr.

Mesures de Longueur. — Aune = 1.188 mèt.; pied = 0.325 mèt.; pouce = 0.027 mèt.

Mesures de superficie. — Le pied carré = 10.5521 décimètres; le pouce carré = 7.3278 centimètres carrés.

Mesures de Capacité. — Le gallon — 3.785 litres; la pinte = 0.931 litre.

Port et Droits de Navigation. — Le port, en vertu de sa profondeur, qui a 12 ou 15 mètres d'eau, peut recevoir les plus grands navires.

Les droits de tonnage pour les navires de Commerce qui font leur entrée dans ce port sont d'une piastre forte par tonneau de jauge; mais la jauge ici s'effectue d'après l'ancien système, c'est-à-dire que les trois dimensions étant prises et multipliées l'une par l'autre, le diviseur est 94.

Les frais de vigie sont de 20 $ à 40 $ suivant le tonnage, frais de pilotage à l'entrée 80 $ à 120 $ et ½ droit à la sortie. — Droits de fontaines depuis $ 160 jusqu'à $ 200 suivant la capacité des navires.

Les époques les plus favorables pour les navires sont de Décembre jusqu'en Mars, mois de la récolte.

EXPLICATIONS POUR LES COMPTES DE REVIENT QUI VONT SUIVRE

Toutes les denrées du pays s'achètent et se paient en piastres d'Haïti; tous les droits de sortie se paient également en papier-monnaie, sauf ceux sur les cafés qui se règlent en piastres fortes.

Le change sur France est invariablement coté à 18 ¾ piastres fortes pour F. 100. — Quant au change des piastres d'Haïti contre les doublons il varie de 200 à 400 $.

A la page 9 on trouvera un tableau de réduction de la piastre d'Haïti (piastre papier) en centimes de France, aux divers changes par rapport au doublon, puis au change de P. 18 ¾ pour 100 francs.

Dans la première colonne de gauche se trouvent les $ d'Haïti (gourdes), en tête du tableau sont les piastres fortes de P. 19 à P. 16 ½, dans le corps du tableau se trouve la réduction en centimes de France de chaque gourde ou piastre d'Haïti, aux divers changes indiqués. — Ainsi par exemple, il est facile de voir que si le change est à $ 400 pour 1 doublon, alors que le change sur France est de P. 18 ¾ pour F. 100, la gourde d'Haïti ressortira à F. 0.21 ⅓.

Pour les comptes de revient qui vont suivre, en tête des tableaux figurent les changes de la gourde, qui sont établis par ceux qui existent pour les gourdes et les doublons combinés avec ceux des piastres et des francs.

Ainsi par exemple, on désire connaître le prix de revient au Havre de Café, (voir le compte page 17) coûtant au Port-au-Prince $ 150 les 100 ℔, au change sur France de P. 18 ¾ pour F. 100, alors que le doublon vaudra 355 $ et au fret de F. 70.

On se reportera d'abord à la table de réduction page 9 où l'on trouvera que $ 355 pour un doublon de P. 16, au change sur France de P. 18 ¾ pour F. 100, font pour une gourde F. 0.24 04/100 de centimes de France; on se reportera au tableau du compte page 17, en tête duquel figure dans la 5e colonne le change de F. 0.24; en regard de $ 150, coût de la marchandise, se trouve dans la 1re colonne de gauche le prix de revient cherché de F. 93.85 par 100 kil.

Quand il arrivera que la $ d'Haïti vaudra plus ou moins que F. 0.21 à F. 0.27 figurant en tête des tableaux de prix de revient, voici les calculs qui sont à faire pour trouver le prix de revient.

Sur chaque compte se trouvera mentionné son logarithme sans change.

Exemple. — On désire savoir quel est le prix de revient au Havre de bois de Campêche coûtant au Port-au-Prince $ 70 par 1000 ℔, au fret de F. 50 par tonneau, alors que le change des doublons contre des $ d'Haïti est à $ 294 et celui sur France à P. 18 ¾ pour F. 100 (voir le compte page 10).

Sur le tableau de réduction à la page 9, on trouvera que $ 294 pour P. 16 au change sur France de P. 18 ¾ pour 100 F., font ressortir la gourde à F. 0.29.

Il faudra multiplier ces F. 0.29 par le logarithme sans change qui figure sur le compte de la page 10, soit 23041, ce qui donnera 668189.

Ce dernier nombre devra se multiplier par le prix d'achat de $ 70 et l'on trouvera le prix de revient au Havre dans les trois premiers chiffres de gauche de.......... F. 4.677323

A quoi il faudra ajouter les frais fixes et le droit de sortie. Quant aux frais fixes, ils varient avec les changes, chaque centime par $ sur le change produit une différence de 1 centime qui seront à ajouter ou à retrancher.

Ainsi par exemple : les frais fixes du change de F. 0.25 sont de. F. 7.23
de F. 0.25 à F. 0.29, il y a F. 0.04 de différence à multiplier par 1 centime, soit.......... » 0.04 » 7.27

Plus: les droits de sortie. Le logarithme sans change pour les droits se trouve également mentionné sur chaque compte, celui de la page 10 est de 23041 qui, multiplié par le change de F. 0.29, donne 668189 à multiplier encore par le droit de $ 8, ce qui donnera.......... F. 0.5345
Plus: 10 %.......... » 0.0534 » 0.5879

Prix de revient au Havre des 100 kil.......... F. 12.53

Les droits de sortie étant un élément variable, n'ont pas été compris dans les prix de revient auxquels il faudra les ajouter.

Pour en faciliter le calcul, on trouvera sur chaque compte des logarithmes pour tous les changes qu'il suffira de multiplier par le droit de sortie en vigueur quel qu'il soit.

Exemple: Sur le compte Bois de Campêche de Port-au-Prince page 10, le droit de sortie est de $ 8 et 10 % par 1000 ℔ ce qui, au change de F. 0.22 pour 1 $, produit F. 0.45 par 100 kil. en France

Pour trouver ce résultat, il suffira de multiplier 50690 (logarithme du change de F. 0.22 la $) par le droit de sortie de $ 8 ce qui donnera.......... 405520
A quoi il faut ajouter 10 %.......... 40552

Ensemble.......... 446072

soit F. 0.44 ‰ par 100 kil., en prenant les deux premiers chiffres de gauche. Procéder de même pour tous les droits.

(Extrait du *Dictionnaire Universel du Commerce et de la Navigation* par MM. GUILLAUMIN et Cie, ainsi que de nos renseignements particuliers.)

TABLEAU DE RÉDUCTION DE LA PIASTRE D'HAITI OU GOURDE, EN CENTIMES DE FRANCS

D'APRÈS LES CHANGES EXISTANT AU PORT-AU-PRINCE DU DOUBLON OU 16 P. FORTES POUR TANT DE GOURDES, ET SUR FRANCE DE TANT DE PIASTRES FORTES POUR F. 100

Dans la première colonne de gauche se trouvent les Gourdes représentant la valeur de 16 piastres fortes. En tête du tableau, les P. 19 à P. 18 ½ représentent les changes pour F. 100. Dans le corps du tableau se trouve le change de la Gourde

Il est facile de voir, par exemple, que quand le change du doublon est à $ 400 et le change sur France à P. 18 ¾, les F. 100, la Gourde ressort à F. 0.21 ⅓.

Change de la gourde pour 1 doublon	Changes sur France pour F. 100 — 19	18⅞	18¾	18⅝	18½
	cent.	cent.	cent.	cent.	cent.
$ 400	21.05	21.19	21.33	21.48	21.62
399	21.11	21.25	21.39	21.53	21.68
398	21.16	21.30	21.44	21.58	21.73
397	21.21	21.35	21.49	21.64	21.79
396	21.27	21.41	21.55	21.70	21.84
395	21.32	21.46	21.60	21.75	21.90
394	21.37	21.51	21.66	21.80	21.95
393	21.43	21.57	21.71	21.86	22.01
392	21.48	21.62	21.77	21.91	22.06
391	21.54	21.68	21.82	21.97	22.12
390	21.59	21.74	21.88	22.03	22.18
389	21.65	21.79	21.94	22.08	22.23
388	21.70	21.85	21.99	22.14	22.29
387	21.76	21.90	22.05	22.20	22.35
386	21.82	21.96	22.11	22.26	22.41
385	21.87	22.02	22.16	22.31	22.46
384	21.93	22.08	22.22	22.37	22.52
383	21.99	22.13	22.28	22.43	22.58
382	22.04	22.19	22.34	22.49	22.64
381	22.10	22.25	22.40	22.55	22.70
380	22.16	22.31	22.46	22.61	22.76
379	22.22	22.37	22.52	22.67	22.82
378	22.28	22.43	22.58	22.73	22.88
377	22.34	22.49	22.64	22.79	22.94
376	22.40	22.55	22.70	22.85	23.—
375	22.46	22.61	22.76	22.91	23.06
374	22.52	22.67	22.82	22.97	23.12
373	22.58	22.73	22.88	23.03	23.19
372	22.64	22.79	22.94	23.09	23.25
371	22.70	22.85	23.—	23.16	23.31
370	22.76	22.91	23.06	23.22	23.37
369	22.82	22.97	23.13	23.28	23.44
368	22.88	23.03	23.19	23.34	23.50
367	22.95	23.09	23.25	23.41	23.57
366	23.01	23.16	23.31	23.47	23.63
365	23.07	23.22	23.38	23.54	23.69
364	23.13	23.29	23.44	23.60	23.76
363	23.20	23.35	23.51	23.67	23.83
362	23.26	23.42	23.57	23.73	23.89
361	23.33	23.48	23.64	23.80	23.96
360	23.39	23.55	23.70	23.86	24.02

Change de la gourde pour 1 doublon	Changes sur France pour F. 100 — 19	18⅞	18¾	18⅝	18½
	cent.	cent.	cent.	cent.	cent.
$ 359	23.46	23.61	23.77	23.94	24.09
358	23.52	23.68	23.84	24.—	24.16
357	23.59	23.74	23.90	24.06	24.23
356	23.65	23.80	23.97	24.13	24.29
355	23.72	23.88	24.04	24.20	24.36
354	23.79	23.95	24.11	24.27	24.43
353	23.86	24.01	24.17	24.34	24.50
352	23.92	24.08	24.24	24.41	24.57
351	23.99	24.15	24.31	24.47	24.64
350	24.06	24.22	24.38	24.54	24.71
349	24.13	24.29	24.45	24.61	24.78
348	24.20	24.36	24.52	24.69	24.85
347	24.27	24.43	24.59	24.76	24.92
346	24.34	24.50	24.66	24.83	25.—
345	24.41	24.57	24.73	24.90	25.07
344	24.48	24.64	24.81	24.97	25.14
343	24.55	24.71	24.88	25.05	25.21
342	24.62	24.79	24.95	25.12	25.29
341	24.70	24.86	25.02	25.19	25.36
340	24.77	24.93	25.09	25.27	25.44
339	24.84	25.—	25.17	25.34	25.52
338	24.91	25.08	25.24	25.42	25.59
337	24.99	25.15	25.32	25.49	25.67
336	25.06	25.23	25.40	25.57	25.74
335	25.14	25.30	25.47	25.64	25.82
334	25.21	25.38	25.55	25.72	25.90
333	25.29	25.46	25.63	25.80	25.97
332	25.36	25.53	25.70	25.88	26.05
331	25.44	25.61	25.78	25.95	26.13
330	25.52	25.69	25.86	26.03	26.21
329	25.60	25.77	25.94	26.11	26.29
328	25.67	25.85	26.02	26.19	26.37
327	25.75	25.93	26.10	26.27	26.45
326	25.83	26.01	26.18	26.35	26.53
325	25.91	26.09	26.26	26.43	26.61
324	25.99	26.17	26.34	26.51	26.69
323	26.07	26.25	26.42	26.60	26.78
322	26.15	26.33	26.50	26.68	26.86
321	26.23	26.41	26.58	26.76	26.94
320	26.32	26.49	26.67	26.84	27.03

Change de la gourde pour 1 doublon	Changes sur France pour F. 100 — 19	18⅞	18¾	18⅝	18½
	cent.	cent.	cent.	cent.	cent.
$ 319	26.40	26.57	26.75	26.93	27.11
318	26.48	26.66	26.84	27.01	27.20
317	26.56	26.74	26.92	27.10	27.28
316	26.65	26.83	27.—	27.19	27.37
315	26.73	26.91	27.09	27.27	27.46
314	26.82	27.—	27.18	27.36	27.54
313	26.90	27.08	27.26	27.45	27.63
312	26.99	27.17	27.35	27.53	27.72
311	27.08	27.26	27.44	27.62	27.81
310	27.16	27.35	27.53	27.71	27.90
309	27.25	27.43	27.62	27.80	27.99
308	27.34	27.52	27.71	27.89	28.08
307	27.43	27.61	27.80	27.98	28.17
306	27.52	27.70	27.89	28.07	28.26
305	27.61	27.79	27.98	28.17	28.36
304	27.70	27.88	28.07	28.26	28.45
303	27.79	27.98	28.16	28.35	28.54
302	27.88	28.07	28.26	28.45	28.64
301	27.98	28.16	28.35	28.54	28.73
300	28.07	28.26	28.44	28.64	28.83
299	28.16	28.35	28.54	28.73	28.93
298	28.26	28.45	28.64	28.83	29.02
297	28.35	28.54	28.73	28.93	29.12
296	28.45	28.64	28.83	29.02	29.22
295	28.55	28.73	28.93	29.12	29.32
294	28.64	28.83	29.03	29.22	29.42
293	28.74	28.93	29.12	29.32	29.52
292	28.84	29.03	29.22	29.42	29.62
291	28.94	29.13	29.32	29.52	29.72
290	29.04	29.23	29.43	29.62	29.82
289	29.14	29.33	29.53	29.72	29.93
288	29.24	29.43	29.63	29.83	30.03
287	29.34	29.54	29.73	29.93	30.14
286	29.44	29.64	29.84	30.04	30.24
285	29.55	29.74	29.94	30.14	30.35
284	29.65	29.85	30.05	30.25	30.45
283	29.76	29.95	30.15	30.36	30.56
282	29.86	30.06	30.26	30.46	30.67
281	29.97	30.17	30.37	30.57	30.78
280	30.08	30.27	30.48	30.68	30.89

Change de la gourde pour 1 doublon	Changes sur France pour F. 100 — 19	18⅞	18¾	18⅝	18½
	cent.	cent.	cent.	cent.	cent.
$ 279	30.18	30.38	30.59	30.79	31.—
278	30.29	30.49	30.70	30.90	31.11
277	30.40	30.60	30.81	31.01	31.22
276	30.51	30.71	30.92	31.13	31.34
275	30.62	30.82	31.03	31.24	31.45
274	30.73	30.94	31.14	31.35	31.56
273	30.85	31.05	31.26	31.46	31.68
272	30.96	31.16	31.37	31.58	31.80
271	31.07	31.28	31.49	31.70	31.91
270	31.19	31.39	31.60	31.82	32.03
269	31.30	31.51	31.72	31.94	32.15
268	31.42	31.63	31.84	32.06	32.27
267	31.54	31.75	31.96	32.18	32.39
266	31.66	31.87	32.08	32.30	32.51
265	31.78	31.99	32.20	32.42	32.64
264	31.90	32.11	32.32	32.54	32.76
263	32.02	32.23	32.45	32.67	32.88
262	32.14	32.35	32.57	32.79	33.01
261	32.26	32.48	32.69	32.91	33.13
260	32.39	32.60	32.82	33.04	33.26
259	32.51	32.73	32.95	33.17	33.39
258	32.64	32.86	33.08	33.30	33.52
257	32.77	32.99	33.20	33.43	33.65
256	32.90	33.12	33.33	33.56	33.78
255	33.03	33.25	33.46	33.69	33.92
254	33.16	33.38	33.60	33.82	34.05
253	33.29	33.51	33.73	33.95	34.18
252	33.42	33.64	33.86	34.09	34.32
251	33.55	33.77	34.—	34.22	34.46
250	33.68	33.91	34.13	34.36	34.59
249	33.82	34.04	34.27	34.50	34.73
248	33.96	34.18	34.41	34.64	34.87
247	34.09	34.32	34.55	34.78	35.01
246	34.23	34.46	34.69	34.92	35.16
245	34.37	34.60	34.83	35.06	35.30
244	34.51	34.74	34.97	35.21	35.45
243	34.65	34.88	35.12	35.35	35.59
242	34.80	35.03	35.26	35.50	35.74
241	34.94	35.17	35.41	35.65	35.89
240	35.09	35.32	35.55	35.79	36.04

Change de la gourde pour 1 doublon	Changes sur France pour F. 100 — 19	18⅞	18¾	18⅝	18½
	cent.	cent.	cent.	cent.	cent.
$ 239	35.23	35.47	35.70	35.94	36.19
238	35.38	35.62	35.85	36.09	36.34
237	35.53	35.77	36.01	36.25	36.49
236	35.68	35.92	36.16	36.40	36.65
235	35.83	36.07	36.31	36.56	36.80
234	35.99	36.23	36.47	36.71	36.96
233	36.14	36.38	36.62	36.87	37.12
232	36.30	36.54	36.78	37.03	37.28
231	36.45	36.70	36.94	37.19	37.44
230	36.61	36.86	37.10	37.35	37.60
229	36.77	37.02	37.26	37.51	37.77
228	36.93	37.18	37.42	37.68	37.93
227	37.10	37.34	37.59	37.84	38.10
226	37.26	37.51	37.76	38.01	38.27
225	37.43	37.67	37.93	38.18	38.44
224	37.60	37.84	38.10	38.35	38.61
223	37.77	38.01	38.27	38.52	38.78
222	37.94	38.18	38.44	38.69	38.96
221	38.11	38.36	38.61	38.87	39.14
220	38.28	38.53	38.79	39.05	39.32
219	38.45	38.71	38.97	39.23	39.50
218	38.63	38.89	39.15	39.41	39.68
217	38.81	39.07	39.33	39.59	39.86
216	38.99	39.25	39.51	39.77	40.04
215	39.17	39.43	39.69	39.95	40.23
214	39.35	39.61	39.88	40.14	40.41
213	39.54	39.80	40.06	40.33	40.60
212	39.72	39.99	40.25	40.52	40.80
211	39.91	40.17	40.44	40.71	40.98
210	40.10	40.37	40.63	40.91	41.18
209	40.29	40.56	40.83	41.10	41.38
208	40.48	40.75	41.03	41.30	41.58
207	40.68	40.95	41.22	41.50	41.78
206	40.88	41.15	41.42	41.70	41.98
205	41.08	41.35	41.63	41.91	42.19
204	41.28	41.55	41.83	42.11	42.40
203	41.48	41.76	42.04	42.32	42.61
202	41.69	41.96	42.24	42.53	42.82
201	41.90	42.17	42.45	42.74	43.03
200	42.11	42.38	42.67	42.95	43.24

COMPTE D'ACHAT ET DE REVIENT

A UN GRENIER BOIS DE CAMPÊCHE

Un grenier Bois de Campêche pesant 20000 ℔ à $ 55 pour 1000 ℔ .... $ 1100.—

FRAIS

	Droits de sortie		
Travailleurs à l'embarquement, warfage et pesage $ 4 par 1000 ℔			» 80.—
			$ 1180.—
Droits de sortie et impôt territorial à $ 8 pour 1000 ℔ et 10 %	$ 176.—		
Commission d'achat et de remboursement 2 ½ %	» 4.40		» 29.50
	$ 180.40		$ 1209.50
Remboursement sur Paris au change de F. 0.22 pour 1 $; voir pour la conversion le tableau page 9	F. 39.69		F. 266.10

FRAIS AU HAVRE

Fret à F. 50 par tonneau de 800 kil.		F. 606.25	
Frais au débarquement, port en magasin, magasinage d'un mois, livraison et menus frais à F. 0.30 par 100 kil.		» 29.10	
Assurance maritime sur F. 292 à 2 % et police F. 1.50.	» 0.88	» 7.35	
id. contre le feu F. 292 à 1 ‰	» 0.04	» 0.25	
Courtage de vente .... ¼ %			
Escompte à la vente .... 2 %			
Commission de vente .... 2 %			
Ensemble .... 4 ¼ % sur F. 949.40	» 1.80	» 40.35	» 683.30
	F. 42.41		F. 949.40
Soit par 100 kil.	» 0.45		

Rendement : 100 ℔ rendent 48 kil. ½ :

Soit 20000 ℔ = ...	kil. 9700	
Don 2 %	» 194	
Net .... kil. 9506 à F. 9.99 par 100 kil. Entrepôt		F. 949.65
Plus : droits de sortie au Port-au-Prince » 0.45 »		
Ensemble .... F. 10.44 par 100 kil. Entrepôt.		

PRIX DE REVIENT AU HAVRE DES 100 KIL. ENTREPOT

AUX CHANGES SUIVANTS SUR PARIS (*)

PRIX au PORT-AU-PRINCE par 1000 ℔	F. 0.21	F. 0.22	F. 0.23	F. 0.24	F. 0.25	F. 0.26	F. 0.27
$ 1.—	F. 0.05	F. 0.05	F. 0.05	F. 0.06	F. 0.06	F. 0.06	F. 0.06
2.—	0.10	0.10	0.11	0.11	0.12	0.12	0.12
3.—	0.14	0.15	0.16	0.17	0.17	0.18	0.19
4.—	0.19	0.20	0.21	0.22	0.23	0.24	0.25
5.—	0.24	0.26	0.27	0.28	0.29	0.30	0.31
6.—	0.29	0.31	0.32	0.33	0.35	0.36	0.37
7.—	0.34	0.36	0.37	0.39	0.41	0.42	0.43
8.—	0.38	0.41	0.42	0.44	0.46	0.48	0.50
9.—	0.43	0.46	0.48	0.50	0.52	0.54	0.56
10.—	0.48	0.51	0.53	0.55	0.58	0.60	0.62
30.—	8.64	8.72	8.80	8.88	8.96	9.04	9.13
40.—	9.13	9.23	9.33	9.43	9.53	9.64	9.74
50.—	9.61	9.73	9.86	9.99	10.11	10.24	10.36
60.—	10.09	10.24	10.39	10.54	10.69	10.83	10.98
70.—	10.58	10.75	10.92	11.09	11.26	11.43	11.60
80.—	11.06	11.26	11.45	11.64	11.84	12.03	12.23
90.—	11.55	11.76	11.98	12.19	12.41	12.63	12.85
100.—	12.03	12.27	12.51	12.75	12.99	13.23	13.47
Plus, droits de sortie	0.43	0.45	0.47	0.49	0.51	0.53	0.55

A calculer et à ajouter suivant l'explication à la page 8.

(*) Voir pour la conversion des Gourdes, avec les changes en cours, le tableau page 9.

OBSERVATIONS

F. 10 par tonneau sur le fret font au Havre une diff. de F. 1.27 ½ par 100 kil. sur les prix.

On veut savoir le revient au Havre de Campêche coûtant au Port-au-Prince $ 55 les 1000 ℔ au change de F. 0.21 et au fret de F. 50.

On trouvera dans la 1re et la 2e colonne de ce tableau que :

$ 5 font par 100 kil.	F.	0.24
» 50 id. id.	»	9.61
Plus droits de sortie	»	0.43
$ 55 feront donc par 100 kil.	F.	10.28

Le logarithme sans change pour calculer les droits de sortie, comme pour calculer le prix de revient de la marchandise, est de 23041.

Les frais fixes au change de 25 centimes sont de F. 7.23 par 100 kil. ; chaque centime de différence par Gourde sur le change produit F. 0.01 à ajouter ou à retrancher de F. 7.23. Voir page 8.

Logarithmes pour les Droits de Sortie

CHANGES 21	LOGARITHMES	48388
» 22	»	50690
» 23	»	52994
» 24	»	55298
» 25	»	57603
» 26	»	59907
» 27	»	62211

Droits d'entrée par 100 kil. en Août 1867

Par navire Français	Exempt
id. Étranger	F. 3.—

COMPTE D'ACHAT ET DE REVIENT

A UN GRENIER BOIS DE CAMPÊCHE

1 grenier Bois de Campêche pris au dépôt 100000 ℔ à $ 50 les 1000 ℔ .... $ 5000.—

FRAIS

	Droits de sortie		
Pesage au dépôt $ 2 par 1000 ℔		$ 200.—	
Pesage et arrimage $ 2 par 1000 ℔		» 200.—	
Charroi $ 4 par 1000 ℔		» 400.—	
Pesage à la Douane $ 2 par 1000 ℔		» 200.—	
Acconnage regardant le navire à moins de condition contraire à $ 4 par 1000 ℔		» 400.—	
Sortie du dépôt et arrimage à la balance de la Douane.		» 100.—	» 1500.—
Droits de sortie à $ 9.10 par 1000 ℔	$ 910.—		$ 6500.—
Commission d'achat 5 %	» 45.50		» 325.—
	$ 955.50		$ 6825.—
Remboursement sur Paris au change de F. 0.22 pour 1 $; voir pour la conversion le tableau page 9	F. 210.20		F. 1501.50

FRAIS AU HAVRE

Fret à F. 40 par tonneau de 800 kil.		F. 2425.—	
Frais au débarquement, port en magasin, magasinage d'un mois, livraison et menus frais à F. 0.30 par 100 kil.		» 145.50	
Assurance maritime sur F. 1651 à 1 ¼ % et police F. 1.50	» 4.05	» 30.40	
id. contre le feu à 1 ‰	» 0.20	» 1.50	
Courtage de vente ½ %			
Escompte à la vente 2 %			
Commission de vente 2 %			
Ensemble 4 ½ % sur F. 4286.05	» 9.52	» 182.15	» 2784.55
	F. 223.97		F. 4286.05
Soit par 100 kil.	» 0.47		

RENDEMENT 100 ℔ = 48 kil. ½ :

Soit 100000 ℔ =	kil. 48500		
Don 2 %	» 970		
Net	kil. 47530	à F. 9.02 par 100 kil. entrepôt	F. 4287.20
Plus : droits de sortie au cap Haïtien	» 0.47	id.	
Ensemble	F. 9.49	par 100 kil. entrepôt.	

PRIX DE REVIENT AU HAVRE DES 100 KIL. ENTREPOT

AUX CHANGES SUIVANTS SUR PARIS(*)

PRIX au CAP HAITIEN par 1000 ℔	F. 0.21	F. 0.22	F. 0.23	F. 0.24	F. 0.25	F. 0.26	F. 0.27
$ 1.—	F. 0.05	F. 0.05	F. 0.05	F. 0.06	F. 0.06	F. 0.06	F. 0.06
2.—	0.10	0.10	0.11	0.11	0.12	0.12	0.13
3.—	0.15	0.16	0.16	0.17	0.18	0.18	0.19
4.—	0.20	0.21	0.22	0.22	0.24	0.24	0.26
5.—	0.25	0.26	0.27	0.28	0.30	0.31	0.32
6.—	0.29	0.31	0.32	0.34	0.35	0.37	0.38
7.—	0.34	0.36	0.38	0.39	0.41	0.43	0.45
8.—	0.39	0.42	0.43	0.45	0.47	0.49	0.51
9.—	0.44	0.47	0.49	0.50	0.53	0.55	0.58
10.—	0.49	0.52	0.54	0.56	0.59	0.61	0.64
30.—	7.88	7.98	8.08	8.19	8.30	8.41	8.51
40.—	8.37	8.50	8.63	8.76	8.88	9.02	9.14
50.—	8.87	9.02	9.17	9.32	9.47	9.63	9.78
60.—	9.36	9.54	9.71	9.89	10.06	10.24	10.41
70.—	9.86	10.06	10.25	10.45	10.65	10.85	11.05
80.—	10.35	10.57	10.79	11.02	11.24	11.47	11.68
90.—	10.84	11.09	11.33	11.58	11.88	12.08	12.32
100.—	11.34	11.61	11.87	12.15	12.41	12.69	12.96
Plus droits de sortie	0.46	0.47	0.49	0.51	0.54	0.56	0.58

A ajouter et à calculer suivant l'explication à la page 8.

(*) Voir pour la conversion des Gourdes avec les changes en cours, le tableau page 8.

OBSERVATIONS

F. 10 par tonneau sur le fret font au Havre une diff. de F. 1.27 ½ par 100 kil. sur les prix.

On veut savoir le revient au Havre de Campêche coûtant au Cap-Haïtien $ 55 pour 1000 ℔, au change de F. 0.21 et au fret de F. 40.

On trouvera dans la 1re et la 2e colonne de ce tableau que :

$ 5 font par 100 kil.	F.	0.25
» 50 id. id.	»	8.87
Droits de sortie	»	0.45
$ 55 feront donc par 100 kil.	F.	9.57

Le logarithme sans change pour calculer les droits de sortie, comme pour calculer le prix de revient de la marchandise, est de 23539.

Les frais fixes au change de 25 centimes sont de F. 6.58 ; chaque centime de différence par Gourde sur le change produit F. 0.03 à ajouter ou à retrancher de F. 6.58.

Logarithmes pour les Droits de Sortie

CHANGES		LOGARITHMES
21		49432
» 22	»	51786
» 23	»	54140
» 24	»	56494
» 25	»	58848
» 26	»	61201
» 27	»	63555

Droits d'entrée par 100 kil. en Août 1867

Par navire Français .... Exempt.
id. Étranger .... F. 3.—

COMPTE D'ACHAT ET DE REVIENT

A UN GRENIER BOIS DE CAMPÊCHE

1 grenier Bois de Campêche, pris au bord de la mer, 100000 ℔ à $ 50 les 1000 ℔..			$ 5000.—

FRAIS

	Droits de Sortie		
Droits de sortie $ 0.10 les 1000 ℔	$ 910.—		
Pesage $ 2 les 1000 ℔		$ 200.—	
Pour charger les accons $ 1 pour 1000 ℔		» 100.—	
Acconage regardant le navire à moins de conditions contraires à $ 4 pour 1000 ℔		» 400.—	» 700.—
			$ 5700.—
Commission d'achat 5 %	» 45.50		» 285.—
	$ 955.50		$ 5985.—
Remboursement sur Paris au change de F. 0.22 pour 1 $; voir pour la conversion, le tableau page 9	F. 210.21		F. 1316.70

FRAIS AU HAVRE

Fret à F. 40 par tonneau de 800 kil		F. 2425.—	
Frais au débarquement, port en magasin, magasinage d'un mois, livraison et menus frais à F. 0.30 par 100 kil.		» 145.50	
Assurance maritime sur F. 1448, à 1 ¾ % et police	» 4.08	» 26.65	
id. contre le feu, à 1 %	» 0.21	» 1.32	
Courtage de vente ½ %			
Escompte à la vente 2 %			
Commission de vente 2 %			
Ensemble 4 ½ % sur F. 4089.16	» 0.52	» 173.79	» 2772.46
	F. 223.97		F. 4089.16
Soit par 100 kil.	» 0.47		

RENDEMENT : 100 ℔ rendent 48 kil. ½ :

Soit 100000 ℔ =	kil. 48500		
Don 2 %	» 970		
Net	kil. 47530 à F. 8.60 par 100 kil. Entrepôt		F. 4087.60
Plus : droits de sortie au Cap-Haïtien à	» 0.47 id.		
Ensemble	F. 9.07 par 100 kil. Entrepôt.		

PRIX DE REVIENT AU HAVRE DES 100 KIL. ENTREPOT

AUX CHANGES SUIVANTS SUR PARIS (*)

PRIX au CAP HAITIEN par 1000 ℔	F. 0.21	F. 0.22	F. 0.23	F. 0.24	F. 0.25	F. 0.26	F. 0.27
$ 1.—	F. 0.05	F. 0.05	F. 0.05	F. 0.06	F. 0.06	F. 0.06	F. 0.06
2.—	0.10	0.10	0.11	0.11	0.12	0.12	0.13
3.—	0.15	0.16	0.16	0.17	0.18	0.18	0.19
4.—	0.20	0.21	0.22	0.22	0.24	0.24	0.26
5.—	0.25	0.26	0.27	0.28	0.30	0.31	0.32
6.—	0.29	0.31	0.32	0.34	0.35	0.37	0.38
7.—	0.34	0.36	0.38	0.39	0.41	0.43	0.45
8.—	0.39	0.42	0.43	0.45	0.47	0.49	0.51
9.—	0.44	0.47	0.49	0.50	0.53	0.55	0.58
10.—	0.49	0.52	0.54	0.56	0.59	0.61	0.64
30.—	7.48	7.56	7.65	7.74	7.83	7.92	8.01
40.—	7.98	8.08	8.20	8.31	8.41	8.53	8.64
50.—	8.47	8.60	8.74	8.87	9.—	9.14	9.28
60.—	8.97	9.12	9.28	9.44	9.59	9.75	9.91
70.—	9.46	9.64	9.82	10.—	10.18	10.36	10.55
80.—	9.95	10.15	10.36	10.57	10.77	10.98	11.18
90.—	10.45	10.67	10.90	11.13	11.36	11.59	11.82
100.—	10.94	11.19	11.44	11.70	11.94	12.20	12.46
Plus droits de sortie	0.45	0.47	0.49	0.51	0.54	0.56	0.58

A ajouter et à calculer suivant l'explication page 8.

(*) Voir pour la conversion des Gourdes, avec les changes en cours, le tableau page 9.

OBSERVATIONS

F. 10 par tonneau sur le fret font au Havre une différence de F. 1.27 ½ par 100 kil. sur les prix.

On veut savoir le revient au Havre de Campêche coûtant au Cap-Haïtien $ 55 par 1000 ℔ au change de F. 0.21 et au fret de F. 40.

On trouvera dans la 1re et la 2e colonne de ce tableau que :

$ 5 font par 100 kil.	F.	0.25
» 50 id.	»	8.47
Plus droits de sortie	»	0.45
$ 55 feront donc par 100 kil.	F.	9.17

Le logarithme sans change pour calculer les droits de sortie, comme pour calculer le prix de revient de la marchandise, est de 23589.

Les frais fixes au change de F. 0.25 sont de F. 6.06 par 100 kil.; chaque centime de différence par Gourde sur le change produit F. 0.09 par 100 kil. à ajouter ou à retrancher de F. 6.06. Voir page 8.

Logarithmes pour les Droits de Sortie.

CHANGES	LOGARITHMES
21	49422
» 22	» 51780
» 23	» 54140
» 24	» 56494
» 25	» 58848
» 26	» 61201
» 27	» 63655

Droits d'entrée par kil. en Août 1867

Par navire Français	Exempt.
id. Étranger	F. 3.—

COMPTE D'ACHAT ET DE REVIENT

A 500 FOURCHES BOIS D'ACAJOU

	Droits de sortie		
500 fourches Bois d'Acajou à $ 20 la fourche			$ 10000.—

FRAIS

	Droits de sortie		
Pour carrer $ 1		$ 500.—	
Frais d'embarquement $ 1		» 500.—	» 1000.—
Droits de sortie sur 4000 pieds à $ 20 par 1000 pieds	$ 80.—		$ 11000.—
Commission d'achat et remboursement 2 ½ %	» 2.—		» 275.—
	$ 82.—		$ 11275.—
Remboursement sur Paris au change de F. 0.22 pour 1 $; voir pour la conversion le tableau page 9	F. 18.04		F. 2480.50

FRAIS AU HAVRE

Fret F. 50 par tonneau de 1000 kil.		F. 850.—	
Frais au débarquement, port en magasin, magasinage d'un mois, livraison et menus frais à F. 0.32 par 100 kil.		» 54.40	
Assurance maritime sur F. 2728 à 1 ¾ % et police	» 0.35	» 49.25	
id. contre le feu 1 %	» 0.02	» 2.50	
Courtage de vente ¼ %			
Commission de vente 2 %			
Escompte à la vente 2 %			
Ensemble 4 ¼ % sur F. 3589.19	» 0.82	» 152.54	» 1108.69
	F. 19.23		F. 3589.19
Soit par 100 kil.	» 0.12		

Rendement : Les fourches rendent de 32 à 36 kil.

Soit à 34 kil. la fourche en moyenne.
500 fourches = kil. 17000
Don 2 % » 340
Net kil. 16660 à F. 21.54 par 100 kil. entrepôt F. 3588.55
Plus: droits de sortie au Cap Haitien » 0.12 id.
Ensemble F. 21.66 par 100 kil. entrepôt.

PRIX DE REVIENT AU HAVRE DES 100 KIL. ENTREPOT

AUX CHANGES SUIVANTS SUR PARIS (*)

PRIX au CAP HAITIEN par fourche	F. 0.21	F. 0.22	F. 0.23	F. 0.24	F. 0.25	F. 0.26	F. 0.27
$ 1.—	F. 0.69	F. 0.72	F. 0.75	F. 0.79	F. 0.82	F. 0.85	F. 0.89
2.—	1.38	1.44	1.51	1.57	1.64	1.70	1.77
3.—	2.06	2.16	2.26	2.36	2.46	2.56	2.66
4.—	2.75	2.88	3.02	3.15	3.28	3.41	3.54
5.—	3.44	3.61	3.77	3.94	4.10	4.26	4.43
6.—	4.13	4.33	4.52	4.72	4.91	5.11	5.31
7.—	4.82	5.05	5.28	5.51	5.73	5.96	6.20
8.—	5.50	5.77	6.03	6.30	6.55	6.82	7.08
9.—	6.19	6.49	6.79	7.08	7.37	7.67	7.97
10	6.88	7.21	7.54	7.87	8.19	8.52	8.85
20.—	20.83	21.54	22.27	22.98	23.71	24.43	25.15
30.—	27.71	28.75	29.81	30.85	31.91	32.95	34.—
40.—	34.59	35.97	37.35	38.72	40.10	41.47	42.85
50.—	41.48	43.18	44.89	46.59	48.30	49.99	51.70
60.—	48.36	50.39	52.43	54.45	56.49	58.52	60.55
Plus droits de sortie	0.11	0.12	0.12	0.13	0.13	0.14	0.14

A ajouter et à calculer suivant l'explication page 8.

(*) Voir pour la conversion des Gourdes avec les changes en cours, le tableau page 9.

OBSERVATIONS

F. 10 par tonneau sur le fret font au Havre une différence de F. 1.02 par 100 kil. sur les prix.

On veut savoir le revient au Havre de Bois d'Acajou fourches, coûtant au Cap Haïtien $ 25 la fourche au change de F. 0.21 par gourde et au fret de F. 50 par tonneau.

On trouvera dans la 1re et la 2e colonne de ce tableau que :

$ 5 font par 100 kil. F. 3.44
» 50 id. » 41.48
Droits de sortie » 0.11
$ 55 feront donc par 100 kil. F. 45.03

Le logarithme sans change pour calculer les droits de sortie est de 26233.

Le logarithme sans change pour calculer les prix de revient de la marchandise est de 82779.

Les frais fixes au change de F. 0.25 sont de F. 7.82 par 100 kil.; chaque centime de différence par gourde sur le change, produit F. 0.06½ à ajouter ou à retrancher de F. 7.82. Voir page 8.

Logarithmes pour les Droits de Sortie

CHANGES		LOGARITHMES	
CHANGES	21	LOGARITHMES	55089
»	22	»	57714
»	23	»	60336
»	24	»	62959
»	25	»	65583
»	26	»	68206
»	27	»	70879

Droits d'entrée par 100 kil. en Août 1867

Par navire Français Exempt
Id. Étranger F. 6.—

COMPTE D'ACHAT ET DE REVIENT

A 140 BILLES ACAJOU

140 billes Acajou embarquées à la Grande Saline, mesurant ensemble 10000 pieds à $ 1800 les 1000 pieds			$	18000.—

FRAIS

		Droits de Sortie		
Frais d'embarquement à la Grande Saline $ 13 par bille.			»	1820.—
			$	19820.—
Droit de sortie et impôt territorial $ 20 pour 1000 pieds et 10 %	$	220.—		
Commission d'achat 2 ½ %	»	5.50	»	495.50
	$	225.50	$	20315.50
Remboursement sur Paris au change de F. 0.22 pour 1 $; voir pour la conversion le tableau page 9	F.	49.61	F.	4469.41

FRAIS AU HAVRE

Fret à F. 50 par tonneau de 1000 kil			F.	1750.—		
Frais au débarquement, port en magasin, magasinage d'un mois, livraison et menus frais à F. 0.32 par 100 kil.			»	112.—		
Assurance maritime sur F. 4915 à 2 % et police	»	1.08	»	99.80		
id. contre le feu à 1 ‰	»	0.05	»	4.47		
Courtage de vente ¼ %						
Escompte 2 %						
Commission de vente 2 %						
Ensemble 4 ¼ % sur F. 6716.66	»	2.25	»	265.65	»	2251.92
	F.	52.99			F.	6721.83
Soit par 100 kil.	»	0.15				

RENDEMENT : Les canons : 3 à 3 kil. ½ par pied.
Les fourches 3 ½ à 4 kil. id.

Soit 10000 pieds à 3 kil. ½ =	kil. 35000		
Don 2 %	» 700		
Net	kil. 34300 à F. 19.60 par 100 kil. entrepôt	F.	6722.80
Plus : droits de sortie au Port-au-Prince à	» 0.15 id.		
Ensemble	F. 19.75 par 100 kil. entrepôt		

PRIX DE REVIENT AU HAVRE DES 100 KIL. ENTREPOT

AUX CHANGES SUIVANTS SUR PARIS (*)

PRIX au PORT-AU-PRINCE par 1000 pieds	F. 0.21	F. 0.22	F. 0.23	F. 0.24	F. 0.25	F. 0.26	F. 0.27
$ 10.—	F. 0.07	F. 0.07	F. 0.07	F. 0.08	F. 0.08	F. 0.08	F. 0.09
20.—	0.13	0.14	0.15	0.15	0.16	0.17	0.17
30.—	0.20	0.21	0.22	0.23	0.24	0.25	0.26
40.—	0.27	0.28	0.29	0.31	0.32	0.33	0.34
50.—	0.34	0.35	0.37	0.39	0.40	0.42	0.43
60.—	0.40	0.42	0.44	0.46	0.48	0.50	0.52
70.—	0.47	0.49	0.51	0.54	0.56	0.58	0.60
80.—	0.54	0.56	0.58	0.62	0.64	0.66	0.69
90.—	0.60	0.63	0.66	0.69	0.72	0.75	0.77
100.—	0.67	0.70	0.73	0.77	0.80	0.83	0.86
200.—	1.34	1.40	1.47	1.53	1.60	1.66	1.72
300.—	2.01	2.11	2.20	2.30	2.39	2.49	2.59
400.—	2.68	2.81	2.94	3.06	3.19	3.32	3.45
500.—	3.35	3.51	3.67	3.83	3.99	4.15	4.31
600.—	4.02	4.21	4.40	4.60	4.79	4.98	5.17
700.—	4.69	4.91	5.14	5.36	5.59	5.81	6.03
800.—	5.36	5.62	5.87	6.13	6.38	6.64	6.90
900.—	6.03	6.32	6.61	6.89	7.18	7.47	7.76
1000.—	13.59	13.97	14.35	14.73	15.11	15.48	15.86
2000.—	20.30	21.—	21.70	22.40	23.09	23.78	24.48
3000.—	27.—	28.02	29.04	30.06	31.06	32.08	33.10
4000.—	33.71	35.05	36.38	37.72	39.05	40.39	41.72
5000.—	40.41	42.07	43.74	45.39	47.04	48.69	50.34
6000.—	47.12	49.08	51.07	53.05	55.02	56.99	58.96
7000.—	53.82	56.12	58.41	60.70	63.—	65.29	67.58
Plus droits de sortie	0.15	0.15	0.16	0.17	0.18	0.18	0.19

A ajouter et à calculer suivant l'explication page 8.

(*) Voir pour la conversion des Gourdes, avec les changes aux cours, le tableau page 8.

OBSERVATIONS

F. 10 par tonneau sur le fret font au Havre une différence de F. 1.02 par 100 kil. sur les prix.

On veut savoir le revient au Havre d'Acajou coûtant au Port-au-Prince $ 4550 les 1000 pieds au change de F. 0.21 par Gourde et au fret de F. 50 par tonneau.

On trouvera dans la 1re et la 2e colonne de ce tableau que :

$ 50 font par 100 kil.		F.	0.34
» 500 id. id.		»	3.35
» 4000 id. id.		»	33.71
Plus droits de sortie		»	0.15
$ 4550 feront donc par 100 kil.		F.	37.55

Le logarithme sans change pour calculer les droits de sortie, comme pour calculer le prix de revient de la marchandise, est de 31928.

Les frais fixes au change de F. 0.25 sont de F. 7.13 par 100 kil.; chaque centime de différence par Gourde sur le change produit F. 0.06 par 100 kil. à ajouter ou à retrancher de F. 7.13. Voir page 8.

Logarithmes pour les Droits de Sortie

CHANGES		LOGARITHMES
21		67049
» 22	»	70242
» 23	»	73434
» 24	»	76627
» 25	»	79820
» 26	»	83013
» 27	»	86206

Droits d'entrée par 100 kil. en Août 1867

Par navire Français	Exempt.
id. Etranger	F. 6.—

COMPTE D'ACHAT ET DE REVIENT

A 200 SACS CACAO

200 sacs Cacao pesant brut...... ℔ 20250			
Tare 1 ¼ ℔ par sac .... » 250			
Net........ ℔ 20000 à $ 80 pour 100 ℔			$ 16000.—

FRAIS

	Droits de Sortie		
Charroi et travailleurs à l'embarquement, warfage et pesage, $ 2.10 par sac		$ 420.—	
Sacs vides à $ 3 par sac..........		» 600.—	» 1020.—
			$ 17020.—
Droits de sortie $ 36..........			
Impôt territorial » 13			
$ 49 par 1000 ℔ et 10 %..........	$ 1078.—		
Commission d'achat et de remboursement 2 ½ %......	» 26.95		» 425.50
	$ 1104.95		$ 17445.50
Remboursement sur Paris au change de F. 0.22 pour 1 $; voir pour la conversion le tableau page 9	F. 243.10		F. 3838.—

FRAIS AU HAVRE

Fret à F. 70 par tonneau de 700 kil..........		F. 982.10	
Frais au débarquement, port en magasin, magasinage d'un mois, livraison et menus frais F. 0.50 par 100 kil.		» 49.10	
Assurance maritime sur F. 4221 à 2 ½ % et police......	» 6.67	» 107.—	
id contre le feu à 1 ‰..........	» 0.24	» 3.84	
Courtage de vente........ ½ %			
Escompte à la vente........ 2 %			
Commission de vente........ 2 %			
Ensemble.... 4 ½ % sur F. 5201.09......	» 11.10	» 221.05	» 1363.09
	F. 261.11		F. 5201.09
Soit par 100 kil..........	» 2.70		

RENDEMENT : 100 ℔ rendent 48 kil. ½ :

Soit 20250 ℔ — brut........ kil. 9821		
Tare 1 ½ %.......... » 147		
Net........ kil. 9674 à	F. 53.76 par 100 kil. entrepôt.....	F. 5200.75
Plus : droits de sortie au Port-au-Prince..........	» 2.70 id.	
Ensemble	F. 56.46 par 100 kil. entrepôt.	

PRIX DE REVIENT AU HAVRE DES 100 KIL. ENTREPOT

AUX CHANGES SUIVANTS SUR PARIS (*)

	PRIX au PORT-AU-PRINCE par 100 ℔	F. 0.21	F. 0.22	F. 0.23	F. 0.24	F. 0.25	F. 0.26	F. 0.27
SURPRIX — Goût et frais variables	$ 1.—	F. 0.48	F. 0.50	F. 0.52	F. 0.55	F. 0.57	F. 0.59	F. 0.62
	2.—	0.96	1.—	1.05	1.09	1.14	1.18	1.23
	3.—	1.43	1.50	1.57	1.64	1.71	1.78	1.85
	4.—	1.91	2.—	2.10	2.18	2.28	2.37	2.46
	5.—	2.39	2.51	2.62	2.73	2.85	2.96	3.08
	6.—	2.87	3.01	3.14	3.28	3.41	3.55	3.69
	7.—	3.35	3.51	3.67	3.82	3.98	4.14	4.31
	8.—	3.82	4.01	4.19	4.37	4.55	4.74	4.92
	9.—	4.30	4.51	4.72	4.91	5.12	5.33	5.54
	10.—	4.78	5.01	5.24	5.46	5.69	5.92	6.15
Coût et frais variables et invariables	50.—	37.49	38.74	40.—	41.24	42.50	43.75	45.01
	60.—	42.27	43.75	45.23	46.71	48.19	49.67	51.15
	70.—	47.05	48.75	50.47	52.17	53.88	55.59	57.30
	80.—	51.83	53.76	55.70	57.63	59.57	61.50	63.44
	90.—	56.61	58.77	60.94	63.10	65.26	67.42	69.59
	100.—	61.39	63.78	66.17	68.56	70.96	73.34	75.73
	110.—	66.17	68.78	71.41	74.02	76.65	79.26	81.88
	120.—	70.95	73.79	76.64	79.49	82.34	85.18	88.02
	130.—	75.73	78.80	81.88	84.95	88.03	91.09	94.17
	140.—	80.51	83.81	87.11	90.41	93.72	97.01	100.32
	150.—	85.29	88.81	92.35	95.97	99.41	102.93	106.47
Plus droits de sortie		2.58	2.70	2.82	2.94	3.07	3.19	3.31

A ajouter et à calculer suivant l'explication page 8.

(*) Voir pour la conversion des Gourdes, avec les changes aux cours, le tableau page 9.

OBSERVATIONS

F. 10 par tonneau sur fret font au Havre une différence de F. 1.45 par 100 kil. sur les prix.

On veut savoir le revient au Havre de Cacao coûtant au Port-au-Prince $ 105 les 100 ℔, au change de F. 0.21 par gourde et au fret de F. 70.

On trouvera dans la 1re et la 2e colonne de ce tableau que :

$ 5 font par 100 kil..........	F. 2.39
» 100 id. id.	» 61.39
Droits de sortie	» 2.58
$ 105 feront donc par 100 kil..........	F. 66.36

Le logarithme sans change pour calculer les droits de sortie, comme pour calculer le prix de revient de la marchandise, est de 22762.

Les frais fixes au change de F. 0.25 sont de F. 14.05 par 100 kil.; chaque centime de différence par gourde sur le change, produit F. 0.11½ à ajouter ou à retrancher de F. 14.05. Voir page 8.

Logarithmes pour les Droits de Sortie

CHANGES		LOGARITHMES
21	....	47800
» 22	....	» 50076
» 23	....	» 52353
» 24	....	» 54629
» 25	....	» 56905
» 26	....	» 59181
» 27	....	» 61457

Droits d'entrée par 100 kil. en Août 1867

Par navire Français..........	F. 30.—
id. Étranger..........	» 48.—

COMPTE D'ACHAT ET DE REVIENT

A 100 SACS CACAO

100 sacs Cacao pesant brut ℊ 11277
Tare 1 ½ ℊ par sac .... » 150
ℊ 11127 à ∮ 80 les 100 ℊ .... ∮ 8901.60

FRAIS

	Droits de sortie			
Frais d'embarquement à ∮ 3 par sac		∮ 300.—		
Sacs vides à ∮ 4 par sac		» 400.—	»	700.—
Droits de sortie à ∮ 49 par 1000 ℊ et 10 %	∮ 599.75		∮	9601.60
Commission d'achat et de remboursement 2 ½ %	» 15.—		»	240.05
	∮ 614.75		∮	9841.65
Remboursement sur Paris au change de F. 0.22 pour 1 ∮; voir pour la conversion le tableau page 9	F. 135.25		F.	2165.15

FRAIS AU HAVRE

Fret à F. 70 par tonneau de 700 kil.		F. 546.90	
Frais au débarquement, port en magasin, magasinage d'un mois, livraison et menus frais à F. 0.50 par 100 kil.		» 27.35	
Assurance maritime sur F. 2881 à 2 ¼ % et police	» 3.33	» 55.05	
Assurance contre le feu 1 ‰	» 0.13	» 2.15	
Courtage de vente ½ %			
Escompte à la vente 2 %			
Commission de vente 2 %			
Ensemble 4 ½ % sur F. 2920.72	» 6.15	» 124.12	» 755.57
	F. 144.86		F. 2920.72
Soit par 100 kil.	» 2.69		

RENDEMENT : 100 ℊ rendent 48 kil. ½ :

Soit 11277 ℊ = Brut..... kil. 5469
Tare 1 ½ % .... » 82
Net...... kil. 5387 à F. 54.22 par 100 kil. entrepôt .... F. 2920.85
Plus : droits de sortie au cap Haïtien » 2.69 id.
Ensemble........ F. 56.91 par 100 kil. entrepôt.

PRIX DE REVIENT AU HAVRE DES 100 KIL. ENTREPOT

AUX CHANGES SUIVANTS SUR PARIS (*)

PRIX au CAP HAITIEN par 100 ℊ	F. 0.21	F. 0.22	F. 0.23	F. 0.24	F. 0.25	F. 0.26	F. 0.27
∮ 1.—	F. 0.48	F. 0.50	F. 0.52	F. 0.54	F. 0.57	F. 0.59	F. 0.61
2.—	0.95	1.—	1.04	1.09	1.13	1.18	1.22
3.—	1.43	1.50	1.57	1.63	1.70	1.77	1.84
4.—	1.90	2.—	2.09	2.18	2.27	2.36	2.45
5.—	2.38	2.50	2.61	2.72	2.84	2.95	3.06
6.—	2.86	2.99	3.13	3.26	3.40	3.54	3.67
7.—	3.33	3.49	3.65	3.81	3.97	4.13	4.28
8.—	3.81	3.99	4.18	4.35	4.54	4.72	4.90
9.—	4.28	4.49	4.70	4.90	5.10	5.31	5.51
10.—	4.76	4.99	5.22	5.44	5.67	5.90	6.12
50.—	37.98	39.25	40.52	41.81	43.08	44.36	45.63
60.—	42.74	44.24	45.74	47.25	48.75	50.25	51.75
70.—	47.50	49.23	50.96	52.69	54.42	56.15	57.87
80.—	52.26	54.22	56.17	58.14	60.09	62.05	64.—
90.—	57.03	59.21	61.39	63.58	65.76	67.94	70.12
100.—	61.79	64.20	66.61	69.03	71.43	73.84	76.25
110.—	66.55	69.19	71.83	74.47	77.10	79.74	82.37
120.—	71.32	74.18	77.05	79.91	82.77	85.63	88.49
130.—	76.08	79.17	82.26	85.36	88.44	91.53	94.62
140.—	80.84	84.16	87.48	90.80	94.11	97.43	100.74
150.—	85.61	89.15	93.69	96.24	99.78	103.33	106.87
Plus droits de sortie	2.57	2.69	2.81	2.93	3.06	3.18	3.30

A calculer et à ajouter suivant l'explication à la page 8.

(*) Voir la conversion des Gourdes, avec les changes en cours, le tableau page 9.

OBSERVATIONS

F. 10 par tonneau sur le fret font au Havre une différence de F. 1.45 par 100 kil. sur les prix.

On veut savoir le revient au Havre de Cacao coûtant au Cap Haïtien ∮ 105 les 100 ℊ, au change de F. 0.21 par gourde et au fret de F. 70.

On trouvera dans la 1re et la 2e colonne de ce tableau que :

∮ 5 font par 100 kil.	F.	2.38
» 100 id.	»	61.79
Droits de sortie	»	2.57
∮ 105 feront donc par 100 kil.	F.	66.74

Le logarithme, sans change pour calculer les droits de sortie, comme pour calculer le prix de revient de la marchandise, est de 22681.

Les frais fixes au change de F. 0.25 par gourde sont de F. 14.73 par 100 kil.; chaque centime de différence par gourde sur le change produit F. 0.14 par 100 kil. à ajouter ou à retrancher de F. 14.73. Voir page 9.

Logarithmes pour les Droits de Sortie

CHANGES		LOGARITHMES
21		47630
» 22	»	49898
» 23	»	52165
» 24	»	54434
» 25	»	56703
» 26	»	58971
» 27	»	61239

Droits d'entrée par 100 kil. en Août 1867

Par navire Français	F. 30.—
id. Etranger	» 48.—

COMPTE D'ACHAT ET DE REVIENT

A 152 SACS CAFÉ

152 sacs Café pesant brut ℔ 20190
Tare 1 ¼ ℔ par sac » 190
Net ℔ 20000 à ₲ 150 pour 100 ℔ ₲ 30000.—

FRAIS

	Droits de sortie		
Charroi et travailleurs à l'embarquement ₲ 2 pour 100 ℔		₲ 400.—	
Sacs vides ₲ 4 pour 100 ℔ sur 20000 ℔		» 800.—	» 1200.—
			₲ 31200.—
Droits de sortie sur 20000 ℔ à P. 1.75 pour 100 ℔ à 10 %	P. 385.—		
Commission d'achat et de remboursement 2 ½ %	» 9.62		» 780.—
	P. 394.62		P. 31980.—
Remboursement sur Paris au change de F. 0.22 pour 1 ₲ ; voir pour la conversion des Gourdes le tableau page 9			F. 7035.60
Les droits sur les Cafés étant payables en Piastres, les P. 394.62 ci-dessus sont à réduire au change variable de P. 18 ¾ pour F. 100	F. 2104.64		

FRAIS AU HAVRE

Fret à F. 70 par tonneau de 900 kil.		F. 765.50	
Frais au débarquement, port en magasin, magasinage d'un mois, livraison et menus frais		» 51.15	
Assurance maritime sur F. 7738 à 2 ½ % et police	» 57.85	» 194.95	
id. contre le feu 1 ‰	» 2.10	» 7.05	
Courtage de vente ½ %			
Escompte à la vente 2 %			
Commission de vente 2 %			
Ensemble 4 ½ % sur F. 8411.70	» 96.08	» 357.45	» 1376.10
	F. 2260.67		F. 8411.70
Soit par 100 kil.	» 23.32		

RENDEMENT : 100 ℔ rendent 48 kil. ¾ :

Soit brut 20190 ℔ = Brut kil. 9842
Tare 1 ½ % » 147
Net kil. 9695 à F. 86.76 par 100 kil. entrepôt F. 8411.40
Plus : droits de sortie au Port-au-Prince » 23.32 id.
Ensemble F. 110.08 par 100 kil. entrepôt.

PRIX DE REVIENT AU HAVRE DES 100 KIL. ENTREPOT

AUX CHANGES SUIVANTS SUR PARIS (*)

PRIX au PORT-AU-PRINCE par 100 ℔	F. 0.21	F. 0.22	F. 0.23	F. 0.24	F. 0.25	F. 0.26	F. 0.27
₲ 1.—	F. 0.48	F. 0.50	F. 0.52	F. 0.55	F. 0.57	F. 0.59	F. 0.61
2.—	0.95	1.—	1.04	1.09	1.14	1.18	1.23
3.—	1.43	1.50	1.57	1.64	1.70	1.77	1.84
4.—	1.91	2.—	2.09	2.18	2.27	2.36	2.45
5.—	2.39	2.50	2.61	2.73	2.84	2.96	3.07
6.—	2.86	3.—	3.13	3.27	3.41	3.55	3.68
7.—	3.34	3.50	3.65	3.82	3.98	4.14	4.29
8.—	3.82	4.—	4.18	4.36	4.54	4.73	4.90
9.—	4.29	4.50	4.70	4.91	5.11	5.32	5.52
10.—	4.77	5.—	5.22	5.45	5.68	5.91	6.13
100.—	59.38	61.78	64.19	66.59	69.—	71.41	73.82
110.—	64.15	66.77	69.42	72.04	74.68	77.31	79.96
120.—	68.92	71.77	74.64	77.49	80.35	83.22	86.09
130.—	73.69	76.77	79.87	82.94	86.03	89.12	92.22
140.—	78.46	81.77	85.09	88.39	91.71	95.03	98.35
150.—	83.23	86.76	90.31	93.85	97.39	100.93	104.49
160.—	88.—	91.76	95.54	99.30	103.07	106.84	110.62
170.—	92.77	96.76	100.76	104.75	108.75	112.74	116.75
180.—	97.54	101.75	105.99	110.20	114.42	118.65	122.88
190.—	102.31	106.75	111.21	115.65	120.11	124.56	129.01
200.—	107.07	111.75	116.43	121.10	125.79	130.47	135.14
Plus droits de sortie	A ajouter et à calculer suivant l'explication à la page 8.						

(*) Voir pour la conversion des Gourdes, avec les changes en cours, le tableau page 9.

OBSERVATIONS

F. 10 par tonneau sur le fret font au Havre une différence de F. 1.15 par 100 kil. sur les prix.

On veut savoir le revient au Havre de Café coûtant au Port-au-Prince ₲ 165 les 100 ℔ au change de F. 0.21 par Gourde et au fret de F. 70.

On trouvera dans la 1re et la 2e colonne de ce tableau que

₲ 5 font par 100 kil. F. 2.39
» 160 id. id. » 88.—
Plus droits de sortie au change de 18 ¾ » 23.32

₲ 165 feront donc par 100 kil. F. 113.71

Le logarithme sans change pour calculer le prix de revient de la marchandise est de 22713. Les frais fixes au change de F. 0.25 par Gourde sont de F. 12.22 par 100 kil. ; chaque centime de différence par Gourde sur le change produit F. 0.12 ½ par 100 kil. à ajouter ou à retrancher de F. 12.22. Voir page 8.

Les droits de sortie sur les Cafés se payent en piastres fortes ; voici comment il faudra procéder pour trouver ce qu'ils font en France par 100 kil. Le logarithme sans change qui reste invariable est de 22713 ; il suffira de le diviser par le taux du change sur France quel qu'il soit. Il est sur ce compte de P. 18 ¾ par F. 100, ce qui donne 12114. En multipliant ce nombre par P. 1 ¾ (droit actuel) on trouve 21199
Plus 10 % 2119
Ensemble 23318

Les quatre premiers chiffres de gauche, soit F. 23.32, représentent le montant des droits de sortie par 100 kil. au Havre, qui sont à ajouter au prix de revient. En cas de changement dans les droits de sortie comme dans le change, il suffira de procéder comme ci-dessus avec le même logarithme.

Le logarithme sans change de ce compte est 22713.

Droits d'entrée par 100 kil. en Août 1867

Par navire Français F. 50.40
id. Étranger » 55.40

COMPTE D'ACHAT ET DE REVIENT

A 100 SACS CAFÉ

100 sacs Café pesant brut .... ₰ 12150
Tare 1 ¼ ₰ par sac .... » 150
Net .... ₰ 12000 à ∯ 150 par 100 ₰ .... ∯ 18000.—

FRAIS

	Droits de Sortie		
Frais d'embarquement ∯ 3 par sac		∯ 300.—	
100 sacs vides à ∯ 4 par sac		» 400.—	» 700.—
Droits de sortie à P. 1 ¼ pour 100 ₰ et 10 %	P. 281.—		∯ 18700.—
Commission d'achat et de remboursement 2 ½ %	» 5.77		» 467.50
	P. 236.77		∯ 19167.50
Remboursement sur Paris au change de F. 0.22 pour 1 ∯; voir pour la conversion des gourdes le tableau page 9			F. 4216.85
Les droits sur les cafés étant payables en Piastres, les P. 236.77 ci-dessus sont à réduire au change variable de P. 18 ¾ pour F. 100	F. 1262.80		

FRAIS AU HAVRE

Fret F. 70 par tonneau de 900 kil.		F. 460.70	
Frais au débarquement, port en magasin, magasinage d'un mois, livraison et menus frais		» 31.—	
Assurance maritime sur F. 4688 à 2 ¼ % et police	» 81.23	» 105.85	
id. contre le feu 1 ‰	» 1.26	» 4.22	
Courtage de vente .... ½ %			
Escompte à la vente .... 2 %			
Commission de vente .... 2 %			
Ensemble .... 4½ % sur F. 5032.50	» 57.50	» 213.88	» 816.65
	F. 1352.79		F. 5032.50
Soit par 100 kil.	» 23.19		

Rendement : 100 ₰ rendent 48 kil. ½ :

Soit brut 12150 ₰ = brut .... kil. 5923
Tare 1 ½ % .... » 89
Net .... kil. 5834 à F. 86.26 par 100 kil. Entrepôt .... F. 5032.40
Plus : droits de sortie au cap Haïtien à .... » 23.18 id.
Ensemble .... F. 109.45 par 100 kil. Entrepôt.

PRIX DE REVIENT AU HAVRE DES 100 KIL. ENTREPOT

AUX CHANGES SUIVANTS SUR PARIS (*)

PRIX au CAP HAITIEN par 100 ₰	F. 0.21	F. 0.22	F. 0.23	F. 0.24	F. 0.25	F. 0.26	F. 0.27
∯ 1.—	F. 0.47	F. 0.50	F. 0.52	F. 0.54	F. 0.57	F. 0.59	F. 0.61
2.—	0.95	0.99	1.04	1.08	1.13	1.17	1.22
3.—	1.42	1.49	1.56	1.63	1.70	1.76	1.83
4.—	1.90	1.99	2.08	2.17	2.26	2.35	2.44
5.—	2.37	2.49	2.60	2.71	2.83	2.94	3.05
6.—	2.84	2.98	3.11	3.25	3.39	3.52	3.66
7.—	3.32	3.48	3.63	3.79	3.96	4.11	4.27
8.—	3.79	3.98	4.15	4.34	4.52	4.70	4.88
9.—	4.27	4.47	4.67	4.88	5.09	5.28	5.49
10.—	4.74	4.97	5.19	5.42	5.65	5.87	6.10
100.—	59.03	61.42	63.81	66.20	68.59	70.97	73.37
110.—	63.78	66.39	69.01	71.62	74.23	76.84	79.47
120.—	68.52	71.36	74.20	77.04	79.88	82.72	85.56
130.—	73.26	76.33	79.40	82.46	85.53	88.59	91.66
140.—	78.01	81.30	84.59	87.88	91.17	94.46	97.76
150.—	82.75	86.27	89.79	93.30	96.82	100.33	103.86
160.—	87.49	91.23	94.98	98.72	102.47	106.21	109.96
170.—	92.23	96.20	100.18	104.14	108.11	112.08	116.05
180.—	96.98	101.17	105.37	109.56	113.76	117.95	122.15
190.—	101.72	106.14	110.57	114.98	119.41	123.82	128.25
200.—	106.46	111.11	115.76	120.40	125.05	129.70	134.35
Plus droits de sortie	A ajouter et à calculer suivant l'explication à la page 8.						

(*) Voir pour la conversion des Gourdes, avec les changes en cours, le tableau page 9.

OBSERVATIONS

F. 10 par tonneau sur le fret font au Havre une différence de F. 1.18 par 100 kil. sur les prix.

On veut savoir le revient au Havre de Café coûtant au Cap Haïtien ∯ 165 par 100 ₰ au change de F. 0.21 et au fret de F. 70.

On trouvera dans la 1re et la 2e colonne de ce tableau que :

∯ 5 font donc par 100 kil. .... F. 2.37
» 160 id. id. .... » 87.49
Plus droits de sortie au change de 18 ¾ » 23.19
∯ 165 feront donc par 100 kil. .... F. 113.05

Le logarithme sans change pour calculer le prix de revient de la marchandise est de 22586. Les frais fixes au change de F. 0.25 par gourde sont de F. 12.12 par 100 kil.; chaque centime de différence par gourde sur le change produit F. 0.13 par 100 kil. à ajouter ou à retrancher de F. 12.12. Voir page 8.

Les droits de sortie sur les Cafés se payant en piastres fortes, voici comment il faudra procéder pour trouver ce qu'ils font en France par 100 kil. Le logarithme sans change qui reste invariable est de 22586, il suffira de le diviser par le taux du change sur France quel qu'il soit. Il est sur ce compte de P. 18 ¾ pour F. 100, ce qui donne 12046. En multipliant ce dernier nombre par F. 1 ¾ (droit actuel) on trouve 21080
Plus 10 % 2108
Ensemble 23188

Les quatre premiers chiffres de gauche, soit F. 23.19, représentent le montant des droits de sortie par 100 kil. au Havre qui sont à ajouter au prix de revient. En cas de changement dans les droits de sortie, comme dans le change, il suffira de procéder comme ci-dessus, avec le même logarithme.

Droits d'entrée par 100 kil. en Août 1867

Par navire Français .... F. 30.40
Id. Étranger .... » 55.40

COMPTE D'ACHAT ET DE REVIENT

A 10 BARILS CIRE

10 barils Cire pesant brut ℘ 1650			
Tare réelle.......... » 150			
Net.......... ℘ 1500 à $ 4 le ℘..........		$	6000.—

FRAIS

10 barils vides à $ 4..........	$	40.—		
Frais d'embarquement $ 4..........	»	40.—	»	80.—
			$	6080.—
Commission d'achat et de remboursement 2 ½ %..........			»	152.—
			$	6232.—
Remboursement sur Paris au change de F. 0.22 pour 1 $; voir pour la conversion des gourdes le tableau page 9..........			F.	1371.05

FRAIS AU HAVRE

Fret à F. 70 par tonneau de 900 kil. sur 804 kil..........	F.	62.55		
Frais au débarquement, port en magasin, magasinage d'un mois, livraison et menus frais..........	»	5.20		
Assurance maritime sur F. 1508 à 2 % et police..........	»	31.65		
id. contre le feu 1 ‰..........	»	1.37		
Courtage de vente.......... ¼ %				
Escompte à la vente.......... 2 %				
Commission de vente.......... 2 %				
Ensemble.. 4¼ % sur F. 1537.15..........	»	65.33	»	166.10
			F.	1537.15

RENDEMENT : 100 ℘ rendent 48 kil. ¾ :

Soit net 1500 ℘ = 731 kil. nets à F. 210 28 par 100 kil. entrepôt.......... F. 1537.15

PRIX DE REVIENT AU HAVRE DES 100 KIL. ENTREPOT

AUX CHANGES SUIVANTS SUR PARIS(*)

PRIX au CAP HAITIEN par ℘	F. 0.21	F. 0.22	F. 0.23	F. 0.24	F. 0.25	F. 0.26	F. 0.27
$ —. 10	F. 4.72	F. 4.94	F. 5.17	F. 5.39	F. 5.62	F. 5.84	F. 6.07
—. 20	9.44	9.89	10.34	10.79	11.24	11.69	12.13
—. 30	14.16	14.83	15.51	16.18	16.85	17.53	18.20
—. 40	18.88	19.78	20.68	21.57	22.47	23.37	24.27
—. 50	23.60	24.72	25.85	26.97	28.09	29.22	30.34
—. 60	28.31	29.66	31.01	32.36	33.71	35.06	36.40
—. 70	38.03	34.61	86.18	37.75	39.33	40.90	42.47
—. 80	37.75	39.55	41.35	43.14	44.94	46.74	48.54
—. 90	42.47	44.50	46.52	48.54	50.56	52.59	54.60
—.100	47.19	49.44	51.69	53.93	56.18	58.43	60.67
2. —	106.70	111.41	116.02	120.64	125.25	129.86	134.48
3. —	153.98	160.84	107.71	174.57	181.43	188.29	195.15
4. —	201.17	210.28	219.39	228.50	237.61	246.72	255.83
5. —	248.37	259.72	271.08	282.44	293.79	305.15	316.50
6. —	295.56	309.16	322.77	336.37	349.97	363.57	377.17
7. —	342.75	358.60	374.45	390.30	406.15	422.—	137.85
8. —	389.94	408.03	426.14	444.28	462.33	480.43	498.52
Plus droits de sortie							

A ajouter et à calculer suivant l'explication à la page 8.

(*) Voir pour la conversion des Gourdes, avec les changes en cours, le tableau page 9.

OBSERVATIONS

F. 10 par tonneau sur le fret font au Havre une différence de F. 1.22 par 100 kil. sur les prix.

On veut savoir le revient au Havre de Cire coûtant au Cap Haïtien $ 4.50 la ℘, au change de F. 0.21 et un fret de F. 70.

On trouvera dans la 1re et la 2e colonne de ce tableau que :

$ —.50 font par 100 kil..........	F.	23.60
» 4.— id. id.	»	201.17
$ 4.50 feront donc par 100 kil..........	F.	224.77

Le logarithme sans change pour calculer le prix de revient de la marchandise est de 22472.

Les frais fixes au change de F. 0.25 la gourde sont de F. 12.89 par 100 kil., chaque centime de différence par gourde sur le change produit F. 0.12 par 100 kil. à ajouter ou à retrancher de F. 12.89. Voir page 8.

Droits d'entrée par 100 kil. en Août 1867

Par navire Français..........	F.	1.—
id. Étranger..........	»	3.—

COMPTE D'ACHAT ET DE REVIENT

A 100 BALLES COTON

100 balles Coton pesant brut 10000 ℔ à $ 5 par ℔			$	50000.—

FRAIS

	Droits de Sortie			
Frais d'embarquement à $ 2 par balle			»	200.—
Droits de sortie $ 20 pour 100 ℔ et 10 %	$	220.—	$	50200.—
Commission d'achat et de remboursement 2 ½ %	»	5.50	»	1255.—
	$	225.50	$	51455.—
Remboursement sur Paris au change de F. 0.22 pour 1 $; voir pour la conversion des gourdes le tableau page 9	F.	49.61	F.	11320.10

FRAIS AU HAVRE

Fret à F. 90 par tonneau de 400 kil.			F.	1102.50		
Frais au débarquement, port en magasin, magasinage d'un mois, livraison et menus frais			»	29.50		
Assurance maritime sur F. 12452 à 2 % et police	»	1.06	»	250.54		
id. contre le feu 1 ‰	»	0.05	»	11.82		
Courtage de vente ½ %						
Escompte à la vente 2 %						
Commission de vente 2 %						
Ensemble 4½ % sur F. 13278.29	»	2.25	»	564.83	»	1958.19
	F.	52.99			F.	13278.29
Soit par 100 kil.	»	1.14				

RENDEMENT : 100 ℔ rendent 49 kil. :

Soit brut 10000 ℔ = Brut	kil. 4900				
Tare 5 %	» 245				
Net	kil. 4655 à	F. 285.25	par 100 kil. entrepôt	F.	13278.40
Plus : droits de sortie au cap Haïtien		» 1.14	id.		
Ensemble		F. 286.39	par 100 kil. entrepôt.		

PRIX DE REVIENT AU HAVRE DES 100 KIL. ENTREPOT

AUX CHANGES SUIVANTS SUR PARIS (*)

PRIX au CAP HAITIEN par ℔	F. 0.21	F. 0.22	F. 0.23	F. 0.24	F. 0.25	F. 0.26	F. 0.27
$ —.10	F. 4.94	F. 5.18	F. 5.41	F. 5.65	F. 5.88	F. 6.12	F. 6.35
—.20	9.88	10.35	10.82	11.29	11.76	12.23	12.70
—.30	14.82	15.53	16.23	16.94	17.65	18.35	19.06
—.40	19.76	20.70	21.64	22.58	23.53	24.47	25.41
—.50	24.70	25.88	27.06	28.23	29.41	30.59	31.76
—.60	29.64	31.06	32.47	33.88	35.29	36.70	38.11
—.70	34.58	36.23	37.88	39.52	41.17	42.82	44.46
—.80	39.52	41.41	43.29	45.17	47.06	48.94	50.82
—.90	44.46	46.58	48.70	50.81	52.94	55.05	57.17
1.—	75.82	78.22	80.62	83.02	85.48	87.82	90.22
2.—	125.22	129.97	134.73	139.48	144.24	148.99	153.74
3.—	174.63	181.73	188.84	195.95	203.06	210.15	217.26
4.—	224.03	233.49	242.95	252.41	261.87	271.32	280.78
5.—	273.44	285.25	297.06	308.87	320.69	332.49	344.30
6.—	322.84	337.—	351.17	365.33	379.50	393.66	407.82
7.—	372.25	388.76	405.28	421.79	438.32	454.83	471.34
Plus droits de sortie	1.09	1.14	1.19	1.24	1.29	1.35	1.40

A ajouter et à calculer suivant l'explication page 8.

(*) Voir pour la conversion des Gourdes, avec les changes en cours, le tableau page 9.

OBSERVATIONS

F. 10 par tonneau sur le fret font au Havre une différence de F. 2.63 par 100 kil. sur les prix.

On veut savoir le revient au Havre de Coton coûtant au Cap Haïtien $ 4.50 par ℔ au change de F. 0.21 par Gourde et au fret de F. 90.

On trouvera dans la 1re et la 2e colonne de ce tableau que :

$ —.50 font par 100 kil.	F.	24.70
» 4 — id. id.	»	224.03
Plus droits de sortie	»	1.09
$ 4.50 feront donc par 100 kil.	F.	249.82

Le logarithme sans change pour calculer les droits de sortie, comme pour calculer le prix de revient de la marchandise, est de 23526.

Les frais fixes au change de F. 0.25 par Gourde sont de F. 26.61 par 100 kil.; chaque centime de différence par Gourde sur le change produit F. 0.05 par 100 kil. à ajouter ou à retrancher de F. 26.61. Voir page 8.

Logarithmes pour les Droits de Sortie

CHANGES		LOGARITHMES
21		49405
» 22	»	51787
» 23	»	54110
» 24	»	56462
» 25	»	58815
» 26	»	61168
» 27	»	63520

Droits d'entrée par 100 kil. en Août 1867

Par navire Français	Exempt.
Id. Étranger	F. 3.—

COMPTE D'ACHAT ET DE REVIENT

A 20 BALLES COTON PRESSÉES

20 balles Coton pressées pesant brut 10000 ℔ à $ 5 par ℔			$	30000.

FRAIS

	Droits de Sortie			
Charroi et travailleurs à l'embarquement, warfage et pesage à $ 20 ½ par balle			»	210.—
			$	30210.—
Droits de sortie et impôt territorial $ 20 pour 1000 ℔ et 10 %	$	220.—		
Commission d'achat et de remboursement 2 ½ %	»	10.50	»	1255.25
	$	225.50	$	31465.25
Remboursement sur Paris au change de F. 0.22 pour 1 $; voir pour la conversion des gourdes le tableau page 9	F.	49.61	F.	11322.35

FRAIS AU HAVRE

Fret à F. 90 par tonneau de 400 kil			F.	1102.50		
Frais au débarquement, port en magasin, magasinage d'un mois, livraison et menus frais			»	29.50		
Assurance maritime sur F. 12454 à 2 ¼ % et police	»	1.21	»	281.70		
id. contre le feu 1 ‰	»	0.05	»	11.32		
Courtage de vente ½ %						
Escompte à la vente 2 %						
Commission de vente 2 %						
Ensemble 4 ½ % sur F. 13313.18	»	2.26	»	565.81	»	1990.83
	F.	53.13			F.	13313.18
Soit par 100 kil	»	1.14				

Rendement : 100 ℔ rendent 49 kil.

Soit brut 10000 ℔ = brut	kil. 4900		
Tare 5 %	» 245		
Net	kil. 4655 à F. 286.— par 100 kil. entrepôt	F.	13313.30
Plus : droits de sortie au Port-au-Prince	» 1.14 id.		
Ensemble	F. 287.14 par 100 kil. entrepôt.		

PRIX DE REVIENT AU HAVRE DES 100 KIL. ENTREPOT

AUX CHANGES SUIVANTS SUR PARIS (*)

PRIX au PORT-AU-PRINCE par ℔	F. 0.21	F. 0.22	F. 0.23	F. 0.24	F. 0.25	F. 0.26	F. 0.27
$ —.10	F. 4.95	F. 5.19	F. 5.43	F. 5.66	F. 5.90	F. 6.18	F. 6.37
—.20	9.91	10.38	10.85	11.32	11.79	12.27	12.74
—.30	14.86	15.57	16.28	16.98	17.69	18.40	19.11
—.40	19.82	20.76	21.70	22.64	23.59	24.53	25.48
—.50	24.77	25.95	27.13	28.31	29.49	30.67	31.85
—.60	29.72	31.14	32.56	33.97	35.38	36.80	38.21
—.70	34.68	36.33	37.98	39.63	41.28	42.93	44.58
—.80	39.63	41.52	43.41	45.29	47.18	49.06	50.95
—.90	44.59	46.71	48.83	50.95	53.07	55.20	57.32
1.—	76.01	78.42	80.83	83.23	85.64	88.05	90.46
2.—	125.54	130.31	135.08	139.85	141.62	149.38	154.15
3.—	175.06	182.21	189.34	196.46	203.59	210.71	217.84
4.—	224.62	234.10	243.59	253.08	262.56	272.04	281.58
5.—	274.16	286.—	297.85	309.69	321.54	333.38	345.22
6.—	323.69	337.90	352.10	366.30	380.51	394.71	408.91
7.—	373.23	389.79	406.36	422.92	439.48	456.04	472.60
Plus droits de sortie	1.09	1.14	1.19	1.25	1.30	1.35	1.40

A ajouter et à calculer suivant l'explication page 8.

(*) Voir pour la conversion des Gourdes, avec les changes en cours, le tableau page 9.

OBSERVATIONS

F. 10 par tonneau sur le fret font au Havre une différence de F. 2.03 par 100 kil. sur les prix.

On veut savoir le revient au Havre de Coton coûtant au Port-au-Prince $ 4.50 par ℔ au change de F. 0.21 et au fret de F. 90.

On trouvera dans la 1re et la 2me colonne de ce tableau que :

$ —.50 font au Havre par 100 kil	F.	24.77
» 4.— id. id. id.	»	224.62
Plus droits de sortie	»	1.09
$ 4.50 feront donc par 100 kil	F.	250.48

Le logarithme sans change pour calculer les droits de sortie, comme pour calculer le prix de revient de la marchandise, est de 23589.

Les frais fixes au change de F. 0.25 par Gourde sont de F. 26.67 par 100 kil.; chaque centime de différence par gourde sur le change produit F. 0.05 par 100 kil. à ajouter ou à retrancher de F. 26.67.

Logarithmes pour les Droits de Sortie

CHANGES		LOGARITHMES
21		49637
» 22	»	51896
» 23	»	54255
» 24	»	56014
» 25	»	58073
» 26	»	61231
» 27	»	63690

Droits d'entrée par 100 kil, en Août 1867

Par navire Français		Exempt
id. Étranger	F.	3.—

COMPTE D'ACHAT ET DE REVIENT

A 100 CUIRS DE BOEUFS

100 Cuirs de bœufs pesant 1700 ℔ à $ 100 par 100 ℔			$	1700.—

FRAIS

	Droits de sortie			
Frais d'embarquement à $ 0.50 chaque			»	50.—
Droits de sortie à $ 0.50 chaque	$	50.—	$	1750.—
Commission d'achat et de remboursement 2 ½ %	»	1.25	»	43.75
	$	51.25	$	1798.75
Remboursement sur Paris au change de F. 0.22 pour 1 $; voir pour la conversion des gourdes le tableau page 9	F.	11.27	F.	394.62

FRAIS AU HAVRE

Fret à F. 60 par tonneau de 000 kil			F.	82.40		
Frais au débarquement, port en magasin, magasinage d'un mois, livraison et menus frais			»	6.60		
Assurance maritime sur F. 484, à 2 ¼ % et police	»	0.27	»	11.25		
id. contre le feu à 1 ‰	»	0.01	»	0.40		
Courtage de vente ¼ %						
Escompte à la vente 2 %						
Commission de vente 2 %						
Ensemble 4¼ % sur F. 517.25	»	0.51	»	21.98	»	122.63
	F.	12.00			F.	517.25
Soit par 100 kil	»	1.46				

RENDEMENT: 100 ℔ rendent 48 kil. ½ :

Soit 1700 ℔ = kil. 824.50 à	F. 62.74 par 100 kil. entrepôt	F.	517.29
Plus : droits de sortie au cap Haïtien	» 1.46 id.		
Ensemble	F. 64.20 par 100 kil. entrepôt.		

PRIX DE REVIENT AU HAVRE DES 100 KIL. ENTREPOT

AUX CHANGES SUIVANTS SUR PARIS (*)

PRIX au CAP HAITIEN par 100 ℔	F. 0.21	F. 0.22	F. 0.23	F. 0.24	F. 0.25	F. 0.26	F. 0.27
$ 1.—	F. 0.48	F. 0.50	F. 0.52	F. 0.54	F. 0.57	F. 0.59	F. 0.61
2.—	0.95	1.—	1.04	1.09	1.13	1.18	1.22
3.—	1.43	1.49	1.56	1.63	1.70	1.77	1.83
4.—	1.90	1.99	2.08	2.17	2.26	2.36	2.44
5.—	2.38	2.49	2.61	2.72	2.83	2.95	3.06
6.—	2.85	2.99	3.13	3.26	3.40	3.53	3.67
7.—	3.33	3.49	3.65	3.80	3.96	4.12	4.28
8.—	3.80	3.98	4.17	4.34	4.53	4.71	4.89
9.—	4.28	4.48	4.69	4.89	5.09	5.30	5.50
10.—	4.75	4.98	5.21	5.43	5.66	5.89	6.11
70.—	46.14	47.80	49.44	51.10	52.75	54.40	56.05
80.—	50.89	52.78	54.64	56.53	58.41	60.29	62.16
90.—	55.65	57.76	59.85	61.96	64.07	66.18	68.27
100.—	60.40	62.74	65.06	67.40	69.73	72.06	74.39
110.—	65.16	67.72	70.27	72.83	75.39	77.95	80.50
120.—	69.91	72.70	75.47	78.26	81.05	83.84	86.61
130.—	74.67	77.68	80.68	83.70	86.71	89.72	92.73
Plus droits de sortie	1.40	1.47	1.53	1.60	1.66	1.73	1.80

A ajouter et à calculer suivant l'explication à la page 8.

(*) Voir pour la conversion des Gourdes, avec les changes en cours, le tableau page 9.

OBSERVATIONS

F. 10 par tonneau sur le fret font au Havre une différence de F. 1.66 par 100 kil. sur les prix.

On veut savoir le revient au Havre de Cuirs coûtant au Cap Haïtien $ 95 les 100 ℔ au change de F. 0.21 par Gourde et au fret de F. 60.

On trouvera dans la 1re et la 2e colonne de ce tableau que :

$ 5 font donc par 100 kil	F.	2.38
» 90 id. id.	»	55.65
Plus droits de sortie	»	1.40
$ 95 feront donc par 100 kil	F.	59.43

Le logarithme sans change pour calculer les droits de sortie est de 13328.

Le logarithme sans change pour calculer le prix de revient de la marchandise est de 22640.

Les frais fixes au change de F. 0.25 par Gourde sont de F. 13.13 par 100 kil. ; chaque centime de différence par Gourde sur le change produit F. 0.07 par 100 kil. à ajouter ou à retrancher de F 13.13. Voir page 8.

Logarithmes pour les Droits de sortie

CHANGES		LOGARITHMES
CHANGES	21	27968
»	22	29300
»	23	30631
»	24	31963
»	25	33295
»	26	34627
»	27	35959.

Droits d'entrée par 100 kil. en Août 1887

Par navire Français	Exempts
id. Étranger	F. 3.—

COMPTE D'ACHAT ET DE REVIENT

A UNE CAISSE ÉCAILLE

Une caisse Ecaille pesant net 100 ℔ à ƒ 30 la ℔		ƒ	3000.—

FRAIS

1 caisse vide	ƒ	4.—		
Frais d'embarquement	»	6.—	»	10.—
			ƒ	3010.—
Commission 2 ½ %			»	75.25
			ƒ	3085.25
Remboursement sur Paris au change de F. 0.22 pour 1 ƒ; voir pour la conversion des gourdes le tableau page 9			F.	678.75

FRAIS AU HAVRE

Fret à F. 70 par tonneau de 500 kil. sur 55 kil.	F.	7.70		
Frais au débarquement, port en magasin, arrimage, magasinage d'un mois, livraison et menus frais	»	2.—		
Assurance maritime sur F. 745 à 2 % et police	»	16.40		
id. contre le feu 1 ‰	»	0.68		
Courtage de vente ¼ %				
Escompte à la vente 2 %				
Commission de vente 2 %				
Ensemble 4 ¼ % sur F. 736.85	»	31.32	»	58.10
			F.	736.85

Rendement : 100 ℔ rendent 48 kil. ½ :

Soit net 100 ℔ = net 48 kil. ½ à F. 15.19 par kil. Entrepôt	F.	736.70

PRIX DE REVIENT AU HAVRE DU KIL. ENTREPOT

AUX CHANGES SUIVANTS SUR PARIS (*)

PRIX au CAP-HAITIEN par ℔	F. 0.21	F. 0.22	F. 0.23	F. 0.24	F. 0.25	F. 0.26	F. 0.27
ƒ 1.—	F. 0.47	F. 0.50	F. 0.52	F. 0.54	F. 0.57	F. 0.59	F. 0.61
2.—	0.95	0.99	1.04	1.08	1.13	1.17	1.22
3.—	1.43	1.49	1.56	1.63	1.70	1.76	1.83
4.—	1.90	1.99	2.08	2.17	2.26	2.35	2.44
5.—	2.37	2.49	2.60	2.71	2.83	2.94	3.05
6.—	2.84	2.98	3.11	3.25	3.39	3.52	3.66
7.—	3.32	3.48	3.63	3.79	3.96	4.11	4.27
8.—	3.79	3.98	4.15	4.34	4.52	4.70	4.88
9.—	4.27	4.47	4.67	4.88	5.09	5.28	5.49
10.—	4.74	4.97	5.19	5.42	5.65	5.87	6.10
20.—	9.77	10.23	10.68	11.14	11.59	12.04	12.49
30.—	14.52	15.19	15.87	16.56	17.24	17.91	18.59
40.—	19.26	20.16	21.06	21.98	22.88	23.78	24.09
50.—	24.—	25.13	26.26	27.40	28.53	29.65	30.78
60.—	28.74	30.10	31.45	32.81	34.17	35.52	36.88
70.—	33.48	35.06	36.64	38.23	39.82	41.40	42.98
80.—	38.23	40.03	41.84	43.65	45.46	47.27	49.07
90.—	42.97	45.—	47.03	49.07	51.11	53.14	55.17
100.—	47.71	49.97	52.22	54.49	56.75	50.01	61.27
110.—	52.45	54.93	57.42	59.91	62.40	64.88	67.36
120.—	57.19	59.90	62.61	65.33	68.04	70.75	73.46

(*) Voir pour la conversion des Gourdes, avec les changes en cours, le tableau page 9.

OBSERVATIONS

F. 10 par tonneau sur le fret font au Havre une différence de F. 0.02 ½ par kil. sur les prix.

On veut savoir le revient au Havre d'Ecaille coûtant au Cap Haïtien ƒ 55 par ℔ au change de F. 0.21 par gourde et au fret de F. 70.

On trouvera dans la 1re et la 2me colonne de ce tableau que :

ƒ 5 font donc par kil.	F.	2.37
» 50 id. id.	»	24.—
ƒ 55 feront donc par kil.	F.	26.37

Le logarithme sans change pour calculer le prix de revient de la marchandise est de 22580

Les frais fixes au change de F. 0.26 par gourde sont de F. 0.30 par kil.; chaque centime de différence par gourde sur le change produit F. 0.—¹/₄ par kil. à ajouter ou à retrancher de F. 0.30. Voir page 8.

Droits d'entrée par kil. en Août 1867

Par navire Français	Exempte
id. Étranger	F. 6.—

LA HAVANE

Capitale de l'île de Cuba, elle occupe le premier rang parmi les places de commerce des Antilles.

La ville s'étend sur le côté ouest de la baie ; en face est le faubourg de Regla. Construite sur un terrain plat, elle a environ 4 kilomètres ½ de long sur 2 kilomètres ¼ de large. La population est évaluée à 200,000 habitants et à 1,500,000 habitants pour l'île entière.

Les sucres, les cafés, les mélasses, le tabac, les cigares forment les principaux articles que Cuba livre au commerce.

Les travaux de la récolte des sucres commencent ordinairement en Décembre, et les sucres arrivent sur le marché de Janvier en Juillet ; la majeure partie est reçue en Mars, Avril et Mai. Le sucre terré s'emballe sur les plantations ; il vient en caisses pesant brut 450 à 500 ₰. La caisse doit peser net 16 arrobes ; si elle est un peu au-dessous de ce poids, il est accordé une bonification de 50 cents par caisse. Si la différence est considérable, la caisse est rejetée, car le droit de sortie se calculant par caisse, l'expéditeur serait lésé s'il acceptait une caisse pesant bien au-dessous de 16 arrobes.

Les sucres moscovades se mettent en futailles de 1,200 à 1,500 ₰.

Les sucres, à Cuba, se classent par numéros, conformément au type hollandais. D'après la cote ci-dessous, on aura une idée de la différence de valeur qu'on admet entre ces diverses nuances.

Cucuruchos et bruns	N° 9 à 11	7¼ à 8	Rx par arrobe
Blonds, bas à moyens	» 12 à 14	8¼ à 9	»
» bons à supérieurs	» 15 à 17	9½ à 10	»
» floretes	» 18 à 20	10¼ à 11	»
Blancs, bas à beaux		11 à 13	»
Moscovados bas à beaux		6½ à 8¼	»

L'exportation du sucre terré entre la Havane et Matanzas s'élève en moyenne de 12 à 1,400,000 caisses par an. L'Angleterre, les Etats-Unis, l'Espagne et la France occupent le premier rang dans ces exportations.

La culture du café a été presque entièrement abandonnée dans la région septentrionale de l'île. Grâce à Santiago, les exportations totales de l'île se soutiennent encore à un chiffre qui varie de 400,000 à 800,000 arrobes selon l'importance de la récolte.

Port de la Havane. — Le port de la Havane forme une vaste baie qui communique avec la mer par un passage ayant 1,200 mètres environ de longueur et 236 mètres dans sa plus grande largeur. Il n'y a pas de barre ou de bas-fonds pour en gêner l'entrée. Un millier de navires et plus pourrait mouiller dans cette magnifique baie, où ceux du plus fort tonnage trouveraient un excellent abri. La passe est défendue par deux citadelles bien armées : le château de la Santo du côté de la ville, le Morro de l'autre. En face de la cité s'étend aussi une longue ligne de fortifications, appelées *la Cabana*. Dans le passage on rencontre un fond de vase avec 5 à 11 brasses de profondeur. Dans la baie il y a le plus souvent 4 à 6 brasses. Les marées montent et descendent de près d'un mètre.

DROITS DE NAVIGATION

Par tonneau, navires Espagnols	$	0.62 1/2
id. Etrangers	»	1.50
Ponton. — Par tonneau, navires Espagnols et Etrangers	»	0.21 7/8

Sauf ceux qui entrent par suite d'avaries, pour faire des vivres, ou qui entrent et sortent sur lest et enfin ceux qui sortent entièrement chargés de mélasses.

Phare. — Par tonneau, navires Espagnols	Réal	1/4
id. Etrangers	»	1/2

Mêmes exceptions que celles ci-dessus.

Santé. — Par tonneau, navires Espagnols	$	0.01 1/2
id. Etrangers	»	0.03
Tout navire jaugeant plus de 150 tonneaux paie pour patente	»	6.—
de 90 à 150 » »	»	4.—
moins de 90 » »	»	3.—
Un navire étranger paie pour interprètes	»	4.—
Les malles Anglaises et Américaines seulement	»	2.—

Droit de visite d'entrée .... ∦ 5.50
Papier timbré .... » 0.50
Droit de visite de sortie .... » 5.50
Registro .... » 8.—

Les navires qui entrent par suite d'avaries paient ½ droit d'entrée et de sortie. Ceux qui entrent et sortent sur lest ne paient rien, ainsi que ceux qui sont chargés de charbon de terre. Ceux qui sortent pour charger dans un port de l'île non ouvert paient comme s'ils étaient chargés entièrement.

Les vapeurs courriers américains ne paient que la moitié des droits mentionnés ci-dessus.

Droit d'accoster au quai. —

Navires Espagnols par jour et par 100 tonneaux .... ∦ 0.75
» Etrangers » » .... » 1.25

Est exempté de ce droit tout vapeur Espagnol ou Etranger, quelle que soit sa provenance.

Les navires qui n'accostent pas au quai et qui déchargent dans la baie, après en avoir au préalable obtenu l'autorisation, paient aussi ce droit, réglé comme suit :

Par 20,000 pieds de bois et par jour
» 10,000 briques » »
» 1,000 quintaux bois de campêche et par jour
» 60 paquets de coton et par jour
» 20 tonneaux de glace »

Droits comme ci-dessus.

Droits de planches. — Tout navire paie 6 Réaux par jour pour tout le temps dont il a besoin pour charger et décharger.

Pilotes. — Tout navire qui demande un pilote pour entrer paie :

Navire Espagnol .... ∦ 3.—
» Etranger .... » 7.—
Pour changer de place dans la baie, navire Espagnol .... » 3.—
» » » Etranger .... » 5.—

Remorquage. — On traite de gré à gré, suivant la distance et le tonnage.

Changes. — On fournit sur Londres et Paris à 60 jours de vue ; ∦ 444 font le pair de £ 100. Le change varie de 6 à 16 % prime sur Londres et de 2 % prime à 6 % d'escompte sur Paris. Le pair de cette dernière devise est de F. 5 pour 1 ∦.

On exige de la part des diverses maisons des crédits confirmés, mais lorsqu'il s'agit d'un négociant honorablement connu, on se contente de l'autorisation pure et simple qu'il donne de tirer sur tel banquier de Paris ou de Londres.

MONNAIES

MONNAIES D'OR

1 Once Espagnole (1)	= $ 17.—
½ » »	= » 8.50
¼ » » (doublon)	= » 4.25
⅛ » » (escudo)	= » 2.12½
1/16 » » (peso fuerte)	= » 1.06¼
1 » Mexicaine (2)	= » 16.—
½ » »	= » 8.—
¼ » »	= » 4.—
⅛ » »	= » 2.—
1/16 » »	= » 1.—
Les Onces du Pérou, Chili, Equateur, Nouvelle Grenade, etc., etc.	= » 16.—
½ Once des mêmes pays	= $ 8.—
¼ » »	= » 4.—
⅛ » »	= » 2.—
1/16 » »	= » 1.—
Pièces Américaines de 20 $ (3)	= » 20.—
» » 10 »	= » 10.—
» » 3 »	= » 3.—
» » 2½ »	= » 2.50
» » 1 »	= » 1.—
Livres sterlings Angleterre (4)	= » 4.44
Pièces de F. 20 Françaises (4)	= » 3.75

MONNAIES D'ARGENT

1 Piastre Espagnole	= $ 1.—
½ » »	= » 0.50
¼ » » à colonnes	= » 0.25
⅕ » » piecette	= » 0.20
Réaux forts à colonnes 8 par piastre	= » 0.12½
Réaux semillos 10 »	= » 0.10
½ Réaux forts à 16 par piastre	= $ 0.06¼
½ » semillos 20 »	= » 0.05
1 Piastre Mexicaine	= » 1.—
½ » »	= » 0.50
¼ » »	= » 0.25
Pièces de 10 cents des Etats-Unis	= » 0.10

Il n'y a aucune monnaie d'argent au-dessus de ½ réal semillo (medio). La monnaie de cuivre n'a pas cours.

La monnaie argent d'Espagne est très-rare et très-recherchée par toutes les personnes qui retournent en Espagne, de sorte qu'il circule peu de pièces à l'effigie de la Reine.

Il y a très-peu de pièces Mexicaines (piastres), l'argent de ce pays jouit d'une prime qui varie de 5 à 8 %.

Les transactions journalières du petit commerce de la Havane se font presque exclusivement avec des pièces de 10 cents Américaines, très-abondantes depuis une année environ ; mais il ne paraît pas que dans l'intérieur de l'île elles soient acceptées. On s'y sert exclusivement de réaux forts et medios d'Espagne et du Mexique.

Quant aux pièces françaises de F. 5, il y en a très-peu, elles ne sont reçues que pour F. 4.50, peu ou point d'autres monnaies d'argent.

---

(1) L'once Espagnole qui, en Europe, ne vaut que ∦ 16, soit F. 80, circule dans l'île de Cuba pour ∦ 17 ; cette mesure a été prise pour empêcher l'exportation des onces, dont le titre est élevé et qui, sans cette mesure, seraient depuis longtemps démonétisées.

(2) Les onces Mexicaines sont très-rares et très-recherchées, elles jouissent d'une prime de 2 à 3 %.

(3) Les dollars Américains profitent également d'une prime qui varie de 1 à 2 %, surtout depuis la guerre des Etats-Unis, il s'en vend journellement à 1 ½ %.

(4) Les monnaies Françaises et Anglaises sont très-rares, elles ne circulent pas officiellement ; la vente s'en effectue de gré à gré et le prix varie suivant l'importance de l'affaire.

4 4

POIDS ET MESURES

POIDS

Once	kil.	0.02875
Livre de 16 onces	»	0.46008
Arrobe de 25 ₰	»	11.50215
Quintal de 4 arrobes	»	46.0086
Charge de cheval de 8 arrobes	»	92.0172
Charge de cheval bois à brûler	Stères	20
Charge de chameau de 30 arrobes	kil.	345
Tonneau 20 quintaux	»	920.172

MESURES DE CAPACITÉ

Arrobe de 32 Quartillos	Litres	25.498
Gallon anglais de 4 ¾ Cuartillos	»	3.785
Gallon impérial	»	4.5434
Frasco, d'après l'étalon de 1819	»	2.442
Baril de Tafia de 15 frascos	»	36.630
» de Mélasse de 110 Gallon anglais	»	416.350
» de Miel	»	244.20
Bouteille anglaise	»	0.814
» de Bordeaux	»	0.705
Notija da Agua	»	20.350
» d'huile	»	5.640
Garrafon	»	20.350
Pipe de tafia de 180 frascos	»	439.560
» de Catalane	»	264.55
Barrique de Marseille de 14 arrobes.		
Cuasterola ou barrique de Bordeaux de 14 arrobes	»	244.25
Tercerola de miel de 20 arrobes	»	81.80

MESURES DE LONGUEUR

	Mesures Françaises	
Pouce 1/36 de pied	mèt.	0.02355
Pied ⅓ de la Vare	»	0.2826
Vare	»	0.8478
Yard	»	0.9144
Aune de France	»	1.20
Vare Cubaine (des arpenteurs)	»	0.847905
Vare habanera (l'étalon est à la municipalité)	»	0.848
Brasse	»	1.696
Palmo	»	0.212
La vare de Burgos employée par les ingénieurs de la marine	»	0.8359068

La vare correspond à 2 pieds, 6 pouces, 10 lignes de toise
id. à 2 pieds, 8 pouces, 11 lignes de yard anglaise

Cordel ou Cuerda égale { 24 vares de Cuba
24 id. 3744 de Castille
20 mètres 352624
10 toises 4424

MESURES ITINÉRAIRES

La lieue de Cuba égale { 5000.— Vares de Cuba
208.33 Cordeles
4240.18 Mètres
5078.— Vares de Castille
2175.05 Toises

Lieue carrée = 133 caballerias de tierra ou 310 Cordeles = 448 Vares.
Ligne de Castille = 8666.66 Vares.
Lieue marine = 60 milles au degré ; mais le degré de long dans l'île de Cuba n'est que de 55 milles 1/2.
Le mille = 1108 Brasses.

Résumé du Système Métrique décimal.

Le mètre a 1 vare, 7 pouces et 84 lignes castillanes.
1 vare a 6 pouces et 5434 lignes cubaines et se divise en centimètres.
25 centimètres font un peu plus d'un quart de vare.
Une caballeria de terre égale 13 3/5 hectares.
2 ₰, 2 onces, 12 adarmos et 52 centimos cubaines valent 1 kil.
1 arrobe, 1 ₰, 1 once 6 adarmos et 24 centimos valent 12 kil.

DROITS D'EXPORTATION (1864)

Sous pavillon étranger	7 ½ %
id. espagnol ou destination d'Espagne	4
id. id. id. id.	3 %

Sauf les cafés qui paient seulement :

	Sous pavillon étranger	5 %	sur l'estimation de $ 4 le quintal
	id. espagnol	3 %	sur l'estimation de $ 4 le quintal
Les sucres paient	id. étranger	$ 0.87 ½	cent. par caisse
	id. espagnol	» 0.37 ½	id. id.
Les cigares paient	sous tous pavillons	» 0.75	id. le millier
Le tabac en feuille	sous pavillon étranger	» 1.50	le quintal
id. id.	id. espagnol	» 0.75	id.

DROITS D'IMPORTATION (1864)

Droit Royal : de 24 à 30 % par navire Étranger venant de ports étrangers
» de 16 à 20 % » Espagnol » »
» de 6 % » » » espagnols

Droit extraordinaire : de 2½ % pour toute provenance étrangère, venant ou non par navires Espagnols.

Droits d'augmentation : de 1½ % pour toute provenance étrangère, venant ou non par navires espagnols.
» 1 % pour tout produit Espagnol venant de ports Espagnols.

Droits pour extinction de Pesetas : 1 % sur toute classe de produits nationaux et étrangers.

Droits de Consulat : 1 % par tout pavillon.

Ces droits détaillés donnent le résultat qui suit :

Venant de ports étrangers sous pavillon Étranger		Venant de ports étrangers sous pavillon Espagnol		Venant de ports Espagnols sous pavillon Espagnol
MAXIMUM	MINIMUM	MAXIMUM	MINIMUM	DROIT UNIQUE
35 ¼ %	29 ¼ %	25 ¼ %	21 ¼ %	9 %

Plus 1 % de balance sur le montant des droits.

La farine Espagnole, sous pavillon Espagnol, paie un droit unique de ∦ 2 par baril et ∦ 6 sous pavillon étranger.

La farine étrangère importée sous pavillon étranger paie ∦ 9.50 par baril et ∦ 8.50 sous pavillon Espagnol. Elle paie, en outre, dans l'un et l'autre cas 2 % sur l'estimation et 1 % de balance sur la totalité de l'estimation.

ARTICLES NE PAYANT AUCUN DROIT A L'IMPORTATION

Charbon de terre, ânes, étalons, juments, sangsues, glace, charrues de Roville, moulin à riz, tan, machines à vapeur et articles de fer et de cuivre pour chemins de fer et sucreries.

EXPLICATION POUR LES DROITS DE SORTIE

Les droits de sortie n'étant pas compris dans les comptes de revient qui vont suivre, devront être ajoutés. Pour en faciliter le calcul, on trouve des logarithmes sur tous les comptes et pour tous les changes. Voici le moyen de s'en servir.

Pour les cafés à la page 29, le droit de sortie est de 5 % sous pavillon étranger, prélevés sur l'estimation ∦ 4 par 100 ℔. Pour trouver ce que produit ce droit en France par 100 kil., il suffira de multiplier le prix d'estimation de la douane par le logarithme et prélever sur ce produit les 5 % de droit.

Ainsi par exemple, en multipliant le logarithme 12680, qui est celui du change au pair, par ∦ 4 les 100 ℔, on aura 50720, puis en multipliant cette somme par 5, droit actuel on trouve 2.53,600; en retranchant les trois derniers chiffres de droite, il restera F. 2.53 résultat cherché.

Que l'estimation de la douane vienne à changer, ainsi que la quotité du droit, peu importe ; en faisant la même opération avec les mêmes logarithmes, on trouvera l'équivalent du droit en France par 100 kil.

Le droit de sortie sur les sucres terrés, page 32, est fixé à 7 réaux par caisse, ce qui produit, au change du pair, F. 2.65 par 100 kil. En multipliant ce droit de 7 réaux par le logarithme du change voulu, et en retranchant les trois derniers chiffres de droite, on aura en francs et centimes le résultat cherché. Il en sera de même pour les sucres Moscovades, et pour tous les autres articles dont les droits sont établis au poids.

MATANZAS

Matanzas, ville importante de commerce est la seconde de l'île de Cuba. Elle est située sur la côte Nord, près de l'embouchure du Rio San-Juan, à 96 kilomètres de la Havane. Le district, dont cette ville est le centre, est un des plus actifs de l'île. Les sucres Moscovades et les mélasses forment la presque totalité de ses exportations. Les usages sont les mêmes qu'à la Havane.

La roulaison des sucres ne commence guère avant Noël pour terminer en Mai. La vente de la denrée se maintient toujours jusqu'en Septembre, Octobre, Novembre et même Décembre.

Le port de Matanzas est accessible à tous les navires mouillés en sûreté au milieu d'une belle rade.

CIENFUEGOS

Cienfuegos est un des ports les plus beaux et des plus vastes de l'île de Cuba. Il est accessible à tous les navires pendant toute l'année. Il arrive quelquefois pendant l'hiver que les vents du nord en défendent l'entrée sans remorqueur.

Mode de remboursement. — Il se fait de plusieurs manières :

1° Par crédit ouvert sur une maison de la Havane confirmée par elle ; le placement de ces traites étant facile, on considère ce mode de paiement comme équivalant à celui d'espèces sur place.

2° En paiement sur place en quadruples espagnols valant ∦ 17 ou en quadruples mexicains valant ∦ 16, ou bien enfin en piastres Espagnoles au pair ; aucune monnaie Européenne ou Américaine n'a cours ici.

3° En traites sur Londres ou sur Paris toujours à 60 jours de vue. Le change est celui de la Havane et varie beaucoup suivant les circonstances, et surtout suivant l'époque de l'année, de Février à Août. Le Londres fait 5 à 10 % prime ; passé ce temps, il est de 10 à 16 % prime ; 444 piastres font le pair de £ 100.

Sur Paris le pair est F. 5 pour 1 ∦ et là-dessus le tant pour cent de prime ou d'escompte.

On exige des crédits confirmés par des banquiers de Paris ou de Londres pour les remboursements en traites sur les dites villes.

Monnaies. — Celles qui seules ont cours ici sont :

1° Les quadruples espagnols à ∦ 17 ;
2° Les quadruples mexicains à ∦ 16 ;
3° Les piastres fortes espagnoles ou mexicaines au pair ∦ 1 ;
4° Les demi et quart de piastres espagnoles ou mexicaines, et les pièces appelées sevillanas de 20 cents, soit 5 à la piastre ou bien des pesetas fuertes valant 25 cents, soit 4 à la piastre.

Poids et Mesures. — Les mesures pour les Mélasses et le Tafia et pour le Miel d'abeilles sont exprimées en gallons.

Les mesures pour les bois sont les vares et pouces espagnols.

La tare des Sucres moscovades ou bruts est de 12 %, si le remplissage est fait pour compte du vendeur, et de 14 %, si l'on pèse avant de remplir les boucauts.

Pour les sucres terrés, la tare est de 62 ℔ par caisse.

Pour les mélasses, on calcule de 4 à 6 gallons de plus chaque boucaut; c'est-à-dire qu'un boucaut de 150 gallons de capacité ne doit recevoir que de 144 à 146 gallons de mélasse et s'il y a fermentation, on laisse 8 à 10 gallons. Pour le miel d'abeilles il suffit de 1 à 2 gallons.

Les sucres se vendent à tant l'arrobe de 25 ℔ et à tant le quintal de 100 ℔ espagnoles.

Les mélasses et le miel d'abeilles à tant les 110 gallons.

Le tafia à tant la pipe de 125 gallons.

L'acajou, le cèdre à tant les 1000 pieds.

Le tarif pour les droits de douane est le même que celui de la Havane.

SANTIAGO DE CUBA

Santiago de Cuba, port de mer et ancienne capitale de l'île de Cuba, est située sur la côte méridionale, à l'embouchure de la petite rivière de Santiago. Le port, qui est très-beau, est accessible aux plus grands navires qui peuvent aller à quai pour leur déchargement, mais ils chargent habituellement au large. Le port à 6 kil. de long sur 1 kil. $^1/_2$ dans sa plus grande largeur; son entrée est étroite et défendue par les forts du Morro et de la Estrella; sa profondeur varie d'une $^1/_2$ brasse à 10 brasses; la prudence exige de ne pas chercher à y entrer sans pilote.

Santiago est heureusement située pour être l'entrepôt des produits d'échange entre les divers pays de l'Amérique et les états de l'Europe; aussi son commerce devient-il chaque année plus florissant.

Les produits exportés se composent de sucre, café, tabac en feuilles, bois jaune, minerai de cuivre, rhum, cacao, feuilles de Latanier, etc.

Le remboursement des marchandises embarquées se fait généralement sur Londres ou France. Le taux du change sur Londres est en moyenne de 18 % de prime, à 90 jours de vue, la livre sterling étant calculée à \$ 4.20. Sur France la piastre étant calculée à F. 5, le tirage se fait généralement au pair et à 60 jours de vue. On exige des crédits confirmés par des banquiers.

La seule monnaie courante est l'or et l'argent espagnol et hispano-américain. L'once espagnole vaut \$ 17 et celle hispano-américaine \$ 16.

Le poids en usage est la livre espagnole de 460 grammes, le tonneau est de 2000 ℔.

La mesure de longueur est la vare de 84 centimètres.

La mesure de capacité pour les liquides est le gallon de 3 litres ¼.

Les marchandises françaises qui conviennent le mieux à la consommation du pays sont:

Vin rouge en barriques, huile d'olive raffinée en caisse de 12 litres, cognac en caisse de 12 bouteilles, pavés de Barsac, tuiles, papier à lettres, fromage de gruyère, saucissons, fruits à l'eau de vie ou au jus en flacons de la capacité d'une bouteille, champagne, sardines à l'huile, carreaux de 12 pouces carrés, conserves alimentaires, articles de nouveautés.

FRAIS DE NAVIGATION

Pour un Navire Étranger

Droits de tonnage	\$	1.50	par tonneau.
Fanal	»	0.06 ¼	id.
Interprète du gouvernement	»	3.—	
id. de la Douane	»	4.—	
Visite de santé	»	0.03	par tonneau.
Visite d'entrée	»	5.50	
Visite de sortie	»	5.50	
Manifeste	»	0.50	
Déchargement	»	5.50	par jour.
Expédition en Douane	»	8.—	
Papier timbré	»	9.—	
Capitaine du port	»	12.50	
Gardien du quai	»	1.—	
Droit de quai	»	1.25	pour 100 tonneaux et par jour.
Passe du Mono	»	2.—	

Pilotage \$ 4.25 et \$ 2.12 pour chaque mouvement du batiment dans le port.

Frais de planches	\$	1.—	par jour.
Visite du gouvernement	»	1.—	

2 ½ % de commission sur les déboursés
2 ½ % id. sur le fret d'entrée et de sortie.

COMPTE D'ACHAT ET DE REVIENT

A 1000 SACS CAFÉ

1000 sacs Café pesant brut .... ℔ 198491			
Tare 2 ℔ par sac .... » 2000			
Net .... ℔ 191491 à $ 0.20 par ℔			$ 38298.20
Coût de 1000 sacs vides à $ 0.62 ½			» 625.—
			$ 38923.20

FRAIS A LA HAVANE

	Droits de Sortie		
Droits d'exportation à $ 0.04 par ℔, $ 7659.64 à 5 %	$ 382.98		
Plus 1 %	» 3.83		
	$ 386.81		
Pesage, charroi au quai, etc. à $ 0.12 ½ par sac		$ 125.—	
Courtage d'achat ½ % sur $ 38923.20		» 194.61	
Menus frais, échantillons, etc. $ 0.01 par sac		» 10.—	» 329.61
			$ 39252.81
Commission d'achat 2 ½ %	» 9.67		» 981.32
	$ 396.48		$ 40234.13
Commission de remboursement 2 ½ %, courtage de négociation et timbre ¼ %, en tout 2 ¾ % sur $ 41371.85	» 11.21		» 1137.72
	$ 407.69		$ 41371.85
Remboursement sur Paris au change de F. 5 pour 1 $	F. 2038.45		F. 206859.25

FRAIS AU HAVRE

Fret sur 88906 kil. bruts à F. 80 par tonneau de 900 kil.		F. 7902.75	
Permis, frais au débarquement, voiliers pour échantillonner, port en entrepôt, magasinage d'un mois, livraison et menus frais		» 520.—	
Assurance maritime sur F. 227544 à 1 ¾ % et police	» 39.23	» 3983.50	
Id. contre le feu sur F. 239950 ½ ‰	» 1.14	» 119.95	
Commission de banque pour confirmation de crédit 1 %	» 20.38	» 2068.60	
Courtage de vente .... ½ %			
Perte d'intérêt .... ½ %			
Escompte à la vente .... 2 %			
Commission de vente .... 2 %			
Ensemble ... 5 % sur F. 233109.50	» 110.50	» 11655.45	» 26250.25
	F. 2209.70		F. 233109.50
Soit par 100 kil	» 2.50		

RENDEMENT : 100 ℔ nettes rendent au Havre net 45 kil. ½ :

Soit 191491 ℔ = 87128 kil. nets à	F. 267.55 par 100 kil. Entrepôt	F. 233110.95
Plus : droits de sortie à la Havane	» 2.53 id.	
Ensemble	F. 270.08 par 100 kil. Entrepôt.	

PRIX DE REVIENT AU HAVRE DES 100 KIL. ENTREPOT

AUX CHANGES SUIVANTS SUR PARIS

Avec la parité des changes sur LONDRES, calculés sur la base de F. 25.25 pour £ 1.—.—

PRIX à LA HAVANE par ℔	PARIS Prime 2 % — LONDRES Prime 16 %	PARIS Prime 1 % — LONDRES Prime 14 ½ %	PARIS Pair — LONDRES Escompte 13 ¾ %	PARIS Escompte 1 % — LONDRES Prime 12 ½ %	PARIS Escompte 2 % — LONDRES Prime 11 ½ %	PARIS Escompte 3 % — LONDRES Prime 10 ½ %	PARIS Escompte 4 % — LONDRES Prime 9 ½ %	PARIS Escompte 5 % — LONDRES Prime 8 9/10 %	PARIS Escompte 6 % — LONDRES Prime 6 ¾ %	½ % de différence sur le change fait au Havre par 100 kil.
Subdivisions — Cents et frais variables — Cents 1/8	F. 1.65	F. 1.56	F. 1.58	F. 1.59	F. 1.61	F. 1.63	F. 1.64	F. 1.66	F. 1.68	F. 0.02
1/4	3.09	3.12	3.16	3.19	3.22	3.25	3.29	3.32	3.36	0.03
3/8	4.64	4.68	4.73	4.78	4.83	4.88	4.93	4.98	5.03	0.05
1/2	6.18	6.24	6.31	6.38	6.44	6.50	6.57	6.64	6.71	0.07
5/8	7.73	7.81	7.89	7.97	8.05	8.13	8.21	8.30	8.39	0.09
3/4	9.28	9.37	9.47	9.56	9.66	9.76	9.86	9.96	10.07	0.10
7/8	10.82	10.98	11.04	11.16	11.27	11.38	11.50	11.62	11.74	0.12
1	12.37	12.49	12.62	12.75	12.88	13.01	13.14	13.28	13.42	0.13
2	24.74	24.98	25.23	25.49	25.75	26.01	26.29	26.56	26.84	0.26
3	37.11	37.48	37.85	38.24	38.63	39.02	39.43	39.84	40.27	0.40
4	49.48	49.97	50.47	50.98	51.50	52.03	52.57	53.12	53.69	0.53
5	76.94	77.60	78.28	78.97	79.67	80.38	81.12	81.86	82.62	0.71
10	138.78	140.06	141.36	142.69	144.04	145.41	146.83	148.26	149.73	1.37
15	200.63	202.52	204.45	206.42	208.42	210.45	212.55	214.66	216.84	2.03
20	262.47	264.98	267.53	270.14	272.79	275.48	278.26	281.07	283.95	2.69
Plus par 100 kil. pour droits de sortie à la Havane à l'estimation de $ 0.04 par ℔ à 5 %	2.49	2.51	2.54	2.56	2.59	2.61	2.64	2.67	2.70	0.03

OBSERVATIONS

F. 10 par tonneau sur le fret font au Havre une différence de F. 1.18 par 100 kil. sur les prix.

On veut savoir le revient au Havre de Café coûtant à la Havane $ 0.14 ½ par ℔, au change de 5 % d'escompte et au fret de F. 60.

On trouvera dans la 1re et la 9e colonne de ce tableau que

$ 0.— ½	font par 100 kil.	F. 6.64
» 0. 4	id. id.	» 53.12
» 0.10	id. id.	» 148.26
	Droits de sortie	» 2.67
$ 0.14 ½	feront donc par 100 kil.	F. 210.69

Les droits de sortie n'étant pas compris dans les prix de revient de ce tableau seront à ajouter. Pour trouver ce qu'ils produisent en France par 100 kil., il suffira de multiplier le logarithme du change ci-contre par l'estimation de la douane à la Havane et le produit trouvé par le droit de sortie de 5 %, plus ou moins, et retrancher les 3 derniers chiffres de droite. On aura en francs et centimes le résultat cherché. Voir l'explication à la page 27.

Logarithmes pour les Droits de sortie

CHANGES			LOGARITHMES
2 %	PRIME	»	12431
1 %	»	»	12551
	PAIR	»	12680
1 %	ESCOMPTE	»	12808
2 %	»	»	12939
3 %	»	»	13072
4 %	»	»	13208
5 %	»	»	13347
5 %	»	»	13489

Droits d'entrée par 100 kil. en Août 1867

Par navire Français	F. 50.40
Id. Étranger	» 55.40

COMPTE D'ACHAT ET DE REVIENT

432 BOUCAUTS MÉLASSE

432 boucauts Mélasse versée en 354 boucauts, 43 tierçons, 64 barils, contenant 59086 gallons, soit à 5 ½ gallons par baril, 10742 $\frac{4}{11}$ barils à R. 2 ½ par baril			$	3357.15
Coût des boucauts sur 53886 gallons à 5 ½ centavos	$	2963.73		
id. tierçons et barils sur 5200 gallons à 7 centavos	»	364.—		
id. pour vide sur 1267 gallons à 2 ¾ centavos	»	34.83	»	3362.56
			$	6719.71

FRAIS A LA HAVANE

Tonneliers sur 354 boucauts à R. 12	$	531.—		
id. 43 tierçons » » 10	»	53.75		
id. 64 barils » » 4	»	32.—		
Mesure des 432 boucauts » » 1	»	54.—		
Gabarrage de 354 boucauts » » 3	»	132.75		
id. 43 tierçons » » 1½	»	8.06		
id. 64 barils » » 1	»	8.—		
Menus frais	»	6.20	»	825.76
			$	7545.47
Commission d'achat 2 ½ %			»	188.63
			$	7734.10
Commission de remboursement 2 ½ %, courtage de négociation ¼ %; ensemble 2 ¾ % sur $ 7952.80			»	218.70
			$	7952.80
Remboursement sur Paris au Pair à F. 5 pour 1 $			F.	39764.—

FRAIS AU HAVRE

Fret sur 298975 kil. bruts à F. 70 par tonneau de 1000 kil.	F.	20928.25		
Permis, frais au débarquement, tonnelier pour échantillonner, port en entrepôt, arrimage, magasinage d'un mois, livraison et menus frais.	»	1375.—		
Assurance maritime sur F. 43740 à 1 ¾ % et police	»	766.95		
id. contre le feu F. 66810 à ⅛ ‰	»	83.40		
Commission de banque pour confirmation de crédit 1 %	»	397.65		
Courtage de vente ¼ %				
Perte d'intérêt ¾ %				
Escompte 2 %				
Commission de vente 2 %				
Ensemble 5 % sur F. 66595.—	»	3329.75	»	26831.—
			F.	66595.—

RENDEMENT : 1 gallon de mélasse pèse environ 11 ℔ Espagnoles :

Soit 59086 gallons =	℔	649946
Déchet de route environ 12 %	»	77993
Net	℔	571953

571953 ℔ à 100 ℔ pour 46 kil. = 263100 kil. nets à F. 25.31 par 100 kil. Entrepôt F. 66590.60

PRIX DE REVIENT AU HAVRE DES 100 KIL. ENTREPOT

AUX CHANGES SUIVANTS SUR PARIS

Avec la parité des changes sur LONDRES, calculés sur la base de F. 25.25 pour £ 1.—.—

PRIX à LA HAVANE par baril	PARIS Prime 2 % — LONDRES Prime 16 %	PARIS Prime 1 % — LONDRES Prime 14 ⅛ %	PARIS Pair — LONDRES Prime 13 ⅝ %	PARIS Escompte 1 % — LONDRES Prime 12 ⅝ %	PARIS Escompte 2 % — LONDRES Prime 11 ⅛ %	PARIS Escompte 3 % — LONDRES Prime 10 ⅝ %	PARIS Escompte 4 % — LONDRES Prime 9 ⅜ %	PARIS Escompte 5 % — LONDRES Prime 8 $\frac{1}{16}$ %	PARIS Escompte 6 % — LONDRES Prime 6 ⅞ %	1 % de différence sur le change fait au Havre par 100 kil.
Rx ⅛	F. 0.36	F. 0.36	F. 0.37	F. 0.37	F. 0.37	F. 0.38	F. 0.38	F. 0.38	F. 0.39	F. 0.—
¼	0.72	0.72	0.73	0.74	0.74	0.75	0.76	0.77	0.78	0.01
⅜	1.07	1.08	1.10	1.11	1.12	1.13	1.14	1.15	1.16	0.01
½	1.43	1.44	1.46	1.48	1.49	1.50	1.52	1.54	1.55	0.02
⅝	1.79	1.81	1.83	1.85	1.86	1.88	1.90	1.92	1.94	0.02
¾	2.15	2.17	2.19	2.21	2.23	2.26	2.28	2.31	2.33	0.02
⅞	2.51	2.53	2.56	2.58	2.61	2.63	2.66	2.69	2.72	0.03
1	2.86	2.89	2.92	2.95	2.98	3.01	3.04	3.07	3.10	0.03
2	23.52	23.68	23.85	24.02	24.19	24.36	24.55	24.72	24.90	0.17
3	26.38	26.56	26.77	26.97	27.17	27.37	27.58	27.79	28.01	0.20
4	29.24	29.45	29.68	29.91	30.14	30.37	30.62	30.86	31.11	0.23
5	32.10	32.34	32.60	32.86	33.12	33.38	33.66	33.93	34.21	0.26
6	34.95	35.23	35.52	35.81	36.10	36.39	36.70	37 —	37.31	0.30
7	37.81	38.11	38.43	38.75	39.07	39.39	39.74	40.07	40.41	0.33
8	40.67	41.—	41.35	41.70	42.05	42.40	42.77	43.14	43.52	0.36
9	43.53	43.89	44.26	44.64	45.02	45.40	45.81	46.21	46.62	0.39
10	46.39	46.78	47.18	47.59	48.—	48.41	48.85	49.28	49.72	0.42

OBSERVATIONS

F. 10 par tonneau sur le fret font au Havre une différence de F. 1.14 par 100 kil. sur les prix.

On veut savoir le revient au Havre de Mélasse coûtant à la Havane R. 4 ⅛ par baril, au change de 5 % escompte et au fret de F. 70.

On trouvera dans la 1re et la 9me colonne de ce tableau que :

R. ⅛ font par 100 kil	F.	1.92
» 4 id. id.	»	30.86
R. 4 ⅛ feront donc par 100 kil.	F.	32.78

Droits d'entrée par 100 kil. en Août 1887

Mélasses importées pour être transformées en alcool.

Par navire Français		Exemptes
id. Etranger	F.	3.60

COMPTE D'ACHAT ET DE REVIENT

A 10 BOUCAUTS SUCRE BRUT

10 boucauts Sucre brut pesant net 15000 @ à R. 5 par arrobe			$ 375.—
10 boucauts vides à $ 5 par boucaut			» 50.—
			$ 425.—

FRAIS A LA HAVANE

	Droits de sortie		
Pesage, rabattage et remplissage à $ 1.25 par boucaut.		$ 12.50	
Courtage d'achat ½ %		» 2.12	
Échantillons et menus frais		» 4.08	» 18.70
Droits d'exportation à R. 6 par 500 @	$ 22.50		$ 443.70
Commission d'achat 2 ½ %	» 0.56		» 11.00
	$ 23.06		$ 454.70
Commission de remboursement 2 ½ % ; courtage de remboursement ¼ %, ensemble 2 ¾ % sur $ 467.65	» 0.65		» 12.86
	$ 23.71		$ 467.65
Remboursement sur Paris à 4% d'escompte	F. 118 55		F. 2338.25

FRAIS AU HAVRE

Fret sur 6290 kil. nets à F. 70 secs par tonneau de 1000 kil. nets de douane		F. 440.30	
Permis, frais au débarquement, tonneliers pour échantillonner et conditionner, port en magasin, arrimage, magasinage d'un mois, livraison et menus frais		» 31.50	
Assurance maritime sur F. 2571 à 1 ¾ % et police	» 2.27	» 46.50	
id. contre le feu sur F. 3080 à ½ ‰	» 0.06	» 1.55	
Commission de Banque à Paris ½ % sur F. 2338.25	» 0.59	» 11.70	
Escompte à la vente 2 %			
Courtage de vente ½ %			
Perte d'intérêt ½ %			
Commission de vente 2 %			
Ensemble 5 % sur F. 3020.85	» 6.39	» 151.05	» 682 60
	F. 127.86		F. 3020.85
Plus : réfactions pour couches à la livraison variables			» 50.—
Soit par 100 kil	» 2.08		F. 3070.85

RENDEMENT : 100 @ nettes à la Havane rendent au Havre en moyenne 41 kil. :

Soit 6150 kil. nets à	F. 49.93 par 100 kil. Entrepôt	F.	3070.70
Plus : droits de sortie à la Havane	» 2.08 id.		
Ensemble	F. 52.01 par 100 kil. Entrepôt.		

PRIX DE REVIENT AU HAVRE DES 100 KIL. ENTREPOT

AUX CHANGES SUIVANTS SUR PARIS

Avec la parité des changes sur LONDRES, calculés sur la base de F. 25.25 pour £ 1.

PRIX à LA HAVANE par arrobe	PARIS Prime 2 % — LONDRES Prime 16 %	PARIS Prime 1 % — LONDRES Prime 14 ¾ %	PARIS Pair — LONDRES Prime 13 ¾ %	PARIS Escompte 1 % — LONDRES Prime 12 ¾ %	PARIS Escompte 2 % — LONDRES Prime 11 ¾ %	PARIS Escompte 3 % — LONDRES Prime 10 ½ %	PARIS Escompte 4 % — LONDRES Prime 9 ½ %	PARIS Escompte 5 % — LONDRES Prime 8 ½ %	PARIS Escompte 6 % — LONDRES Prime 6 ¾ %	1 % de différence sur le change fait au Havre par 100 kil.
Subdivisions (Coût et frais variables) Rx 1/8	F. 0.85	F. 0.86	F. 0.87	F. 0.88	F. 0.89	F. 0.90	F. 0.91	F. 0.92	F. 0.93	F. 0.01
1/4	1.71	1.73	1.74	1.76	1.78	1.80	1.82	1.83	1.85	0.02
3/8	2.56	2.59	2.61	2.64	2.67	2.69	2.72	2.75	2.78	0.03
1/2	3.42	3.45	3.48	3.52	3.56	3.59	3.63	3.66	3.70	0.04
5/8	4 27	4.31	4.36	4.40	4.45	4.49	4.54	4.58	4.63	0.05
3/4	5.12	5.18	5.23	5.28	5.33	5.39	5.45	5.50	5.56	0 05
7/8	5.98	6.04	6.10	6.16	6.22	6.29	6.36	6.41	6.48	0.06
1	6.83	6.90	6.97	7.04	7.11	7.18	7.26	7.33	7.41	0.07
(Coût et frais variables invariables) 2	28.63	28.83	29.02	29.22	29.44	29.65	29.86	30.08	30.30	0.21
3	35.46	35.72	35.99	36.26	36.55	36.83	37.12	37.41	37.72	0.28
4	42.29	42.62	42.96	43.30	43.66	44.01	44.38	44.75	45.13	0.36
5	49.12	49.52	49.93	50.34	50.77	51.19	51.64	52.08	52.54	0.43
6	55.95	56.42	56.89	57.37	57.87	58.38	58.89	59.41	59.95	0.50
7	62.78	63.32	63.86	64.41	64.98	65.56	66.15	66.75	67.36	0.57
8	69.61	70.21	70.83	71.45	72.09	72.74	73.41	74.08	74.78	0.65
9	76.44	77.11	77.79	78.48	79.20	79.92	80.66	81.42	82.19	0.72
10	83.27	84.01	84.76	85.52	86.31	87.11	87.92	88.75	89.60	0.80
Plus par 100 kil. pour droits de sortie à la Havane à R. 7 par caisse et par 100 kil.	2.04	2.06	2.08	2.10	2.12	2.14	2.17	2.19	2.21	0.02

OBSERVATIONS

F. 10 par tonneau sur le fret font au Havre une différence de F. 1.02 par 100 kil. sur les prix.

On veut savoir le revient au Havre de Sucre importé de la Havane et coûtant R. 3 ⅜ par arrobe au change de 5 % escompte et un fret de F. 70.

On trouvera dans la 1re et la 9e colonne de ce tableau que :

R. ⅜ font par 100 kil.	F.	2.75
» 3 id. id.	»	37.41
Plus, droits de sortie à la Havane	»	2.19
R. 3 ⅜ feront donc par 100 kil.	F.	42.35

Les droits de sortie à la Havane n'étant pas compris dans les prix de revient de ce tableau devront être ajoutés. Pour trouver ce qu'ils produisent en France par 100 kil., il suffira de multiplier le droit de sortie de R. 6 par 500 @ par le logarithme du change ci-contre et retrancher les 5 derniers chiffres de droite, on aura en francs et centimes le résultat cherché. Voir l'explication à la page 27.

Logarithmes pour les Droits de Sortie

CHANGES			LOGARITHMES
CHANGES 2 %	PRIME	LOGARITHMES	33981
» 1 %	»	»	34318
»	PAIR	»	34661
» 1 %	ESCOMPTE	»	35011
» 2 %	»	»	35369
» 3 %	»	»	35734
» 4 %	»	»	36106
» 5 %	»	»	36486
» 6 %	»	»	36871

Droits d'entrée par 100 kil. en Août 1867

Au-dessous du type no 13	Par navire Français	F. 42.—
	id. Étranger	» 44.—
Du type no 13 au no 20	Par navire Français	F. 44.—
	id. Étranger	» 46.—
Poudres blanches et au-dessus du no 20	Par navire Français / id. Étranger	Prohibé

COMPTE D'ACHAT ET DE REVIENT

A 100 CAISSES SUCRE TERRÉ

100 caisses Sucre terré pesant brut arrobes 1912.10
Tare 70 ℔ par caisse .... id. 280.—

Net .... arrobes 1632.10 à 6 réaux par arrobe	$	1224.30
Coût de 100 caisses vides à $ 3 ¼ la caisse	»	325.—
	$	1549.30

FRAIS A LA HAVANE

	Droits de Sortie		
Peser et marquer gabarrage et échantillons à $ 0.43 par caisse		$ 43.—	
Courtage d'achat ½ %		» 7.74	» 50.74
			$ 1600.04
Droits d'exportation sous pavillon étranger 7 réaux par caisse	$ 87.50		
Commission d'achat 2 ½ %	» 2.19		» 40.—
	$ 89.69		$ 1640.04
Commission de remboursement 2 ½ %, courtage de négociation ¼ % ; ensemble 2 ¾ % sur $ 1686.40	» 2.53		» 46.36
	$ 92.22		$ 1686.40
Remboursement sur Paris au change de F. 5 pour 1 $	F. 461.10		F. 8432.—

FRAIS AU HAVRE

Fret sur 18773 kil. nets à F. 70 par tonneau de 1000 kil. nets		F. 1314.10	
Permis, tonneliers, pour échantillonner et conditionner, port en entrepôt, arrimage, magasinage et menus frais		» 115.—	
Assurance maritime sur F. 9275 à 1 ¾ % et police	» 8.86	» 163.80	
id. contre le feu sur F. 10867 ½ ‰	» 0.26	» 5.45	
Commission de banque à Paris ½ % sur F. 8432	» 2.30	» 42.15	
Escompte à la vente .... 2 %			
Courtage de vente .... ¼ %			
Perte d'intérêt .... ¾ %			
Commission de vente .... 2 %			
Ensemble. 5 % sur F. 10602.65	» 24.88	» 530.15	» 2170.65
	F. 497.40		F. 10602.65
Plus : réfactions pour couche à la livraison variables			» 50.—
Soit par 100 kil.	» 2.65		F. 10652.65

RENDEMENT : 1 arrobe à la Havane rend au Havre en moyenne net 11 kil. ½ :

Soit 18773 kil. nets à .... F. 56.75 par 100 kil. entrepôt. F 10653.65
Plus : droits de sortie à la Havane .... » 2.65 id.
Ensemble .... F. 59.50 par 100 kil. entrepôt.

PRIX DE REVIENT AU HAVRE DES 100 KIL. ENTREPOT

AUX CHANGES SUIVANTS SUR PARIS

Avec la parité des changes sur LONDRES calculés sur la base de F. 25.25 pour £ 1.—.—

PRIX à LA HAVANE par arrobe	PARIS Prime 2 % — LONDRES Prime 16 %	PARIS Prime 1 % — LONDRES Prime 14 [illegible] %	PARIS Pair — LONDRES Prime 13 [illegible] %	PARIS Escompte 1 % — LONDRES Prime 12 [illegible] %	PARIS Escompte 2 % — LONDRES Prime 11 [illegible] %	PARIS Escompte 3 % — LONDRES Prime 10 [illegible] %	PARIS Escompte 4 % — LONDRES Prime 9 [illegible] %	PARIS Escompte 5 % — LONDRES Prime 8 [illegible] %	PARIS Escompte 6 % — LONDRES Prime 6 [illegible] %	1 % de différence sur le change fait au Havre par 100 kil.
REMBOURSEMENT — Coût et frais variables Rx ⅛	F. 0.76	F. 0.77	F. 0.78	F. 0.78	F. 0.79	F. 0.80	F. 0.81	F. 0.82	F. 0.83	F. 0.01
¼	1.52	1.54	1.55	1.57	1.58	1.60	1.62	1.63	1.65	0.02
⅜	2.28	2.31	2.33	2.35	2.38	2.40	2.43	2.45	2.48	0.03
½	3.04	3.06	3.10	3.14	3.17	3.20	3.24	3.27	3.30	0.03
⅝	3.81	3.85	3.88	3.92	3.96	4.—	4.05	4.09	4.13	0.04
¾	4.57	4.61	4.66	4.70	4.75	4.80	4.85	4.90	4.96	0.05
⅞	5.33	5.38	5.43	5.49	5.54	5.60	5.66	5.72	5.78	0.06
Coût et frais variables et invariables 4	43.60	43.96	44.33	44.70	45.07	45.46	45.84	46.24	46.63	0.38
5	49.69	50.11	50.54	50.97	51.41	51.86	52.31	52.78	53.24	0.44
6	55.78	56.26	56.75	57.24	57.75	58.26	58.78	59.32	59.85	0.51
7	61.87	62.41	62.96	63.51	64.08	64.66	65.25	65.85	66.45	0.57
8	67.95	68.55	69.17	69.79	70.42	71.06	71.71	72.39	73.06	0.64
9	74.04	74.70	75.38	76.06	76.75	77.46	78.18	78.92	79.66	0.70
10	80.13	80.85	81.58	82.33	83.09	83.87	84.65	85.46	86.26	0.77
11	86.22	87.—	87.79	88.60	89.43	90.27	91.12	92.—	92.87	0.83
12	92.30	93.15	94.—	94.88	95.77	96.67	97.59	98.53	99.48	0.90
Plus par 100 kil. pour droits de sortie à la Havane à R. 7 par caisse	2.60	2.62	2.65	2.68	2.70	2.73	2.76	2.79	2.82	0.03

OBSERVATIONS

F. 10 par tonneau sur le fret font au Havre une différence de F. 1.— par 100 kil.

On veut savoir le revient au Havre de Sucre terré coûtant à la Havane R. 7 ⅝ par arrobe, au change de 5 % escompte et au fret de F. 70.

On trouvera dans la 1re et la 9e colonne de ce tableau que :

R. ⅝ font par 100 kil.	F. 4.09
» 7 id. id.	» 65.85
Droits de sortie à la Havane	» 2.79
R. 7 ⅝ feront donc par 100 kil.	F. 72.73

Les droits de sortie à la Havane n'étant pas compris dans les prix de revient ci-dessus, devront être ajoutés. Pour trouver ce qu'ils produisent en France par 100 kil., il suffira de multiplier les droits de sortie de R. 7 par caisse par le logarithme du change qu'on trouvera ci-contre et retrancher les 3 derniers chiffres de droite. On aura en francs et centimes le résultat cherché. Voir l'explication à la page 27.

Logarithmes pour les Droits de Sortie

CHANGES		LOGARITHMES
2 % PRIME		37110
1 % »	»	37477
PAIR à F. 5 pour 1 $	»	37852
1 % ESCOMPTE	»	38234
2 % »	»	38624
3 % »	»	39022
4 % »	»	39429
5 % »	»	39844
6 % »	»	40268

Droits d'entrée par 100 kil. en Août 1857

Au-dessous du type no 13	Par navire Français ..	F. 42.—
	id. Etranger.	» 44.—
Du type no 13 au no 20	Par navire Français ..	F. 44.—
	id. Etranger.	» 46.—
Au-dessus du type no 20	Par navire Français .. / id. Etranger.	Prohibé

COMPTE D'ACHAT ET DE REVIENT

A 100 CAISSES SUCRE TERRÉ

100 caisses Sucre terré pour Cowes et un marché, pesant brut	℔ 46700		
Tare 67 ℔ par caisse	» 6700		
Net	℔ 40000		
Soit 1600 arrobes à R. 6 par arrobe		$	1200.—
Coût de 100 caisses vides à $ 3 ¼ la caisse		»	325.—
		$	1525.—

FRAIS A LA HAVANE

	Droits de sortie		
Droits de sortie sous pavillon étranger à R. 7 par caisse.	$ 87.50		
Pesage, marquage, gabarrage, échantillons et embarquement		$ 48.—	
Courtage d'achat ½ %		» 7.62	» 50.62
			$ 1575.62
Commission d'achat 2 ½ %	» 2.19		» 39.39
	$ 89.69		$ 1615.01
Commission de remboursement 2 ½ %, courtage de négociation ¼ % ; ensemble 2 ¾ % sur $ 1660.67	» 2.53		» 45.66
	$ 92.22		$ 1660.67
Remboursement sur Paris au change de F. 5 pour 1 $	F. 461.10		F. 8303.35

FRAIS EN FRANCE

Fret pour Cowes et un marché sur 18400 kil. nets à F. 80 par 1000 kil.		F. 1472.—	
Frais à Cowes, port de lettres, et menus frais		» 25.—	
Assurance maritime sur F. 9183 à 1 ¾ % et police	» 8.86	» 161.30	
Commission de banque pour confirmation de crédit 1 %.	» 4.61	» 88.05	
Courtage de vente ½ %			
Escompte à la vente 2 %			
Commission de vente 2 %			
Ensemble 4 ½ % sur F. 10490.55	» 21.06	» 445.85	» 2187.20
Valeur du jour où les documents seront délivrés par le vendeur à l'acheteur	F. 495.63		F. 10490.55
Soit par 100 kil.	» 2.69		
Réfactions pour couche à la livraison			» 50.—
			F. 10540.55

RENDEMENT : 100 ℔ nettes pour 46 kil. nets :

Soit 18400 kil. nets à	F. 57.29 par 100 kil. Entrepôt	F.	10541.35
Plus : droits de sortie à la Havane	» 2.69 id.		
Ensemble	F. 59.98 par 100 kil. Entrepôt.		

PRIX DE REVIENT AU HAVRE DES 100 KIL. ENTREPOT

AUX CHANGES SUIVANTS SUR PARIS

Avec la parité des changes sur LONDRES, calculés sur la base de F. 25.25 pour £ 1.—.—

PRIX à LA HAVANE par arrobe	PARIS Prime 2 % — LONDRES Prime 16 %	PARIS Prime 1 % — LONDRES Prime 14 4/5 %	PARIS Pair — LONDRES Prime 13 3/4 %	PARIS Escompte 1 % — LONDRES Prime 12 7/8 %	PARIS Escompte 2 % — LONDRES Prime 11 1/2 %	PARIS Escompte 3 % — LONDRES Prime 10 1/2 %	PARIS Escompte 4 % — LONDRES Prime 9 1/2 %	PARIS Escompte 5 % — LONDRES Prime 8 1/10 %	PARIS Escompte 6 % — LONDRES Prime 6 7/8 %	1 % de différence sur le change fait au Havre par 100 kil.
1 Rx 1/8	F. 0.76	F. 0.77	F. 0.77	F. 0.78	F. 0.79	F. 0.80	F. 0.81	F. 0.81	F. 0.82	F. 0.01
1/4	1.52	1.53	1.55	1.56	1.58	1.60	1.61	1.63	1.65	0.02
3/8	2.28	2.30	2.32	2.34	2.37	2.39	2.42	2.44	2.47	0.02
1/2	3.04	3.06	3.10	3.12	3.16	3.19	3.22	3.26	3.29	0.03
5/8	3.80	3.83	3.87	3.91	3.95	3.99	4.03	4.07	4.11	0.04
3/4	4.55	4.60	4.64	4.69	4.73	4.79	4.84	4.88	4.94	0.05
7/8	5.31	5.36	5.42	5.47	5.52	5.58	5.64	5.70	5.76	0.06
1	6.07	6.13	6.19	6.25	6.31	6.38	6.45	6.51	6.58	0.06
4	44.19	44.55	44.91	45.28	45.66	46.04	46.42	46.81	47.21	0.38
5	50.26	50.68	51.10	51.53	51.97	52.42	52.87	53.32	53.80	0.44
6	56.32	56.80	57.29	57.78	58.29	58.79	59.32	59.84	60.38	0.51
7	62.39	62.93	63.48	64.03	64.60	65.17	65.76	66.35	66.96	0.57
8	68.46	69.06	69.66	70.28	70.92	71.55	72.21	72.87	73.54	0.64
9	74.52	75.18	75.85	76.53	77.23	77.93	78.65	79.38	80.13	0.70
10	80.59	81.31	82.04	82.78	83.54	84.31	85.10	85.89	86.71	0.77
11	86.66	87.44	88.23	89.03	89.86	90.69	91.55	92.41	93.29	0.83
12	92.72	93.56	94.42	95.29	96.17	97.07	97.99	98.92	99.88	0.90
Plus par 100 kil. pour droits de Sortie à la Havane à R. 7 par caisse	2.64	2.67	2.69	2.72	2.75	2.78	2.81	2.84	2.87	0.03

(1/8 à 1 : Coût et frais variables et subdivisions ; 4 à 12 : Coût et frais variables et invariables)

OBSERVATIONS

F. 10 par tonneau sur le fret font une différence de F. 1 par 100 kil. sur les prix.

On veut savoir le revient de Sucre coûtant à la Havane R. 5 ⅞ par arrobe au change de 5 % d'escompte et au fret de F. 80.

On trouvera dans la 1re et la 8e colonne de ce tableau que :

R. ⅞ font par 100 kil.	F.	5.70
» 5 id. id.	»	53.32
Droits de sortie	»	2.84
R. 5 ⅞ feront donc par 100 kil.	F.	61.86

Les droits de sortie à la Havane n'étant pas compris dans les prix de revient ci-dessus devront être ajoutés. Pour trouver ce qu'ils produisent par 100 kil., il suffira de multiplier le droit de sortie de R. 7 par caisse par le logarithme du change qu'on trouvera ci-contre et retrancher les 5 derniers chiffres de droite, on aura en francs et centimes le résultat. Voir l'explication à la page 27.

Logarithmes pour les Droits de Sortie

CHANGES		LOGARITHMES
2 % PRIME		37720
» 1 % »	»	38100
» PAIR	»	38481
» 1 % ESCOMPTE	»	38869
» 2 % »	»	39263
» 3 % »	»	39671
» 4 % »	»	40084
» 5 % »	»	40506
» 6 % »	»	40937

Droits d'entrée par 100 kil. en Août 1867

Au-dessous du type n° 13	Par navire Français.	F. 42.—
	id. Étranger.	» 44.—
Du type n° 13 au n° 20	Par navire Français.	F. 44.—
	id. Étranger.	» 46.—
Poudres blanches et au-dessus du n° 20	Par navire Français. / id. Étranger.	Prohibé

COMPTE D'ACHAT ET DE REVIENT

A 1000 CAISSES SUCRE TERRÉ

	Droits de Sortie		
1000 caisses Sucre terré, soit 17333 arrobes à R. 6 par arrobe			$ 12999.06
Coût de 1000 caisses vides à $ 3 ¼			» 3250.—
			$ 16249.06

FRAIS A LA HAVANE

	Droits de Sortie		
Gabarrage $ 0.10 par caisse		$ 100.—	
Poids, transport et échantillon $ 0.33 par caisse		» 330.—	
Droits de sortie à R. 7 par caisse	$ 875.—		
Courtage d'achat ½ %		» 81.02	
Commission d'achat 2 ½ %	» 21.07	» 406.02	» 917.04
	$ 896.07		$ 17167.02
Commission de remboursement 2 ½ % et courtage de remboursement ¼ %, ensemble 2 ¾ %	» 25.03		» 485.03
	$ 922.02		$ 17652.05
Remboursement sur Paris au pair de F. 5 pour 1 $	F. 4611.25		F. 88263.10

FRAIS A NANTES

Fret sur T. 195.440 à F. 70 par tonneau de 1000 kil. nets		F. 13750.80	
Gabarrage F. 3 par 1000 kil		» 669.70	
Décharge, pesage et arrimage à F. 3 par 1000 kil		» 669.70	
Livraison à F. 1 par 1000 kil		» 223.25	
Magasinage d'un mois à F. 0.20 par caisse		» 200.—	
Tonneliers à la réception et à la livraison F. 0.40 par caisse		» 400.—	
Menus frais, ports de lettres et affranchissements		» 100.—	
Assurance maritime sur F. 97089 à 1 ½ % et police	» 76.10	» 1457.85	
id. contre le feu sur F. 114560 à ½ ‰	» 2.55	» 57.26	
Courtage de vente ¼ %			
Escompte à la vente 2 %			
Commission de vente 2 %			
Cion de banque et perte d'intérêt ¾			
Ensemble 5 % sur F. 111359.60	» 240.85	» 5567.95	» 23096.50
	F. 4986.75		F. 111359.60
Soit par 100 kil	» 2.56		

Rendement : 1 arrobe rend net kil. 11.14 :

Soit brut		kil. 223227
Angle 4 ‰	kil. 893	
Tare et trait 13 %.	» 28903	
Réfactions	» 387	» 30183

Net kil. 193044 à F. 57.68 par 100 kil. entrepôt. F. 111347.75
Plus : droits de sortie à la Havane » 2.56 id.
Ensemble F. 60.24 par 100 kil entrepôt.

PRIX DE REVIENT A NANTES DES 100 KIL. ENTREPOT

AUX CHANGES SUIVANTS SUR PARIS

Avec la parité des Changes sur Londres, calculés sur la base de F. 25.25 pour £ 1.—.—

PRIX à LA HAVANE par arrobe	PARIS Prime 2 % — LONDRES Prime 16 %	PARIS Prime 1 % — LONDRES Prime 14 ½ %	PARIS Pair — LONDRES Escompte 13 ¼ %	PARIS Escompte 1 % — LONDRES Prime 12 ½ %	PARIS Escompte 2 % — LONDRES Prime 11 ¼ %	PARIS Escompte 3 % — LONDRES Prime 10 ½ %	PARIS Escompte 4 % — LONDRES Prime 9 ½ %	PARIS Escompte 5 % — LONDRES Prime 8 1/16 %	PARIS Escompte 6 % — LONDRES Prime 6 ¾ %	½ % de différence sur le change fait à Nantes par 100 kil.
Augmentation, fret et frais variables: Rx ⅛	F. 0.78	F. 0.79	F. 0.79	F. 0.80	F. 0.81	F. 0.82	F. 0.83	F. 0.83	F. 0.84	F. 0.01
¼	1.56	1.58	1.59	1.60	1.62	1.64	1.66	1.67	1.68	0.02
⅜	2.34	2.37	2.38	2.40	2.43	2.46	2.49	2.51	2.53	0.02
½	3.12	3.16	3.18	3.20	3.24	3.28	3.32	3.35	3.37	0.03
⅝	3.90	3.95	3.97	4.01	4.05	4.10	4.14	4.18	4.22	0.04
¾	4.68	4.74	4.77	4.81	4.86	4.92	4.97	5.02	5.06	0.04
⅞	5.46	5.53	5.56	5.62	5.67	5.74	5.80	5.86	5.91	0.05
Coûts et frais variables et invariables: 4	44.23	44.59	44.95	45.33	45.70	46.08	46.47	46.86	47.26	0.38
5	50.47	50.89	51.31	51.75	52.19	52.64	53.10	53.56	54.03	0.44
6	56.71	57.19	57.67	58.18	58.68	59.20	59.73	60.26	60.80	0.51
7	62.95	63.49	64.03	64.60	65.17	65.76	66.36	66.96	67.57	0.58
8	69.19	69.79	70.39	71.03	71.66	72.32	72.99	73.65	74.33	0.64
9	75.43	76.09	76.75	77.45	78.15	78.88	79.62	80.34	81.10	0.71
10	81.66	82.39	83.11	83.86	84.64	85.44	86.24	87.03	87.87	0.78
11	87.89	88.69	89.47	90.30	91.13	91.99	92.86	93.73	94.64	0.84
12	94.13	94.98	95.84	96.74	97.03	98.54	99.49	100.43	101.40	0.91
Plus par 100 kil. pour droits de sortie à la Havane à R. 7 par caisse	2.51	2.53	2.56	2.58	2.61	2.64	2.66	2.69	2.72	0.02 ½

OBSERVATIONS

F. 10 par tonneau sur le fret font à Nantes une différence de F. 1.02 par 100 kil. sur les prix.

On veut savoir le revient à Nantes de Sucre terré coûtant à la Havane R. 7 ⅝ par arrobe au change de 5 % d'escompte et au fret de F. 70.

On trouvera dans la 1re et la 9e colonne de ce tableau que :

R. ⅝	font par 100 kil	F. 4.18
» 7	id. id.	» 66.96
	Droits de sortie à la Havane	» 2.69
R. 7 ⅝	feront donc par 100 kil	F. 73.83

Les droits de sortie à la Havane n'étant pas compris dans les prix de revient ci-dessus devront être ajoutés. Pour trouver ce qu'ils font en France par 100 kil., il suffira de multiplier le droit de sortie de R. 7 par caisse par le logarithme du change qu'on trouvera ci-contre et retrancher les 3 derniers chiffres de droite, on aura en francs et centimes le résultat cherché. Voir l'explication page 27.

Logarithmes pour les Droits de Sortie

CHANGES		LOGARITHMES
2 %	PRIME	35825
» 1 %	»	» 36188
	PAIR à F. 5 pour $ 1.	» 36544
» 1 %	ESCOMPTE	» 36914
» 2 %	»	» 37290
» 3 %	»	» 37675
» 4 %	»	» 38067
» 5 %	»	» 38468
» 6 %	»	» 38877

Droits d'entrée par 100 kil. en Août 1867

Au-dessous du type no 13	Par navire Français	F. 42.—
	id. Etranger	» 44.—
Du type no 13 au no 20	Par navire Français	F. 44.—
	id. Etranger	» 46.—
Au-dessus du type no 20	Par navire Français	Prohibé
	id. Etranger	

COMPTE D'ACHAT ET DE REVIENT

A 100 CAISSES SUCRE TERRÉ

100 c. Sucre terré n° 12 type hollandais pesant brut arrobes 1980				
Tare 66 ℔ par caisse .... » 264				
Net .... arrobes 1716 à R. 7 par arrobe..			$	1501 50
100 caisses vides à R. 26........			»	325.—
			$	1826 50

FRAIS

	Droits de Sortie			
Droit d'exportation à R. 7 par caisse........	$ 87.50			
Poids, travail et gabarrage R. 3 ½ par caisse........		$ 40.62		
Courtage d'achat ½ %........		» 9.13		
Clous, échantillons........		» 1.60	»	51.35
			$	1877.85
Commission d'achat 2 ½ %........	» 2.19		»	46.94
	$ 89.69		$	1924.79
Commission de remboursement 2 ½ % et courtage de remboursement ½ %, en tout 2 ¾ % sur $ 1979.22.	» 2.54		»	54.48
	$ 92.23		$	1979.22
Remboursement sur Paris au change de F. 5 pour 1 $........	F. 461.15		F.	9896.10

FRAIS AU HAVRE

Fret sur 19734 kil. nets à F. 70 par tonneau de 1000 kil.		F. 1381.40		
Permis, pour échantillonner et conditionner, port en entrepôt, arrimage, magasinage d'un mois, livraison et menus frais........		» 125.—		
Assurance maritime sur F. 10885 à 1 ¾ % et police....	» 8.86	» 192.—		
id. contre le feu sur F. 12583 à ½ %........	» 0.25	» 6.30		
Commission de banque à Paris ½ % sur F. 9896.10....	» 2.30	» 49.45		
Escompte à la vente........ 2 %				
Courtage de vente........ ¼ %				
Perte d'intérêt........ ¾ %				
Commission de vente........ 2 %				
Ensemble........ 5 % sur F. 12263.40	» 24.87	» 613.15	»	2367.30
	F. 497.43		F.	12263.40
Plus : réfactions pour couches à la livraison variables...			»	50.—
Soit par 100 kil........	» 2.52		F.	12313.40

Rendement : 1 arrobe nette à Matanzas rend au Havre en moyenne net 11 kil. ½ :

Soit 19734 kil. nets à........ F. 62.40 par 100 kil. Entrepôt........ F. 12314.—
Plus : droits de sortie à Matanzas.... » 2.52 id.
Ensemble........ F. 64.92 par 100 kil. Entrepôt.

PRIX DE REVIENT AU HAVRE DES 100 KIL. ENTREPOT

AUX CHANGES SUIVANTS SUR PARIS

Avec la parité des changes sur Londres, calculés sur la base de F. 25.25 pour £ 1.— —

PRIX à MATANZAS par arrobe	PARIS Prime 2 % — LONDRES Prime 16 %	PARIS Prime 1 % — LONDRES Prime 14 [illegible] %	PARIS Pair — LONDRES Prime 13 [illegible] %	PARIS Escompte 1 % — LONDRES Prime 12 [illegible] %	PARIS Escompte 2 % — LONDRES Prime 11 [illegible] %	PARIS Escompte 3 % — LONDRES Prime 10 [illegible] %	PARIS Escompte 4 % — LONDRES Prime 9 [illegible] %	PARIS Escompte 5 % — LONDRES Prime 8 [illegible] %	PARIS Escompte 6 % — LONDRES Prime 6 [illegible] %	1 % de différence sur le change fait au Havre par 100 kil.
Rx 1/8	F. 0.76	F. 0.77	F. 0.78	F. 0.78	F. 0.79	F. 0.80	F. 0.81	F. 0.82	F. 0.83	F. 0.01
1/4	1.52	1.54	1.55	1.57	1.58	1.60	1.62	1.63	1.65	0.02
3/8	2.28	2.31	2.33	2.35	2.38	2.40	2.43	2.45	2.48	0.03
1/2	3.04	3.08	3.10	3.14	3.17	3.20	3.24	3.27	3.30	0.03
5/8	3.81	3.85	3.88	3.92	3.96	4.—	4.05	4.09	4.13	0.04
3/4	4.57	4.61	4.66	4.70	4.75	4.80	4.85	4.90	4.96	0.05
7/8	5.33	5.38	5.43	5.49	5.54	5.60	5.66	5.72	5.78	0.06
4	43.06	43.41	43.77	44.13	44.50	44.88	45.25	45.65	46.03	0.37
5	49.15	49.56	49.98	50.40	50.84	51.28	51.72	52.19	52.64	0.44
6	55.24	55.71	56.19	56.67	57.18	57.68	58.19	58.73	59.25	0.50
7	61.33	61.86	62.40	62.94	63.51	64.08	64.66	65.26	65.85	0.57
8	67.41	68.—	68.61	69.22	69.85	70.48	71.12	71.80	72.46	0.63
9	73.50	74.15	74.82	75.49	76.18	76.88	77.59	78.33	79.06	0.70
10	79.59	80.30	81.02	81.76	82.52	83.29	84.06	84.87	85.67	0.76
11	85.68	86.45	87.23	88.03	88.86	89.69	90.53	91.41	92.28	0.83
12	91.76	92.60	93.44	94.31	95.19	96.09	97.—	97.94	98.88	0.89
Plus par 100 kil. pour droits de sortie à Matanzas à R. 7 par caisse	2.47	2.50	2.52	2.55	2.57	2.60	2.63	2.65	2.68	0.03

OBSERVATIONS

F. 10 par tonneau sur le fret font au Havre une différence de F. 1 par 100 kil. sur les prix.

On veut savoir le revient au Havre de Sucre importé de Matanzas et coûtant R. 7 ⅝ par arrobe au change de 5 % d'escompte et au fret de F. 70.

On trouvera dans la 1re et la 9e colonne de ce tableau que :

R. ⅝ font par 100 kil........	F.	4.09
» 7 id. id.	»	65.26
Plus, droits de sortie à Matanzas..	»	2.65
R. 7 ⅝ feront donc par 100 kil........	F.	72.—

Les droits de sortie à Matanzas n'étant pas compris dans les prix de revient ci-dessus devront être ajoutés. Pour trouver ce qu'ils produisent en France par 100 kil., il suffira de multiplier le droit de sortie de R. 7 par caisse par le logarithme du change ci-contre et retrancher les 3 derniers chiffres du droite, on aura en francs et centimes le résultat cherché. Voir l'explication à la page 27.

Logarithmes pour les Droits de Sortie

CHANGES		LOGARITHMES
2 % PRIME........	»	35301
» 1 % »	»	35650
» PAIR à F. 5 pour $ 1..	»	36007
» 1 % ESCOMPTE........	»	36371
» 2 % »	»	36742
» 3 % »	»	37120
» 4 % »	»	37507
» 5 % »	»	37902
» 6 % »	»	38304

Droits d'entrée par 100 kil. en Août 1867

Au-dessous du type n° 13	Par navire Français	F. 42 —
	id. Étranger	» 44. —
Du type n° 13 au n° 20..	Par navire Français	F. 44.—
	id. Étranger	» 46.—
Au-dessus........	Par navire Français / id. Étranger	Prohibé

COMPTE D'ACHAT ET DE REVIENT

A 10 BOUCAUTS SUCRE BRUT

10 boucauts Sucre brut pesant net 14526 ℔ à R. 4 par arrobe	$	290.50
Coût des boucauts vides $ 5 pièce	»	50.—
	$	340.50

FRAIS A MATANZAS

	Droits de Sortie					
Pesage et rabattage à R. 4 par boucaut			$	5.—		
Courtage d'achat ½ %			»	1.70	»	6.70
Droits d'exportation à R. 7 par 500 ℔	$	25.42			$	347.20
Commission d'achat 2 ½ %	»	0.63			»	8.68
	$	26.05			$	355.88
Commission de remboursement 2 ½ %, courtage de remboursement ¼ %, ensemble 2 ¾ % sur $ 365.94	»	0.74			»	10.06
	$	26.79			$	365.94
Remboursement sur Paris à F. 5 pour 1 $	F.	133.95			F.	1829.70

FRAIS AU HAVRE

Fret sur 6095 kil. nets à F. 70 par tonneau de 1000 kil. nets de douane			F.	426.65		
Permis, frais au débarquement, tonneliers pour échantillonner et conditionner, port en magasin, arrimage, magasinage d'un mois, livraison et menus frais			»	31.50		
Assurance maritime sur F. 2011 à 1 ¼ % et police	»	2.56	»	26.70		
id contre le feu sur F. 2505 à ½ ‰	»	0.07	»	1.25		
Commission de banque à Paris ½ % sur F. 1829.70	»	0.67	»	9.15		
Escompte à la vente 2 %						
Courtage de vente ½ %						
Perte d'intérêt ½ %						
Commission de vente 2 %						
Ensemble 5 % sur F. 2457.85	»	7.22	»	122.90	»	628.15
	F.	144.47			F.	2457.85
Plus : réfactions pour couches à la livraison variables					»	50.—
Soit par 100 kil	»	2.42			F.	2507.85

RENDEMENT : 100 ℔ nettes à Matanzas rendent au Havre en moyenne 41 kil. :

Soit 5956 kil. nets à	F. 42.11	par 100 kil. Entrepôt F.	2508.05
Plus : droits de sortie à Matanzas	» 2.42	id.	
Ensemble	F. 44.53	par 100 kil. Entrepôt.	

PRIX DE REVIENT AU HAVRE DES 100 KIL. ENTREPOT

AUX CHANGES SUIVANTS SUR PARIS

Avec la parité des changes sur LONDRES, calculés sur la base de F. 25.25 pour £ 1.—.—

PRIX à MATANZAS par arrobe	PARIS Prime 2 % — LONDRES Prime 16 %	PARIS Prime 1 % — LONDRES Prime 14 ½ %	PARIS Pair — LONDRES Prime 13 ¾ %	PARIS Escompte 1 % — LONDRES Prime 12 ¾ %	PARIS Escompte 2 % — LONDRES Prime 11 ¾ %	PARIS Escompte 3 % — LONDRES Prime 10 ¾ %	PARIS Escompte 4 % — LONDRES Prime 9 ¾ %	PARIS Escompte 5 % — LONDRES Prime 8 7/11 %	PARIS Escompte 6 % — LONDRES Prime 6 ¾ %	1 % de différence sur le change fait au Havre par 100 kil.
Rx 1/8	F. 0.85	F. 0.86	F. 0.87	F. 0.88	F. 0.89	F. 0.90	F. 0.91	F. 0.92	F. 0.93	F. 0.01
1/4	1.71	1.73	1.74	1.76	1.78	1.80	1.82	1.83	1.85	0.02
3/8	2.56	2.59	2.61	2.64	2.67	2.69	2.72	2.75	2.78	0.03
1/2	3.42	3.45	3.48	3.52	3.56	3.59	3.63	3.66	3.70	0.04
5/8	4.27	4.31	4.36	4.40	4.45	4.49	4.54	4.58	4.63	0.05
3/4	5.12	5.18	5.23	5.28	5.33	5.39	5.45	5.50	5.56	0.06
7/8	5.98	6.04	6.10	6.16	6.22	6.28	6.35	6.41	6.48	0.06
1	6.83	6.90	6.97	7.04	7.11	7.18	7.26	7.33	7.41	0.07
2	27.79	27.98	28.17	28.36	28.57	28.77	28.97	29.19	29.40	0.20
3	34.62	34.87	35.14	35.40	35.68	35.95	36.23	36.52	36.82	0.28
4	41.45	41.77	42.11	42.44	42.79	43.13	43.49	43.86	44.23	0.35
5	48.28	48.67	49.08	49.48	49.90	50.31	50.75	51.19	51.64	0.42
6	55.11	55.57	56.04	56.51	57.—	57.50	58.—	58.52	59.05	0.49
7	61.94	62.47	63.01	63.55	64.11	64.68	65.26	65.86	66.46	0.57
8	68.77	69.36	69.98	70.59	71.22	71.86	72.52	73.19	73.88	0.64
9	75.60	76.26	76.94	77.62	78.33	79.04	79.77	80.53	81.29	0.71
10	82.83	83.16	83.91	84.66	85.44	86.23	87.03	87.86	88.70	0.78
Plus par 100 kil. pour Droits de sortie à Matanzas à R. 1 par 100 ℔	2.38	2.40	2.43	2.45	2.48	2.50	2.53	2.55	2.58	0.02 ½

OBSERVATIONS

F. 10 par tonneau sur le fret font au Havre une différence de F. 1.02 par 100 kil. sur les prix.

On veut savoir le revient au Havre de Sucre coûtant à Matanzas R. 5 ¼ par arrobe, au change de 3 % escompte et au fret de F. 70.

On trouvera dans la 1re et la 9e colonne de ce tableau que:

R. ¼ font par 100 kil	F.	1.83
» 5 id. id.	»	51.19
Droits de sortie à Matanzas	»	2.55
R. 5 ¼ feront donc par 100 kil.	F.	55.57

Les droits de sortie à Matanzas n'étant pas compris dans les prix de revient ci-dessus devront être ajoutés. Pour trouver ce qu'ils produisent en France par 100 kil., il suffira de multiplier le droit de sortie de R. 7 par 500 ℔ par le logarithme du change ci-contre, et retrancher les 3 derniers chiffres de droite. On aura en francs et centimes le résultat cherché. Voir l'explication à la page 27

Logarithmes pour les Droits de Sortie

CHANGES		LOGARITHMES
2 %	PRIME	33981
» 1 %	»	34318
»	PAIR	34661
» 1 %	ESCOMPTE	35011
» 2 %	»	35369
» 3 %	»	35734
» 4 %	»	36106
» 5 %	»	36486
» 6 %	»	36874

Droits d'entrée par 100 kil. en Août 1867

Au-dessous du type n° 13	Par navire Français	F. 42.—
	id. Etranger	» 44.—
Du type n° 13 au n° 20	Par navire Français	F. 44.—
	id. Etranger	» 46.—
Au-dessus du type n° 20	Par navire Français	Prohibé
	id. Etranger	

COMPTE D'ACHAT ET DE REVIENT

A 100 BOUCAUTS MÉLASSE

100 boucauts Mélasse mesurant 13150 gallons à R. 2 ½ la mesure de 5 ½ gallons...			$	747.16
100 id. vides à $ 5 ½ le gallon			»	723.25
			$	1470.41

FRAIS A MATANZAS

Mesurage sur 100 boucauts à $ 0.05	$	5.—		
Port à bord à $ 0.40	»	40.—		
Rabattre 40 boucauts avec 4 cercles en fer à $ 1 ¼	»	50.—		
Echantillons	»	1.—		
Courtage ½ %	»	7.35	»	103.35
			$	1573.76
Commission d'achat 2 ½ %			»	39.34
			$	1613.10
Commission de remboursement 2 ½ % et courtage de négociation ¼ %, ensemble 2 ¾ % sur $ 1658.71			»	45.61
			$	1658.71
Remboursement sur Paris au change de F. 5 pour 1 $			F.	8293.55

FRAIS AU HAVRE

Fret sur 66500 kil. à F. 70 par tonneau de 1000 kil	F.	4655.—		
Permis, frais au débarquement, tonneliers pour échantillonner, port en entrepôt, arrimage, magasinage d'un mois, livraison et menus frais	»	310.—		
Assurance maritime sur F. 9122 à 1 ¾ % et police	»	161.25		
id. contre le feu sur F. 14228 ½ ‰	»	7.15		
Commission de banque pour confirmation de crédit 1 %	»	82.95		
Courtage de vente ½ %				
Perte d'intérêt ½ %				
Escompte à la vente 2 %				
Commission de vente 2 %				
Ensemble 5 % sur F. 14220.95	»	711.05	»	5927.40
			F.	14220.95

RENDEMENT 1 gallon de mélasse pèse environ 11 @ espagnoles :

Soit 13150 gallons =	@	144650
Déchet de route environ 12 %	»	17358
	@	127292

Soit 100 @ = 46 kil. nets ...... 58554 kil. à F. 24.28 par 100 kil. Entrepôt ...... F. 14216.90

N.-B. Il y a deux espèces de mélasse : la terrée, qui est le produit du sucre terré, et la moscovade, qui est le produit du sucre moscovade. Si la terrée vaut R. 3 la mesure, la moscovade en vaut 4. Il y a toujours l'augmentation d'un Réal par mesure.

PRIX DE REVIENT AU HAVRE DES 100 KIL. ENTREPOT

AUX CHANGES SUIVANTS SUR PARIS

Avec la parité des changes sur LONDRES, calculés sur la base de F. 25.25 pour £ 1.—.—

PRIX à MATANZAS par 5 ½ gallons	PARIS Prime 2 % — LONDRES Prime 16 %	PARIS Prime 1 % — LONDRES Prime 14 ⅞ %	PARIS Pair — LONDRES Prime 13 ¾ %	PARIS Escompte 1 % — LONDRES Prime 12 ⅝ %	PARIS Escompte 2 % — LONDRES Prime 11 ½ %	PARIS Escompte 3 % — LONDRES Prime 10 ⅓ %	PARIS Escompte 4 % — LONDRES Prime 9 ⅛ %	PARIS Escompte 5 % — LONDRES Prime 8 1/16 %	PARIS Escompte 6 % — LONDRES Prime 6 ⅞ %	1 % de différence sur le change fait au Havre par 100 kil.
Rx 1/8	F. 0.36	F. 0.36	F. 0.37	F. 0.37	F. 0.37	F. 0.38	F. 0.38	F. 0.39	F. 0.39	F. 0.—
1/4	0.72	0.73	0.73	0.74	0.75	0.76	0.76	0.77	0.78	0.01
3/8	1.08	1.09	1.10	1.11	1.12	1.13	1.14	1.16	1.17	0.01
1/2	1.44	1.45	1.46	1.48	1.50	1.51	1.52	1.54	1.56	0.02
5/8	1.80	1.81	1.83	1.85	1.87	1.89	1.91	1.93	1.95	0.02
3/4	2.15	2.18	2.20	2.22	2.24	2.27	2.29	2.31	2.34	0.03
7/8	2.51	2.54	2.56	2.59	2.62	2.65	2.67	2.70	2.73	0.03
1	2.87	2.90	2.93	2.96	2.99	3.02	3.05	3.08	3.12	0.03
2	22.54	22.67	22.82	22.96	23.11	23.25	23.40	23.55	23.70	0.15
3	25.41	25.57	25.75	25.92	26.10	26.27	26.46	26.64	26.82	0.18
4	28.28	28.47	28.68	28.88	29.09	29.29	29.51	29.72	29.94	0.21
5	31.16	31.38	31.61	31.84	32.08	32.31	32.56	32.81	33.06	0.24
6	34.03	34.28	34.54	34.80	35.07	35.34	35.61	35.89	36.17	0.27
7	36.90	37.18	37.47	37.76	38.06	38.36	38.66	38.97	39.29	0.30
8	39.77	40.08	40.40	40.72	41.05	41.38	41.72	42.06	42.41	0.33
9	42.65	42.98	43.33	43.68	44.04	44.40	44.77	45.14	45.52	0.36
10	45.52	45.88	46.26	46.64	47.03	47.42	47.82	48.22	48.64	0.39

OBSERVATIONS

F. 10 par tonneau sur le fret font au Havre une différence de F. 1.14 par 100 kil. sur les prix.

On veut savoir le revient au Havre de Mélasse coûtant à Matanzas R. 6 ⅝ par 5 Gallons ½, au change de 5 % d'escompte et au fret de F. 70 par tonneau.

On trouvera dans la 1ʳᵉ et la 9ᵉ colonne de ce tableau que :

R. ⅝ font par 100 kil.	F.	1.16
» 6 id. id.	»	35.89
R. 6 ⅝ feront donc par 100 kil.	F.	37.05

Droits d'entrée par 100 kil. en Août 1867

Mélasses importées pour être transformées en alcool.

Par navire Français	Exemptes
id. Étranger	F. 3.60

COMPTE D'ACHAT ET DE REVIENT

A 500 BOUCAUTS 50 TIERÇONS SUCRE

500 bts 50 tierçons Sucre brut pesant	℔ 880585			
Tare 12 %..........	» 105670			
Net..........	℔ 774915 à R. 4 par arrobe..........		$	15498.30
500 boucauts vides à $ 6 par boucaut..........			»	3000.—
50 tierçons vides à » 3 ½ par tierçon..........			»	175.—
			$	18673.30

FRAIS A CAIBARIEN

Gabarrage $ 1 par boucaut et $ 0.50 par tierçon..........		$ 525.—	
Réception et pesage à la côte R. 2 par boucaut..........		» 131.25	
Rabattage et remplissage des tierçons à R. 4 chaque..........		» 25.—	
Echantillons et menus frais..........		» 1.—	» 682.25
	Droits de sortie		$ 19355.55
Droits d'exportation R. 7 par 500 ℔..........	$ 1356.10		
Commission d'achat 2 ½ %..........	» 33.90		» 483.89
	$ 1390.—		$ 19839.44
Commission de remboursement 2 ½ % et courtage de remboursement ¼ %, ensemble 2 ¾ % sur $ 20400.45	» 39.30		» 561.01
	$ 1429.30		$ 20400.45
Remboursement sur Paris au change de F. 5 pour 1 $..........	F. 7146.50		F. 102002.25

FRAIS AU HAVRE

Fret sur 325120 kil. nets à F. 70 par tonneau de 1000 kil. nets..........		F. 22758.40	
Permis, frais au débarquement, tonneliers pour échantillonner et conditionner, port en magasin, arrimage, magasinage d'un mois, livraison et menus frais..........		» 1570.—	
Assurance maritime sur F. 112202 à 1 ¾ % et police..........	F. 137.56	» 1965.05	
id. contre le feu ½ ‰ sur F. 138495..........	» 4.—	» 69.25	
Commission de banque à Paris ½ % sur F. 102002.25	» 35.74	» 510.—	
Escompte à la vente.......... 2 %			
Courtage de vente.......... ¼ %			
Perte d'intérêt.......... ¾ %			
Commission de vente.......... 2 %			
Ensemble.......... 5 % sur F. 135657.85..........	» 385.45	» 6782.90	» 33655.60
	F. 7700.25		F. 135657.85
Plus : réfactions pour couches à la livraison variables..........			» 2625.—
Soit par 100 kil..........	» 2.42		F. 138282.85

RENDEMENT : 100 ℔ nettes à Caibarien rendent au Havre en moyenne 41. kil. :

Soit 317715 kil. nets à..........	F. 43.52	par 100 kil. entrepôt..........	F. 138269.55
Plus : droits de sortie à Caibarien..........	» 2.42	id.	
Ensemble..........	F. 45.94	par 100 kil. entrepôt.	

PRIX DE REVIENT AU HAVRE DES 100 KIL. ENTREPOT

AUX CHANGES SUIVANTS SUR PARIS

Avec la parité des changes sur LONDRES, calculés sur la base de F. 25.25 pour £ 1.—.—

PRIX à CAIBARIEN par arrobe	PARIS Prime 2 % — LONDRES Prime 16 %	PARIS Prime 1 % — LONDRES Prime 14 ½ %	PARIS Pair — LONDRES Prime 13 ¾ %	PARIS Escompte 1 % — LONDRES Prime 12 ⅝ %	PARIS Escompte 2 % — LONDRES Prime 11 ½ %	PARIS Escompte 3 % — LONDRES Prime 10 ½ %	PARIS Escompte 4 % — LONDRES Prime 9 ¼ %	PARIS Escompte 5 % — LONDRES Prime 8 ⅒ %	PARIS Escompte 6 % — LONDRES Prime 6 ¼ %	1 % de différence sur le change fait au Havre par 100 kil.
R^x ⅛	F. 0.85	F. 0.86	F. 0.87	F. 0.88	F. 0.88	F. 0.89	F. 0.90	F. 0.91	F. 0.92	F. 0.01
¼	1.70	1.72	1.73	1.75	1.77	1.79	1.80	1.83	1.85	0.02
⅜	2.55	2.57	2.60	2.63	2.65	2.68	2.71	2.74	2.77	0.03
½	3.40	3.43	3.46	3.50	3.54	3.58	3.61	3.65	3.69	0,04
⅝	4.25	4.29	4.33	4.38	4.42	4.47	4.51	4.56	4.61	0.05
¾	5.10	5.15	5.20	5.25	5.30	5.36	5.41	5.48	5.54	0.05
⅞	5.95	6.01	6.06	6.13	6.19	6.26	6.32	6.39	6.46	0.06
1	6.80	6.86	6.93	7.—	7.07	7.15	7.22	7.30	7.38	0.07
2	29.24	29.45	29.66	29.88	30.09	30.30	30.53	30.76	30.98	0.22
3	36.04	36.31	36.59	36.88	37.16	37.45	37.76	38.05	38.36	0.29
4	42.84	43.18	43.52	43.88	44.24	44.60	44.98	45.35	45.73	0.36
5	49.64	50.04	50.46	50.89	51.31	51.75	52.20	52.65	53.11	0.43
6	56.43	56.90	57.39	57.89	58.39	58.89	59.42	59.95	60.49	0.51
7	63.23	63.77	64.32	64.89	65.46	66.04	66.64	67.25	67.86	0.58
8	70.03	70.63	71.25	71.89	72.54	73.19	73.87	74.54	75.24	0.65
9	76.82	77.50	78.19	78.90	79.61	80.33	81.09	81.84	82.61	0.72
10	83.62	84.36	85.12	85.90	86.69	87.48	88.31	89.14	89.99	0.80
Plus par 100 kil. pour droits de sortie à Caibarien à R. 7 par 500 ℔	2.38	2.40	2.43	2.45	2.48	2.50	2.53	2.55	2.58	0.02

OBSERVATIONS

F. 10 par tonneau sur fret font au Havre une différence de F. 1.02 par 100 kil. sur les prix.

On veut savoir le revient au Havre de Sucre coûtant à Caibarien R. 3 ⅝ par arrobe, au change de 5 % d'escompte et au fret de F. 70.

On trouvera dans la 1re et la 9e colonne de ce tableau que :

R. ⅝ font par 100 kil..........	F.	4.56
» 3 id. id.	»	38.05
Droits de sortie à Caibarien..........	»	2.55
R. 3 ⅝ feront donc par 100 kil..........	F.	45.16

Les droits de sortie n'étant pas compris dans les prix de revient ci-dessus devront être ajoutés. Pour trouver ce qu'ils produisent en France par 100 kil., il suffira de multiplier le droit de sortie de R. 7 par 500 ℔ par le logarithme du change ci-contre et retrancher les 5 derniers chiffres de droite, on aura en francs et centimes le résultat cherché. Voir l'explication à la page 27.

Logarithmes pour les Droits de Sortie

CHANGES 2 % PRIME..........	LOGARITHMES	33951
» 1 % »..........	»	34320
» PAIR..........	»	34684
» 1 % ESCOMPTE..........	»	35014
» 2 % »..........	»	35371
» 3 % »..........	»	35735
» 4 % »..........	»	36109
» 5 % »..........	»	36488
» 6 % »..........	»	36877

Droits d'entrée par 100 kil. en Août 1867

Au-dessous du type n° 13	Par navire Français.	F. 42.—
	id. Étranger.	» 44.—
Du type n° 13 au n° 20.	Par navire Français.	F. 44.—
	id. Étranger.	» 46.—
Poudres blanches et au-dessus du n° 20.	Par navire Français. / id. Étranger.	Prohibé

COMPTE D'ACHAT ET DE REVIENT

A 100 BOUCAUTS MÉLASSE

100 boucauts Mélasse jaugeant 14510 gallons à \$ 11 les 110 gallons			\$	1451.—

FRAIS A CIENFUEGOS

15101 gallons de boucauts vides à \$ 5 ½ les 110 gallons	\$	755.20		
Usage de 5 boucauts vides retournés à \$ ¾	»	3.75		
Jaugeage \$ 1/16 de 105 boucauts	»	6.56		
Recevoir, livraison et magasinage \$ ½ sur 100 boucauts	»	50.—		
4 cercles en fer par boucaut à \$ 0.40 l'un	»	160.—	»	975.51
			\$	2426.51
Commission d'achat 2 ½ %			»	60.66
			\$	2487.17
Commission de remboursement 2 ½ % et courtage de negociation ¼ %, ensemble 2 ¾ % sur \$ 2557.50			»	70.33
			\$	2557.50
Remboursement sur Paris au change de F. 5 pour 1 \$.			F.	12787.50

FRAIS AU HAVRE

Fret sur kil. 73400 à F. 70 par tonneau de 1000 kil.	F.	5138.—		
Permis, frais au débarquement, tonneliers paur échantillonner, port en entrepôt, arrimage, magasinage d'un mois, et menus frais	»	340.—		
Assurance maritime sur F. 14065 à 1 ¾ % et police	»	247.65		
id. contre le feu sur F. 19790 ½ ‰	»	9.90		
Commission de banque pour confirmation de crédit 1 %	»	127.85		
Courtage de vente ½ %				
Perte d'intérêt ¼ %				
Escompte à la vente 2 %				
Commission de vente 2 %				
Ensemble 5 % sur F. 19632.50	»	981.60	»	6845.—
			F.	19632.50

Rendement : 1 gallon de mélasse pèse environ 11 ℔ Espagnoles :

Soit 14510 gallons =	℔	169610 —
Déchet de route environ 12 %	»	19153.—
	℔	140457.—

100 ℔ = 46 kil. nets, 64610 kil. à F. 30.38 par 100 kil. entrepôt .... F. 19628.50

N.-B. Si le navire a besoin pour l'arrimage de tierçons et de quarts, les premiers valent \$ 5 ½ les 100 gallons et les seconds \$ 6 les 100 gallons. Les 4 cercles en fer sont pour le premier plan, le second en prend deux et le troisième n'en a pas besoin.

Si le navire ne prend pas son chargement complet à quai, il paie pour gabarrage \$ ¼ par boucaut.

PRIX DE REVIENT AU HAVRE DES 100 KIL. ENTREPOT

AUX CHANGES SUIVANTS SUR PARIS

Avec la parité des changes sur Londres, calculés sur la base de F. 25.25 pour £ 1.—.—

	PRIX à CIENFUEGOS par 110 gallons	PARIS Prime 2 % — LONDRES Prime 16 ⅛ %	PARIS Prime 1 % — LONDRES Prime 14 ⅞ %	PARIS Pair — LONDRES Prime 13 ¾ %	PARIS Escompte 1 % — LONDRES Prime 12 ⅝ %	PARIS Escompte 2 % — LONDRES Prime 11 ½ %	PARIS Escompte 3 % — LONDRES Prime 10 ⅜ %	PARIS Escompte 4 % — LONDRES Prime 9 ¼ %	PARIS Escompte 5 % — LONDRES Prime 8 1/16 %	PARIS Escompte 6 % — LONDRES Prime 6 ⅞ %	1 % de différence sur le change fait au Havre par 100 kil.
Subdivisions — Coût et frais variables	\$ 0. 05	F. 0.06	F. 0.06	F. 0.06	F. 0.06	F. 0.06	F. 0.06	F. 0.06	F. 0.06	F. 0.06	F. 0.—
	0. 10	0.11	0.12	0.12	0.12	0.12	0.12	0.12	0.12	0.12	0.—
	0. 20	0.23	0.23	0.23	0.24	0.24	0.24	0.24	0.25	0.25	0.—
	0. 30	0.34	0.35	0.35	0.35	0.36	0.36	0.37	0.37	0.37	0.—
	0. 40	0.46	0.46	0.47	0.47	0.48	0.48	0.49	0.49	0.50	0.01
	0. 50	0.57	0.58	0.59	0.59	0.60	0.60	0.61	0.62	0.62	0.01
	0. 60	0.68	0.69	0.70	0.71	0.71	0.72	0.73	0.74	0.74	0.01
	0. 70	0.80	0.81	0.82	0.83	0.83	0.84	0.85	0.86	0.87	0.01
	0. 80	0.91	0.92	0.93	0.94	0.95	0.96	0.97	0.98	0.99	0.01
	0. 90	1.03	1.04	1.05	1.06	1.07	1.08	1.10	1.11	1.12	0.01
	0.100	1.14	1.15	1.17	1.18	1.19	1.20	1.22	1.23	1.24	0.01
Coût et frais variables et invariables	10. —	28.81	29.01	29.22	29.42	29.63	29.85	30.06	30.28	30.50	0.21
	11. —	29.96	30.17	30.38	30.61	30.82	31.05	31.27	31.51	31.74	0.22
	12. —	31.10	31.32	31.55	31.78	32.01	32.26	32.49	32.73	32.98	0.24
	13. —	32.25	32.48	32.71	32.96	33.20	33.46	33.70	33.96	34.22	0.25
	14. —	33.39	33.63	33.88	34.14	34.39	34.66	34.92	35.19	35.47	0.26
	15. —	34.53	34.79	35.05	35.32	35.58	35.86	36.13	36.42	36.71	0.27
	16. —	35.68	35.94	36.21	36.50	36.77	37.06	37.35	37.65	37.95	0.28
	17. —	36.82	37.10	37.38	37.67	37.96	38.27	38.56	38.87	39.19	0.30
	18. —	37.96	38.25	38.54	38.85	39.15	39.47	39.78	40.10	40.43	0.31
	19. —	39.10	39.41	39.71	40.03	40.34	40.67	40.99	41.33	41.67	0.32
	20. —	40.24	40.26	40.88	41.21	41.54	41.87	42.21	42.56	42.91	0.33

OBSERVATIONS

F. 10 par tonneau sur le fret font au Havre une différence de F. 1.14 par 100 kil. sur les prix.

On veut savoir le revient au Havre de Mélasse, coûtant à Cienfuegos \$ 14.35 par 110 Gallons, au change de 5 % d'escompte et au fret de F. 70.

On trouvera dans la 1re et la 9e colonne de ce tableau que :

\$ 0.05 font donc par kil.		F.	0.06
» 0.30 id. id.		»	0.37
» 14.— id. id.		»	35.19
\$ 14.35 feront donc par kil.		F.	35.62

Droits d'entrée par 100 kil. en Août 1867

Mélasses importées pour être transformées en alcool.

Par navire Français .... Exemptes

id. Étranger .... F. 3.00

COMPTE D'ACHAT ET DE REVIENT

A 100 BOUCAUTS SUCRE BRUT

100 boucauts Sucre brut à Cienfuegos pesant brut	℔ 160159		
Tare 12 %	» 19219		
Net	℔ 140940 à $ 3 les 100 ℔		$ 4228.20

FRAIS A CIENFUEGOS

	Droits de Sortie		
100 boucauts (de 88 pouces) à $ 6		$ 600.—	
Remplissage et frais de tonneliers $ 1 ¼		» 125.—	
Pesage ⅛ $		» 12.50	
Recevoir et livrer sur le quai, magasinage $ ½		» 50.—	
Gabarrage ¼ $		» 25.—	
Echantillons		» 0.50	» 813.—
Droits d'exportation $ 1 ¾ par 1000 ℔ nettes	$ 246.64		$ 5041.20
Commission d'achat 2 ½ %	» 6.16		» 126.03
	$ 252.80		$ 5167.23
Commission de remboursement 2 ½ % et courtage de négociation ¼ % ensemble ; 2 ¾ % sur $ 5313.34	» 7.15		» 146.11
	$ 259.95		$ 5313.34
Remboursement sur Paris au change de F. 5 pour 1 $	F. 1299.75		F. 26566.70

FRAIS AU HAVRE

Fret sur 59070 kil. nets à F. 70 par tonneau de 1000 kil. nets de douane		F. 4134 90	
Permis, tonneliers pour échantillonner et conditionner, port en entrepôt, arrimage, magasinage d'un mois, livraison et menus frais		» 310.—	
Assurance maritime sur F. 29220 à 1 ¾ % et police	» 25.02	» 512.85	
id. contre le feu sur F. 34177 à ½ ‰	» 0.72	» 17.10	
Commission de banque à Paris ½ % sur F. 26566.70	» 6.49	» 132.80	
Escompte à la vente 2 %			
Courtage de vente ¼ %			
Perte d'intérêt ¾ %			
Commission de vente 2 %			
Ensemble 5 % sur 33841.40	» 70.10	» 1667.05	» 6774.70
	F. 1402.08		F. 33841.40
Plus : réfactions pour couches à la livraison variables			» 500.—
Soit par 100 kil.	» 2.43		F. 33841.40

RENDEMENT : 100 ℔ nettes à Cienfuegos rendent au Havre en moyenne 41 kil. nets :

Soit 57785 kil. nets à	F. 58.56 par 100 kil. Entrepôt	F. 33836.90
Plus : droits de sortie à Cienfuegos	» 2.43 id.	
Ensemble	F. 60.99 par 100 kil. Entrepôt.	

PRIX DE REVIENT AU HAVRE DES 100 KIL. ENTREPOT

AUX CHANGES SUIVANTS SUR PARIS

Avec la parité des changes sur LONDRES, calculés sur la base de F. 25.25 pour £ 1.—.—

Prix à CIENFUEGOS par 100 ℔	PARIS Prime 2 % — LONDRES Prime 16 %	PARIS Prime 1 % — LONDRES Prime 14 ½ %	PARIS Pair — LONDRES Prime 13 ¾ %	PARIS Escompte 1 % — LONDRES Prime 12 ½ %	PARIS Escompte 2 % — LONDRES Prime 11 ½ %	PARIS Escompte 3 % — LONDRES Prime 10 ¼ %	PARIS Escompte 4 % — LONDRES Prime 9 ½ %	PARIS Escompte 5 % — LONDRES Prime 8 ½ %	PARIS Escompte 6 % — LONDRES Prime 6 ¼ %	± % de différence sur le change fait au Havre par 100 kil.
$ ⅛	F. 1.70	F. 1.72	F. 1.73	F. 1.75	F. 1.77	F. 1.79	F. 1.81	F. 1.83	F. 1.84	F. 0.02
¼	3.40	3.43	3.47	3.50	3.54	3.58	3.61	3.65	3.69	0.04
⅜	5.10	5.15	5.20	5.25	5.31	5.36	5.42	5.48	5.53	0.05
½	6.80	6.86	6.94	7.—	7.08	7.15	7.22	7.30	7.38	0.07
⅝	8.50	8.58	8.67	8.76	8.85	8.94	9.03	9.13	9.22	0.09
¾	10.19	10.30	10.40	10.51	10.61	10.73	10.83	10.95	11.06	0.11
⅞	11.89	12.01	12.14	12.26	12.38	12.52	12.64	12.78	12.91	0.13
1	30.40	30.62	30.84	31.07	31.29	31.52	31.74	31.99	32.23	0.23
2	44.—	44.35	44.70	45.07	45.44	45.81	46.19	46.58	46.98	0.37
3	57.59	58.07	58.57	59.08	59.59	60.11	60.63	61.18	61.73	0.52
4	71.19	71.80	72.43	73.08	73.74	74.40	75.08	75.77	76.48	0.66
5	84.78	85.53	86.30	87.09	87.89	88.70	89.52	90.37	91.24	0.81
6	98.37	99.26	100.17	101.10	102.03	102.99	103.96	104.97	105.99	0.95
7	111.97	112.99	114.03	115.10	116.18	117.29	118.41	119.56	120.74	1.10
8	125.56	126.71	127.90	129.11	130.33	131.58	132.86	134.16	135.49	1.24
9	139.16	140.44	141.76	143.11	144.48	145.88	147.30	148.75	150.24	1.39
10	152.75	154.17	155.63	157.12	158.63	160.17	161.74	163.35	164.99	1.53
Plus par 100 kil. pour droits de sortie à Cienfuegos à $ 1 ¾ par 1000 ℔	2.38	2.40	2.43	2.45	2.48	2.50	2.53	2.55	2.58	0.—

OBSERVATIONS

F. 10 par tonneau sur le fret font au Havre une différence de F. 1.02 par 100 kil. sur les prix.

On veut savoir le revient au Havre du Sucre coûtant à Cienfuegos $ 5 ⅛ par 100 ℔, au change de 5 % escompte et au fret de F. 70.

On trouvera dans la 1re et la 9e colonne de ce tableau que :

$ ⅛ font au Havre par 100 kil.	F.	7.30
» 5 id. id. id.	»	90.37
Droits de sortie à Cienfuegos	»	2.55
$ 5⅛ feront donc par 100 kil.	F.	100.22

Les droits de sortie à Cienfuegos n'étant pas compris dans les prix de revient ci-dessus devront être ajoutés. Pour trouver ce qu'ils produisent en France par 100 kil., il suffira de multiplier le droit de sortie de $ 1 ¾ par 1000 ℔ par le logarithme du change ci-contre et retrancher les trois derniers chiffres de droite, on aura en francs et centimes le résultat cherché. Voir l'explication à la page 27.

Logarithmes pour les Droits de Sortie

CHANGES		LOGARITHMES
2 % PRIME	»	18594
1 % »	»	18728
PAIR	»	18856
1 % ESCOMPTE	»	14006
2 % »	»	14140
3 % »	»	14295
4 % »	»	14444
5 % »	»	14596
6 % »	»	14751

Droits d'entrée par 100 kil. en Août 1867

Au-dessous du type n° 13	Par navire Français	F. 42.—
	id. Etranger	» 44.—
Du type n° 13 au n° 20	Par navire Français	F. 44.—
	id. Etranger	» 46.—
Au dessus du type n° 20	Par navire Français	Prohibé
	id. Etranger	

COMPTE D'ACHAT ET DE REVIENT

A 348 CAISSES SUCRES TERRÉS

29 caisses Sucre blanc pesant brut ℛ 12539 Tare 62 ℛ » 1798 net 10741 ℛ à $ 4 ¾ par 100 ℛ		$	510.20
222 caisses Sucre blond pesant brut ℛ 96654 Tare 62 ℛ » 13764 net ℛ 82890 à $ 3 ¾ par 100 ℛ		»	3108.38
97 caisses Sucre brun pesant brut ℛ 43648 Tare 62 ℛ » 6014 net 37634 ℛ à $ 2 ¾ par 100 ℛ		»	1031.94
348 caisses ensemble coûtant en moyenne $ 3.54 ½ les 100 ℛ		$	4058.52
348 caisses vides à $ 2 ¾ la caisse		»	957.—
		$	5010.52

FRAIS A CIENFUEGOS

Pesage à $ 1/16 par caisse		$ 21.76	
Recevoir et livrer, magasinage $ ¼ par caisse		» 87.—	
Gabarrage si le navire ne peut charger à quai $ 1/10		» 34.80	» 143.56
Droits de sortie R. 7 par caisse	$ 304.50		$ 5754.08
Commission d'achat 2 ½ %	» 7.61		» 143.85
	$ 312.11		$ 5897.93
Commission de remboursement 2 ½ %, courtage de négociation ¼ % ; ensemble 2 ¾ %	» 8.83		» 166.77
	$ 320.94		$ 6064.70
Remboursement sur Paris au change de F. 5 pour 1 $	F. 1604.70		F. 30323.50

FRAIS AU HAVRE

Fret sur 60382 kil. nets à F. 70 par tonneau de 1000 kil. nets.		F. 4226.75	
Permis, tonneliers pour échantillonner et conditionner, port en entrepôt, arrimage, magasinage d'un mois, livraison et menus frais		» 370.—	
Assurance maritime sur F. 33355, à 1 ¾ % et police	» 30.37	» 585.20	
id. contre le feu, sur F. 38537 à ½ %	» 0.39	» 19.25	
Commission de banque à Paris ½ % sur F. 30323.50	» 8.02	» 151.60	
Escompte à la vente 2 % Courtage de vente ¼ % Perte d'intérêt ¾ % Commission de vente 2 %			
Ensemble 5 % sur F. 37554	» 86.53	» 1877.70	» 7230.50
	F. 1731.03		F. 37554.—
Plus : réfactions pour couches à la livraison variables			» 174.—
Soit par 100 kil.	» 2.86		F. 37728.—

RENDEMENT : 100 ℛ nettes à Cienfuegos rendent en moyenne au Havre 46 kil. nets :

Soit 60382 kil. nets à F. 62.48 par 100 kil. entrepôt ... F. 37726.75
Plus : droits de sortie à Cienfuegos » 2.88 id.
Ensemble F. 65.34 par 100 kil. entrepôt

PRIX DE REVIENT AU HAVRE DES 100 KIL. ENTREPOT

AUX CHANGES SUIVANTS SUR PARIS

Avec la parité des changes sur LONDRES, calculés sur la base de F. 25.25 pour £ 1.—.—

Prix à CIENFUEGOS par 100 ℛ	PARIS Prime 2 % — LONDRES Prime 16 %	PARIS Prime 1 % — LONDRES Prime 14 7/8 %	PARIS Pair — LONDRES Prime 13 3/4 %	PARIS Escompte 1 % — LONDRES Prime 12 3/4 %	PARIS Escompte 2 % — LONDRES Prime 11 1/2 %	PARIS Escompte 3 % — LONDRES Prime 10 1/8 %	PARIS Escompte 4 % — LONDRES Prime 9 4/5 %	PARIS Escompte 5 % — LONDRES Prime 8 1/10 %	PARIS Escompte 6 % — LONDRES Prime 6 7/8 %	1 % de différence sur le change fait au Havre par 100 kil.
$ 1/8	F. 1.52	F. 1.53	F. 1.55	F. 1.56	F. 1.58	F. 1.59	F. 1.61	F. 1.63	F. 1.64	F. 0.02
1/4	3.03	3.06	3.09	3.12	3.15	3.18	3.22	3.25	3.29	0.03
3/8	4.55	4.59	4.64	4.68	4.73	4.78	4.83	4.88	4.93	0.05
1/2	6.06	6.12	6.18	6.24	6.30	6.37	6.44	6.50	6.58	0.07
5/8	7.58	7.65	7.73	7.80	7.88	7.96	8.05	8.13	8.22	0.08
3/4	9.09	9.18	9.27	9.36	9.46	9.55	9.65	9.76	9.86	0.10
7/8	10.61	10.71	10.82	10.92	11.03	11.14	11.26	11.38	11.51	0.11
1	30.57	30.80	31.03	31.26	31.50	31.74	31.98	32.23	32.48	0.24
2	42.68	43.08	43.39	43.75	44.11	44.48	44.85	45.24	45.62	0.37
3	54.80	55.27	55.74	56.23	56.72	57.22	57.73	58.25	58.77	0.50
4	66.91	67.50	68.10	68.71	69.33	69.96	70.60	71.26	71.92	0.63
5	79.03	79.74	80.46	81.20	81.94	82.70	83.48	84.27	85.07	0.76
6	91.15	91.98	92.82	93.68	94.55	95.44	96.35	97.27	98.21	0.88
7	103.26	104.21	105.18	106.16	107.16	108.18	109.22	110.28	111.36	1.01
8	115.38	116.45	117.53	118.64	119.77	120.92	122.09	123.29	124.51	1.14
9	127.49	128.68	129.89	131.13	132.38	133.66	134.97	136.30	137.65	1.27
10	139.61	140.92	142.25	143.61	144.99	146.40	147.84	149.31	150.80	1.40
Plus par 100 kil. pour droits de sortie à Cienfuegos à R. 7 par caisse	2.81	2.84	2.87	2.90	2.93	2.96	2.99	3.02	3.05	0.03

OBSERVATIONS

F. 10 par tonneau sur le fret font au Havre une différence de F. 1.— par 100 kil. sur les prix.

On veut savoir le revient au Havre du Sucre coûtant à Cienfuegos $ 3 ½ par 100 ℛ au change de 5 % escompte et au fret de F. 70.

On trouvera dans la 1re et la 9e colonne de ce tableau que :

$ ½ font par 100 kil.	F.	6.50
» 3 id. id.	»	58.25
Plus droits de sortie	»	3.02
$ 3 ½ feront donc par 100 kil.	F.	67.77

Les droits de sortie n'étant pas compris dans les prix de revient ci-dessus devront être ajoutés. Pour trouver ce qu'ils produisent en France par 100 kil., il suffira de multiplier le droit de sortie de R. 7 par caisse par le logarithme du change qu'on trouvera ci-contre et retrancher les 3 derniers chiffres de droite. On aura en francs et centimes le résultat cherché. Voir l'explication à la page 27.

Logarithmes pour les Droits de Sortie

CHANGES			LOGARITHMES
CHANGES	2 %	PRIME	40149
»	1 %	»	40546
»		PAIR	40952
»	1 %	ESCOMPTE	41366
»	2 %	»	41788
»	3 %	»	42218
»	4 %	»	42658
»	5 %	»	43107
»	6 %	»	43566

Droits d'entrée par 100 kil. en Août 1867

Au-dessous du type n° 13	Par navire Français	F. 42.—
	id. Etranger	» 44.—
Du type n° 13 au n° 20.	Par navire Français	F. 44.—
	id. Etranger	» 46.—
Poudres blanches au-dessus du n° 20	Par navire Français id. Etranger	Prohibé

COMPTE D'ACHAT ET DE REVIENT

A 50000 ℔ BOIS JAUNE

50000 ℔ Bois jaune à $ 34 le tonneau de 2000 ℔			$ 850 —

FRAIS A SANTIAGO-DE-CUBA

	Droits de sortie		
Droits de sortie à $ 1.47 le tonneau de 2000 ℔	$ 36.75		
Impôt municipal à $ 0.50 le tonneau de 2000 ℔		$ 12.50	
Charroi et journaliers $ 1 le tonneau de 2000 ℔		» 25.—	
Courtage ½ %		» 4.25	» 41.75
			$ 891.75
Commission d'achat 2 ½ %	» 0.92		» 22.29
	$ 37.67		$ 914.04
Commission de négociation et courtage 1 ½ % sur $ 927.96	» 0.57		» 13.92
	$ 38.24		$ 927.96
Remboursement sur Paris au change de F. 5 pour 1 $	F. 191.20		F. 4639.80

FRAIS AU HAVRE

Fret sur 22700 kil. bruts à F. 50 par tonneau de 1000 kil.		F. 1135.—	
Permis, frais au débarquement, port en entrepôt, arrimage, magasinage d'un mois, livraison et menus frais.		» 80.—	
Assurance maritime sur F. 5104 à 1 ¾ % et police	» 3.67	» 90.80	
id. contre le feu sur F. 6410 ½ ‰	» 0.10	» 3.20	
Commission de Banque pour confirmation de crédit 1 %	» 1.91	» 46.40	
Courtage de vente ½ %			
Perte d'intérêt ½ %			
Escompte à la vente 2 %			
Commission de vente 2 %			
Ensemble 5 % sur F. 6310.75	» 10.36	» 315.55	» 1670.95
	F. 207.24		F. 6310.75
Soit par 100 kil.	» 0.93		

RENDEMENT : 100 ℔ rendent net au Havre 44 kil. ½.

Soit 22250 kil. nets à	F. 28.37 par 100 kil. entrepôt		F. 6312.30
Plus : droits de sortie à Santiago-de-Cuba	» 0.93 id.		
Ensemble	F. 29.30 par 100 kil. entrepôt.		

PRIX DE REVIENT AU HAVRE DES 100 KIL. ENTREPOT

AUX CHANGES SUIVANTS SUR PARIS

Avec la parité des changes sur LONDRES, calculés sur la base de F. 25.25 pour £ 1.—.—

PRIX à SANTIAGO par tonneau	PARIS Prime 2 % — LONDRES Prime 22 ⅘ %	PARIS Prime 1 % — LONDRES Prime 21 ⁷⁄₁₀ %	PARIS Pair — LONDRES Prime 20 ½ %	PARIS Escompte 1 % — LONDRES Prime 19 %	PARIS Escompte 2 % — LONDRES Prime 17 ⅘ %	PARIS Escompte 3 % — LONDRES Prime 16 ⅗ %	PARIS Escompte 4 % — LONDRES Prime 15 ⁴⁄₁₀ %	PARIS Escompte 5 % — LONDRES Prime 14 ¼ %	PARIS Escompte 6 % — LONDRES Prime 13 %	1 % de différence sur le change fait au Havre par 100 kil.
$ 0.05	F. 0.03	F. 0.03	F. 0.03	F. 0.03	F. 0.03	F. 0.03	F. 0.03	F. 0.03	F. 0.03	F. 0.—
0.10	0.06	0.06	0.06	0.06	0.07	0.07	0.07	0.07	0.07	0.—
0.20	0.12	0.13	0.13	0.13	0.13	0.13	0.13	0.13	0.14	0.—
0.30	0.19	0.19	0.19	0.19	0.20	0.20	0.20	0.20	0.20	0.—
0.40	0.25	0.25	0.26	0.26	0.26	0.26	0.26	0.27	0.27	0.—
0.50	0.31	0.32	0.32	0.32	0.33	0.33	0.33	0.34	0.34	0.—
0.60	0.37	0.38	0.38	0.38	0.39	0.40	0.40	0.40	0.41	0.01
0.70	0.43	0.44	0.45	0.45	0.46	0.46	0.46	0.47	0.48	0.01
0.80	0.50	0.50	0.51	0.51	0.52	0.53	0.53	0.54	0.54	0.01
0.90	0.56	0.57	0.58	0.58	0.59	0.59	0.59	0.60	0.61	0.01
1.—	0.62	0.63	0.64	0.64	0.65	0.66	0.66	0.67	0.68	0.01
2.—	1.25	1.26	1.27	1.29	1.30	1.31	1.33	1.34	1.36	0.01
3.—	1.87	1.89	1.91	1.93	1.95	1.97	1.99	2.01	2.03	0.02
4.—	2.50	2.52	2.55	2.57	2.60	2.63	2.65	2.68	2.71	0.03
5.—	3.12	3.15	3.19	3.22	3.25	3.28	3.32	3.35	3.39	0.03
10.—	12.93	13.01	13.08	13.15	13.23	13.31	13.38	13.46	13.55	0.08
15.—	16.05	16.16	16.26	16.36	16.48	16.60	16.68	16.81	16.94	0.11
20.—	19.18	19.31	19.45	19.58	19.73	19.88	20.01	20.17	20.32	0.15
25.—	22.30	22.46	22.63	22.80	22.98	23.16	23.33	23.52	23.71	0.18
30.—	25.42	25.65	25.82	26.02	26.23	26.44	26.65	26.87	27.10	0.21
35.—	28.54	28.77	29.—	29.23	29.48	29.72	29.96	30.22	30.49	0.25
40.—	31.67	31.92	32.19	32.45	32.73	33.—	33.29	33.58	33.87	0.28
Plus par 100 kil. pour droits de sortie à Santiago-de-Cuba à $ 1.47 par tonneau	0.90	0.92	0.93	0.94	0.95	0.96	0.97	0.98	1.—	0.01

OBSERVATIONS

F. 10 par tonneau sur le fret font au Havre une différence de F. 1.02 par 100 kil. sur les prix.

On veut savoir le revient au Havre de Bois Jaune coûtant à Santiago-de-Cuba $ 22.35 par tonneau, au change de 5 % escompte et au fret de F. 50.

Dans la 1re et la 9e colonne de ce tableau on trouvera que :

$ 0.05 font par 100 kil.	F.	0.03
» 0.30 id.	»	0.20
» 2.— id.	»	1.34
» 20.— id.	»	20.17
Droits de sortie	»	0.98
$ 22.35 feront donc par 100 kil.	F.	22.72

Les droits de sortie n'étant pas compris dans les prix de revient de ce tableau devront être ajoutés. Pour trouver ce qu'ils produisent en France par 100 kil., il suffira de multiplier le logarithme du change ci-contre par le droit de sortie à Santiago-de-Cuba et retrancher les 5 derniers chiffres de gauche, on aura en francs et centimes le résultat cherché.

Logarithmes pour les Droits de Sortie

CHANGES			LOGARITHMES
CHANGES	2 %	PRIME	62122
»	1 %	»	62787
»		PAIR	63365
»	1 %	ESCOMPTE	64005
»	2 %	»	64658
»	3 %	»	65325
»	4 %	»	66005
»	5 %	»	66700
»	6 %	»	67410

Droits d'entrée par 100 kil. en Août 1867

Par navire français … Exempt
id. Étranger … F. 3.—

COMPTE D'ACHAT ET DE REVIENT

A 100 SACS CACAO

100 sacs Cacao pesant 12500 ₰ nettes à $ 16 les 100 ₰				$	2000.—
100 » vides à $ 0.50 les 100 ₰ sur 12500 ₰				»	62.50
				$	2062.50

FRAIS A SANTIAGO-DE-CUBA

	Droits de sortie				
Droits de sortie à $ 0.19 les 100 ₰	$ 23.75				
Impôt municipal $ 0.04 par sac		$	4.—		
Charroi et journaliers $ 0.15 par sac		»	15.—		
Courtage ½ %		»	10.31	»	29.31
				$	2091.81
Commission d'achat 2 ½ %	» 0.59			»	52.29
	$ 24.34			$	2144.10
Commission de négociation et courtage 1 ½ % sur $	» 0.37			»	32.65
	$ 24.71			$	2176.75
Remboursement sur Paris au change de F. 5 pour 1 $	F. 123.55			F.	10883.75

FRAIS AU HAVRE

Fret sur 5804 kil. à F. 80 par tonneau de 700 kil.		F.	663.40		
Permis, frais au débarquement, voiliers pour échantillonner, port en entrepôt, arrimage, magasinage d'un mois, livraison et menus frais		»	40.—		
Assurance maritime sur F. 11972 à 1 ¾ % et police	» 2.88	»	211.—		
id. contre le feu F. 12886 ½ ‰	» 0.06	»	6.45		
Commission de banque pour confirmation de crédit 1 %.	» 1.23	»	108.80		
Courtage de vente ¼ %					
Perte d'intérêt ¾ %					
Escompte à la vente 2 %					
Commission de vente 2 %					
Ensemble 5 % sur F. 12540.30	» 6.09	»	627.—	»	1656.55
	F. 133.91			F.	12540.30
Soit par 100 kil.	» 2.35				

RENDEMENT : 100 ₰ nettes rendent net au Havre 45 kil. ½ :

Soit 12500 ₰ = net kil. 5687.50 à F. 220.49 par 100 kil. entrepôt	F.	12540.35
Plus : droits de sortie à Santiago-de-Cuba. » 2.35 id.		
Ensemble F. 222.84 par 100 kil. entrepôt.		

PRIX DE REVIENT AU HAVRE DES 100 KIL. ENTREPOT

AUX CHANGES SUIVANTS SUR PARIS

Avec la parité des changes sur LONDRES, calculés sur la base de F. 25.25 pour £ 1.—

PRIX à SANTIAGO par 100 ₰	PARIS Prime 2 % — LONDRES Prime 22 4/6 %	PARIS Prime 1 % — LONDRES Prime 21 9/20 %	PARIS Pair — LONDRES Prime 20 1/4 %	PARIS Escompte 1 % — LONDRES Prime 19 %	PARIS Escompte 2 % — LONDRES Prime 17 3/4 %	PARIS Escompte 3 % — LONDRES Prime 16 2/3 %	PARIS Escompte 4 % — LONDRES Prime 15 4/9 %	PARIS Escompte 5 % — LONDRES Prime 14 1/4 %	PARIS Escompte 6 % — LONDRES Prime 13 %	1 % de différence sur le change fait au Havre par 100 kil.
$ 0.05	F. 0.61	F. 0.62	F. 0.62	F. 0.63	F. 0.64	F. 0.64	F. 0.65	F. 0.66	F. 0.66	F. 0.01
0.10	1.22	1.23	1.25	1.26	1.27	1.28	1.30	1.31	1.33	0.01
0.20	2.44	2.47	2.49	2.52	2.54	2.57	2.60	2.62	2.65	0.03
0.30	3.66	3.70	3.74	3.77	3.81	3.85	3.89	3.93	3.98	0.04
0.40	4.88	4.93	4.98	5.03	5.08	5.14	5.19	5.24	5.30	0.05
0.50	6.11	6.17	6.23	6.29	6.36	6.42	6.49	6.56	6.63	0.06
0.60	7.33	7.40	7.48	7.55	7.63	7.70	7.79	7.87	7.95	0.08
0.70	8.55	8.63	8.72	8.81	8.90	8.99	9.09	9.18	9.28	0.09
0.80	9.77	9.86	9.97	10.06	10.17	10.27	10.38	10.49	10.60	0.10
0.90	10.99	11.10	11.21	11.32	11.44	11.56	11.68	11.80	11.93	0.12
1.—	12.21	12.33	12.46	12.58	12.71	12.84	12.98	13.11	13.25	0.13
2.—	24.43	24.67	24.92	25.17	25.42	25.69	25.95	26.23	26.51	0.26
3.—	36.64	37.—	37.37	37.75	38.14	38.53	38.93	39.34	39.76	0.39
4.—	48.85	49.34	49.83	50.34	50.85	51.37	51.91	52.46	53.01	0.52
5.—	82.06	82.74	83.45	84.17	84.90	85.64	86.40	87.17	87.95	0.74
10.—	143.12	144.41	145.74	147.09	148.46	149.85	151.28	152.74	154.21	1.39
15.—	204.19	206.08	208.03	210.01	212.02	214.07	216.17	218.31	220.48	2.04
20.—	265.25	267.75	270.32	272.93	275.58	278.28	281.05	283.86	286.74	2.69
25.—	326.32	329.42	332.61	335.85	339.14	342.50	345.94	349.45	353.01	3.34
30.—	387.38	391.09	394.90	398.77	402.70	406.71	410.82	415.02	419.27	3.99
35.—	448.45	452.76	457.19	461.69	466.26	470.93	475.71	480.59	485.54	4.64
40.—	509.51	514.43	519.48	524.61	529.82	535.14	540.59	546.16	551.80	5.29
Plus par 100 kil. pour droits de sortie à Santiago-de-Cuba à $ 0.19 par 100 ₰.	2.31	2.33	2.36	2.38	2.40	2.43	2.45	2.48	2.51	0.03

OBSERVATIONS

F. 10 par tonneau sur fret font au Havre une différence de F. 1.46 par 100 kil. sur les prix.

On veut savoir le revient au Havre de Cacao coûtant à Santiago-de-Cuba $ 28.25 par 100 ₰, au change de 5 % escompte, et au fret de F. 80.

On trouvera dans la 1re et la 9e colonne de ce tableau que :

$ 0.05 font par 100 kil.		F.	0.65
» 0.20 id.	id.	»	2.60
» 3.— id.	id.	»	38.93
» 20.— id.	id.	»	281.05
Droits de sortie		»	2.48
$ 28.25 feront donc par 100 kil.		F.	325.71

Les droits de sortie à Santiago-de-Cuba n'étant pas compris dans les prix de revient de ce tableau devront être ajoutés. Pour trouver ce qu'ils produisent en France les 100 kil., il suffira de multiplier le logarithme du change ci-contre par le droit de sortie et retrancher les 3 derniers chiffres de droite, on aura en francs et centimes le résultat cherché. Voir l'explication page 27.

Logarithmes pour les Droits de Sortie

CHANGES 2 %	PRIME	LOGARITHMES	12152
» 1 %	»	»	12272
»	PAIR	»	12395
» 1 %	ESCOMPTE	»	12520
» 2 %	»	»	12648
» 3 %	»	»	12778
» 4 %	»	»	12911
» 5 %	»	»	13047
» 6 %	»	»	13186

Droits d'entrée par 100 kil. en Août 1867

Par navire Français	F. 30.—
id. Étranger	» 48.—

COMPTE D'ACHAT ET DE REVIENT

A 43200 ℔ CAFÉ

25 boucauts 1re lavée et gragée net ℔ 18700 à $ 17 les 100 ℔		$	3179.—
10 tierçons rond ... id. » 4500 à $ 18 »		»	810.—
100 sacs 2de ... id. » 20000 à $ 15 »		»	3000.—
Ensemble net ... ℔ 43200 prix moyen $ 16.18		$	6989.—
Coût de 25 boucauts vides à $ 0.62 ½ par 100 ℔ sur 18700 ℔	$ 116.88		
10 tierçons » à $ 3.50 par tierçon	» 35.—		
100 sacs » à $ 0.37 ½ par 100 ℔ sur 20000 ℔	» 75.—	»	226.88
		$	7215.88

FRAIS A SANTIAGO-DE-CUBA

	Droits de sortie			
Droits de sortie à $ 0.20 ½ par 100 ℔ sur 43200 ℔	$ 87.26			
Impôt municipal $ 0.02 ½ par 100 ℔		$ 10.80		
Charroi au mole $ 0.30 par boucaut à $ 0.15 par tierçon.		» 9.—		
Journalier pour peser $ 0.02 ½ les 100 ℔ sur 23200 ℔		» 5.80		
Charroi et journalier pour les sacs $ 0.20 par sac		» 20.—		
Courtage ½ % sur $ 7215.88		» 36.08	»	81.68
			$	7297.56
Commission d'achat et de remboursement 2 ½ %	» 2.18		»	182.44
	$ 89.44		$	7480.—
Commission de négociation et courtage 1 ½ % sur $ 7593.90.	» 1.36		»	113.90
	$ 90.80		$	7593.90
Remboursement sur Paris au change de F. 5 pour 1 $	F. 454.—		F.	37969.50

FRAIS AU HAVRE

Fret sur 12280 kil. bruts pour 25 boucauts et 10 tierçons à F. 80 par tonneau de 800 kil.		F. 1228.—		
Fret sur 9286 kil. bruts pour 200 sacs à F. 80 par tonneau de 900 kil.		» 825.45		
Permis, frais au débarquement, voiliers, tonneliers pour échantillonner, porteur, entrepôt, arrimage, magasinage d'un mois, livraison et menus frais		» 150.—		
Assurance maritime sur F. 41765 à 1 ¾ % et police	» 8.73	» 732.40		
id. contre le feu F. 44700 à ½ %	» 0.25	» 22.35		
Commission de banque pour confirmation de crédit 1 %.	» 4.54	» 379.70		
Courtage de vente ... ½ %				
Perte d'intérêt ... ½ %				
Escompte à la vente ... 2 %				
Commission de vente ... 2 %				
Ensemble ... 5 % sur F. 43481.45	» 24.60	» 2174.05	»	5511.95
	F. 492.12		F.	43481.45
Soit par 100 kil.	» 2.50			

Rendement : 100 ℔ nettes rendent net au Havre 45 kil. ½ :

43200 ℔ = 19652 kil. nets à	F. 221.25	par 100 kil. entrepôt	F.	43480.05
Plus : droits de sortie à Santiago-de-Cuba	» 2.50	id.		
Ensemble	F. 223.75	par 100 kil. entrepôt.		

PRIX DE REVIENT AU HAVRE DES 100 KIL. ENTREPOT

AUX CHANGES SUIVANTS SUR PARIS

Avec la parité des changes sur Londres, calculés sur la base de F. 25.25 pour £ 1.—.—

Prix à SANTIAGO par 100 ℔	PARIS Prime 2 % — LONDRES Prime 22 4/5 %	PARIS Prime 1 % — LONDRES Prime 21 1/10 %	PARIS Pair — LONDRES Prime 20 1/4 %	PARIS Escompte 1 % — LONDRES Prime 19 %	PARIS Escompte 2 % — LONDRES Prime 17 1/2 %	PARIS Escompte 3 % — LONDRES Prime 16 1/5 %	PARIS Escompte 4 % — LONDRES Prime 15 1/10 %	PARIS Escompte 5 % — LONDRES Prime 14 1/2 %	PARIS Escompte 6 % — LONDRES Prime 13 %	1 % de différence sur le change fait au Havre par 100 kil.
$ 0.05	F. 0.61	F. 0.62	F. 0.62	F. 0.63	F. 0.64	F. 0.64	F. 0.65	F. 0.66	F. 0.66	F. 0.01
0.10	1.22	1.23	1.25	1.26	1.27	1.28	1.30	1.31	1.33	0.01
0.20	2.44	2.47	2.49	2.52	2.54	2.57	2.60	2.62	2.65	0.03
0.30	3.66	3.70	3.74	3.77	3.81	3.85	3.89	3.93	3.98	0.04
0.40	4.88	4.93	4.98	5.03	5.08	5.14	5.19	5.24	5.30	0.05
0.50	6.11	6.17	6.23	6.29	6.36	6.42	6.49	6.56	6.63	0.06
0.60	7.33	7.40	7.48	7.55	7.63	7.70	7.79	7.87	7.95	0.08
0.70	8.55	8.63	8.72	8.81	8.90	8.99	9.09	9.18	9.28	0.09
0.80	9.77	9.86	9.97	10.06	10.17	10.27	10.38	10.49	10.60	0.10
0.90	10.99	11.10	11.21	11.32	11.44	11.56	11.68	11.80	11.93	0.12
1.—	12.21	12.33	12.46	12.58	12.71	12.84	12.98	13.11	13.25	0.13
10.—	141.64	142.93	144.25	145.59	146.95	148.35	149.77	151.22	152.70	1.38
11.—	153.86	155.27	156.71	158.18	159.66	161.20	162.74	164.34	165.96	1.52
12.—	166.07	167.60	169.16	170.76	172.38	174.04	175.72	177.45	179.21	1.64
13.—	178.28	179.94	181.62	183.35	185.99	186.88	188.70	190.57	192.46	1.77
14.—	190.50	192.27	194.08	195.93	197.80	199.73	201.68	203.68	205.72	1.90
15.—	202.71	204.60	206.54	208.51	210.51	212.57	214.65	216.79	218.97	2.03
16.—	214.92	216.94	219.—	221.10	223.22	225.41	227.63	229.91	232.22	2.16
17.—	227.13	229.27	231.45	233.68	235.94	238.25	240.61	243.02	245.47	2.29
18.—	239.35	241.61	243.91	246.27	248.65	251.10	253.58	256.14	258.73	2.42
19.—	251.56	253.94	256.37	258.85	261.36	263.94	266.56	269.25	271.98	2.55
20.—	263.77	266.27	268.83	271.43	274.07	276.78	279.54	282.36	285.23	2.68
Plus par 100 kil. pour Droits de sortie à Santiago-de-Cuba à $ 0.20 ½ par 100 ℔	2.45	2.48	2.50	2.53	2.55	2.58	2.61	2.64	2.66	0.03

OBSERVATIONS

F. 10 par tonneau sur le fret font au Havre une différence de F. 1.31 par 100 kil. sur les prix.

On veut savoir le revient au Havre de Café coûtant à Santiago-de-Cuba $ 10.45 par 100 ℔, au change de 5 % d'escompte et un fret de F. 80.

On trouvera dans la 1re et la 2e colonne de ce tableau que :

$ 0.05 font par 100 kil.	F.	0.66
» 0.40 id.	»	5.24
» 10.— id.	»	269.25
Droits de sortie	»	2.64
$ 10.45 feront donc par 100 kil.	F.	277.79

Les droits de sortie n'étant pas compris dans les prix de revient de ce tableau devront être ajoutés. Pour trouver ce qu'ils produisent en France par 100 kil., il suffira de multiplier le logarithme du change ci-contre par le droit de sortie à Santiago-de-Cuba et retrancher les 3 derniers chiffres de gauche, on aura en francs et centimes le résultat cherché.

Logarithmes pour les Droits de Sortie

Changes 2 %	Prime	Logarithmes	12152
» 1 %	»	»	12272
»	Pair	»	12395
» 1 %	Escompte	»	12520
» 2 %	»	»	12648
» 3 %	»	»	12778
» 4 %	»	»	12911
» 5 %	»	»	13047
» 6 %	»	»	13186

Droits d'entrée par 100 kil. en Août 1867

Par navire Français	F.	50.40
id. Etranger	»	55.40

COMPTE D'ACHAT ET DE REVIENT

A 100 BOUCAUTS RHUM

100 boucauts Rhum contenant 12000 gallons à $ 0.30 le gallon ..... $ 3600.—
100 boucauts vides à $ 0.08 le gallon sur 12000 gallons ..... » 960.—
$ 4560.—

FRAIS A SANTIAGO

Droits de sortie, libre.
Impôt municipal $ 0.25 par boucaut ..... $ 25.—
Charroi et journaliers $ 0.50 ..... » 50.—
Tonneliers, fer blanc, etc. ..... » 25.—
Courtage ½ % ..... » 22.80 » 122.80
$ 4682.80
Commission d'achat 2 ½ % ..... » 117.07
$ 4799.87
Commission de remboursement et courtage 1 ½ % sur $ 4872.97 ..... » 73.10
$ 4872.97
Remboursement sur Paris au change de F. 5 pour 1 $ F. 24364.85

FRAIS AU HAVRE

Fret sur 40022 litres à F. 80 par tonneau de 900 litres ..... F. 3557.50
Permis, frais au débarquement, tonneliers pour échantillonner, port en entrepôt, arrimage, magasinage d'un mois, livraison et menus frais » 335.—
Assurance maritime sur F. 26801 à 1 ¾ % et police ..... » 470.50
id. contre le feu sur F. 31164 à ½ ‰ ..... » 15.60
Commission de banque pour confirmation de crédit 1 % ..... » 243.65
Courtage de vente ..... ¼ %
Perte d'intérêt ..... ¾ %
Escompte à la vente ..... 2 %
Commission de vente ..... 2 %
Ensemble ..... 5 % sur F. 30512.75 ..... » 1525.65 » 6147.90
F. 30512.75

RENDEMENT :

Gallons facturés 12000
Déchet de route environ 12 % 1440
Rendement au Havre ..... 10560 gallons
1 gallon = Litres 3.79; soit 40022 litres à F. 76.21 les 100 litres entrepôt ..... F. 30512.75

PRIX DE REVIENT AU HAVRE DES 100 LITRES ENTREPOT

AUX CHANGES SUIVANTS SUR PARIS

Avec la parité des changes sur LONDRES, calculés sur la base de F. 25.25 pour £ 1.—.—

PRIX à SANTIAGO par gallon	PARIS Prime 2 % — LONDRES Prime 22 ⅔ %	PARIS Prime 1 % — LONDRES Prime 21 ⅙ %	PARIS Pair — LONDRES Prime 20 ¼ %	PARIS Escompte 1 % — LONDRES Prime 19 %	PARIS Escompte 2 % — LONDRES Prime 17 ⅔ %	PARIS Escompte 3 % — LONDRES Prime 16 ¼ %	PARIS Escompte 4 % — LONDRES Prime 15 1/16 %	PARIS Escompte 5 % — LONDRES Prime 14 ¼ %	PARIS Escompte 6 % — LONDRES Prime 13 %	1 % de différence sur le change fait au Havre par 100 lit.
Cents ⅛	F. 0.21	F. 0.21	F. 0.21	F. 0.22	F. 0.22	F. 0.22	F. 0.22	F. 0.22	F. 0.22	F. 0.—
¼	0.42	0.42	0.43	0.43	0.43	0.44	0.44	0.45	0.45	0.—
⅜	0.63	0.63	0.64	0.65	0.65	0.66	0.66	0.67	0.68	0.01
½	0.84	0.84	0.85	0.86	0.87	0.88	0.88	0.89	0.90	0.01
⅝	1.05	1.05	1.06	1.07	1.08	1.10	1.11	1.12	1.13	0.01
¾	1.25	1.26	1.28	1.29	1.30	1.31	1.33	1.34	1.36	0.01
⅞	1.46	1.47	1.49	1.51	1.52	1.53	1.50	1.57	1.58	0.02
1	1.67	1.68	1.70	1.72	1.73	1.75	1.77	1.79	1.81	0.02
2	3.33	3.37	3.40	3.43	3.47	3.50	3.54	3.58	3.62	0.04
3	5.—	5.05	5.10	5.15	5.20	5.25	5.31	5.37	5.42	0.05
4	6.66	6.73	6.80	6.87	6.94	7.01	7.08	7.16	7.23	0.07
5	33.26	33.50	33.75	33.99	34.24	34.49	34.74	35.—	35.25	0.25
10	41.59	41.92	42.25	42.58	42.91	43.26	43.60	43.94	44.29	0.34
15	49.92	50.33	50.75	51.16	51.59	52.01	52.45	52.89	53.33	0.43
20	58.26	58.75	59.24	59.75	60.26	60.78	61.30	61.83	62.37	0.51
25	66.59	67.16	67.74	68.33	68.93	69.54	70.15	70.78	71.42	0.60
30	74.92	75.57	76.24	76.92	77.60	78.30	79.01	79.72	80.46	0.69
35	83.25	83.99	84.74	85.50	86.27	87.06	87.86	88.67	89.50	0.78
40	91.58	92.40	93.24	94.09	94.95	95.82	96.71	97.61	98.54	0.87
45	99.91	100.82	101.74	102.67	103.62	104.58	105.56	106.56	107.58	0.96
50	108.25	109.23	110.24	111.26	112.29	113.35	114.42	115.51	116.62	1.05
55	116.58	117.64	118.73	119.84	120.96	122.11	123.27	124.45	125.66	1.14
60	124.91	126.06	127.23	128.42	129.63	130.87	132.12	133.40	134.70	1.22
65	133.24	134.47	135.73	137.—	138.31	139.63	140.97	142.34	143.74	1.31
70	141.57	142.88	144.23	145.59	146.98	148.39	149.83	151.29	152.78	1.40
75	149.90	151.30	152.73	154.17	155.65	157.15	158.68	160.23	161.83	1.49
80	158.23	159.71	161.23	162.76	164.32	165.91	167.53	169.18	170.87	1.58
85	166.56	168.13	169.73	171.34	172.99	174.67	176.38	178.12	179.91	1.67
90	174.90	176.54	178.22	179.93	181.67	183.44	185.24	187.07	188.95	1.76
95	183.23	184.96	186.72	188.51	190.34	192.20	194.09	196.01	197.99	1.85
100	191.56	193.37	195.22	197.10	199.01	200.96	202.94	204.96	207.03	1.93

OBSERVATIONS

F. 10 par tonneau sur le fret font au Havre une diff. de F. 1.11 par 100 litres sur les prix.

On veut savoir le revient au Havre de Rhum coûtant à Santiago-de-Cuba $ 53 ½ per gallon au change de 5 % d'escompte et au fret de F. 80.

On trouvera dans la 1re et la 9e colonne de ce tableau que :

$ 0.— ½ font par 100 litres ..... F. 0.89
» 0.3 id. id. ..... » 5.87
» 0.50 id. id. ..... » 115.51
$ 0.53½ feront donc par 100 litres ..... F. 121.77

Droits d'entrée par 100 litres en Août 1867

Par tous pavillons ..... F. 30.—

COMPTE D'ACHAT ET DE REVIENT

A 100 CAISSES SUCRE TERRÉ

100 caisses Sucre terré pesant net 37000 ℔ à $ 5 les 100 ℔					$	1850.—
Caisses vides à $ 2 ¾ par caisse					»	275.—
					$	2125.—

FRAIS A SANTIAGO-DE-CUBA

	Droits de Sortie					
Impôt municipal $ ⁴⁰/₁₀₀ par 375 ℔			$	9.86		
Charroi et journaliers $ ³⁰/₁₀₀ par caisse			»	30.—		
Courtage ½ %			»	10.62	»	50.48
Droits de sortie $ 0.87 ½ par 375 ℔	$	86.33			$	2175.48
Commission d'achat 2 ½ %	»	2.16			»	54.38
	$	88.49			$	2229.86
Commission de tirage et courtage 1 ½ %	»	1.35			»	33.96
N.-B. La tare est écrite sur les caisses.	$	89.84			$	2263.82
Remboursement sur Paris au change de F. 5 pour 1 $	F.	449.20			F.	11319.10

FRAIS AU HAVRE

Fret sur 17020 kil. nets à F. 70 par tonneau de 1000 kil. nets.			F.	1191.40		
Permis, tonneliers pour échantillonner et conditionner, port en entrepôt, arrimage, magasinage d'un mois, livraison et menus frais			»	115.—		
Assurance maritime sur F. 12450 à 1 ¾ % et police	»	8.64	»	219.40		
Id contre le feu sur F. 13075 à ⅛ %	»	0.25	»	6.95		
Commission de banque à Paris ½ % sur F. 11319.10	»	2.24	»	56.60		
Escompte à la vente 2 %						
Courtage de vente ½ %						
Perte d'intérêt ½ %						
Commission de vente 2 %						
Ensemble 5 % sur F. 13587.85	»	24.23	»	679.40	»	2268.75
	F.	484.56			F.	13587.85
Plus : réfactions pour couches à la livraison variables					»	50.—
Soit par 100 kil.	»	2.84			F.	13637.85

Rendement. 100 ℔ nettes à Santiago-de-Cuba rendent au Havre 46 kil. nets:

Soit 17020 kil. nets à	F. 80.13	par 100 kil. entrepôt	F.	13638.10
Plus: les droits de sortie à Santiago-de-Cuba	» 2.84	id.		
Ensemble	F. 82.97	par 100 kil. entrepôt.		

PRIX DE REVIENT AU HAVRE DES 100 KIL. ENTREPOT

AUX CHANGES SUIVANTS SUR PARIS

Avec la parité des changes sur Londres, calculés sur la base de F. 25.25 pour £ 1.—.—

PRIX à SANTIAGO par 100 ℔	PARIS Prime 2% — LONDRES Prime 22 4/5 %	PARIS Prime 1% — LONDRES Prime 21 7/10 %	PARIS Pair — LONDRES Escompte 20 1/5 %	PARIS Escompte 1% — LONDRES Prime 19 %	PARIS Escompte 2% — LONDRES Prime 17 4/5 %	PARIS Escompte 3% — LONDRES Prime 16 4/5 %	PARIS Escompte 4% — LONDRES Prime 15 7/10 %	PARIS Escompte 5% — LONDRES Prime 14 4/5 %	PARIS Escompte 6% — LONDRES Prime 13 %	⅛ % de différence sur le change fait au Havre par 100 kil.
$ ⅛	F. 1.50	F. 1.52	F. 1.53	F. 1.55	F. 1.56	F. 1.58	F. 1.60	F. 1.61	F. 1.63	F. 0.02
¼	3.—	3.04	3.07	3.10	3.13	3.16	3.19	3.23	3.26	0.03
⅜	4.51	4.55	4.60	4.65	4.69	4.74	4.79	4.84	4.89	0.05
½	6.01	6.07	6.13	6.20	6.26	6.32	6.38	6.46	6.52	0.06
⅝	7.51	7.59	7.66	7.75	7.82	7.90	7.98	8.07	8.15	0.08
¾	9.01	9.11	9.20	9.29	9.38	9.48	9.58	9.68	9.78	0.10
⅞	10.51	10.63	10.73	10.84	10.95	11.03	11.18	11.30	11.41	0.11
1	30.62	30.85	31.08	31.32	31.55	31.79	32.03	32.28	32.52	0.24
2	42.64	42.99	43.34	43.70	44.06	44.43	44.81	45.18	45.57	0.37
3	54.66	55.13	55.61	56.09	56.58	57.07	57.58	58.09	58.61	0.49
4	66.68	67.27	67.87	68.47	69.09	69.71	70.35	71.—	71.66	0.62
5	78.71	79.41	80.13	80.86	81.60	82.36	83.13	83.91	84.70	0.75
6	90.73	91.55	92.39	93.25	94.11	95.—	95.90	96.81	97.74	0.88
7	102.75	103.69	104.65	105.63	106.62	107.64	108.67	109.72	110.79	1.01
8	114.77	115.83	116.92	118.02	119.14	120.28	121.44	122.63	123.83	1.13
9	126.79	127.97	129.18	130.40	131.65	132.92	134.22	135.53	136.88	1.26
10	138.81	140.11	141.44	142.79	144.16	145.50	146.99	148.44	149.92	1.39
Plus par 100 kil. pour droits de sortie à Santiago-de-Cuba $ 0.87 ½ par 375 ℔	2.79	2.82	2.85	2.88	2.91	2.94	2.97	3.—	3.03	0.03

OBSERVATIONS

F. 10 par tonneau sur le fret font au Havre une diff. de F. 1.— par 100 kil. sur les prix.

On veut savoir le revient au Havre du Sucre coûtant à Santiago-de-Cuba $ 4 ⅝ pour 100 ℔, au change de 5 % d'escompte et au fret de F. 70.

On trouvera dans la 1re et la 9e colonne de ce tableau que:

$ ⅝ font par 100 kil.	F.	8.07
» 4 Id. id.	»	71.—
Droits de sortie	»	3.—
$ 4 ⅝ feront donc par 100 kil.	F.	82.07

Les droits de sortie à Santiago-de-Cuba n'étant pas compris dans les prix de revient de ce tableau devront être ajoutés. Pour trouver ce qu'ils produisent en France par 100 kil., il suffira de multiplier le droit de sortie de $ 0.87 ½ par 375 ℔ par le logarithme du change qu'on trouvera ci-contre et retrancher les 3 derniers chiffres de gauche, on aura en francs et centimes le résultat cherché. Voir page 27.

Logarithmes pour les Droits de Sortie

CHANGES			LOGARITHMES
2 %	PRIME		31900
» 1 %	»	»	32216
»	PAIR	»	32539
» 1 %	ESCOMPTE	»	32868
» 2 %	»	»	33203
» 3 %	»	»	33545
» 4 %	»	»	33895
» 5 %	»	»	34252
» 6 %	»	»	34616

Droits d'entrée par 100 kil. en Août 1867

Au-dessous du type nº 13	Par navire	Français	F. 42.—
	id.	Etranger	» 44.—
Du type nº 13 nº 20	Par navire	Français	F. 44.—
	id.	Etranger	» 46.—
Au-dessus du type nº 20	Par navire	Français	Prohibé
	id.	Etranger	

COMPTE D'ACHAT ET DE REVIENT

A 100 BOUCAUTS ET 100 BARILS SUCRE

	Droits de Sortie		
100 boucauts pesant net 120000 ₰ à $ 3 le quintal			$ 3600.—
100 boucauts vides à $ 40/100 les 100 ₰ nettes			» 480.—
			$ 4080.—
FRAIS			
Impôt municipal $ 10/100 par 500 ₰		$ 24.—	
Charroi $ 30/100 par boucaut		» 30.—	
Journalier $ 0.02 ½ par quintal		» 30.—	
Tonnelier $ 23/100 par boucaut		» 23.—	
Courtage ½ % sur $ 4080		» 20.40	» 129.40
Droits de sortie $ 0.87 ½ par 500 ₰	$ 210.—		
100 barils pesant net 22500 ₰ à $ 3 les 100 ₰			» 675.—
100 barils vides à $ 40/100 les 100 ₰			» 90.—
FRAIS			
Droits de sortie $ 0.87 ½ par 375 ₰	39.37		
Impôt municipal $ 10/100 par 375 ₰		$ 6.—	
Charroi $ 10/100 le baril		» 10.—	
Courtage ½ % sur $ 765		» 3.82	» 19.82
N.-B. La tare est de 10 % sur les boucauts et les barils.	$ 249.37		$ 4994.22
Commission d'achat 2 ½ %	» 6.23		» 124.85
	$ 255.60		$ 5119.07
Commission de tirage et courtage 1 ½ %	» 3.83		» 76.78
	$ 259.43		$ 5195.85
Remboursement sur Paris au change de F. 5 pour 1 $	F. 1297.15		F. 25979.25
FRAIS AU HAVRE			
Fret sur 59800 kil. nets à F. 70 par tonneau de 1000 kil. nets de douane		F. 4186.—	
Permis, tonneliers pour échantillonner et conditionner, port en entrepôt, arrimage, magasinage d'un mois, livraison et menus frais		» 825.—	
Assurance maritime sur F. 28576 à 1 ¾ % et police	» 24.95	» 501.60	
id. contre le feu sur F. 33588 à ½ ‰	» 0.72	» 16.80	
Commission de banque à Paris à ½ % sur F. 25979.25	» 6.48	» 129.90	
Escompte à la vente 2 %			
Courtage de vente ½ %			
Perte d'intérêt ½ %			
Commission de vente 2 %			
Ensemble 5 % sur F. 32777.40	» 69.95	» 1638.85	» 6798.15
	F. 1399.25		F. 32777.40
Soit par 100 kil.	» 2.40		
Plus : réfactions pour couches à la livraison variables			» 525.—
			F. 33302.40

RENDEMENT : 100 ₰ nettes rendent au Havre 41 kil. nets :

Soit 58425 kil. nets à F. 57.— par 100 kil. entrepôt .... F. 33302.25
Plus : droits de sortie Santiago-de-Cuba » 2.40 id.
Ensemble F. 59.40 par 100 kil. entrepôt

PRIX DE REVIENT AU HAVRE DES 100 KIL. ENTREPOT

AUX CHANGES SUIVANTS SUR PARIS

Avec la parité des changes sur LONDRES, calculés sur la base de F. 25.25 pour £ 1.—.—

PRIX à SANTIAGO par quintal	PARIS Prime 2 % — LONDRES Prime 22 3/4 %	PARIS Prime 1 % — LONDRES Prime 21 7/16 %	PARIS Pair — LONDRES Prime 20 1/4 %	PARIS Escompte 1 % — LONDRES Prime 19 %	PARIS Escompte 2 % — LONDRES Prime 17 3/4 %	PARIS Escompte 3 % — LONDRES Prime 16 1/2 %	PARIS Escompte 4 % — LONDRES Prime 15 1/4 %	PARIS Escompte 5 % — LONDRES Prime 14 1/4 %	PARIS Escompte 6 % — LONDRES Prime 13 %	1 % de différence sur le change fait au Havre, par 100 kil.
1/8	F. 1.69	F. 1.70	F. 1.72	F. 1.74	F. 1.76	F. 1.77	F. 1.79	F. 1.81	F. 1.83	F. 0.02
1/4	3.37	3.40	3.44	3.47	3.51	3.54	3.58	3.62	3.66	0.04
3/8	5.06	5.11	5.16	5.21	5.27	5.32	5.37	5.43	5.49	0.05
1/2	6.74	6.81	6.88	6.94	7.02	7.09	7.16	7.24	7.32	0.07
5/8	8.43	8.51	8.60	8.68	8.78	8.86	8.96	9.05	9.15	0.09
3/4	10.12	10.21	10.32	10.42	10.53	10.63	10.75	10.86	10.97	0.11
7/8	11.80	11.92	12.04	12.15	12.29	12.41	12.54	12.67	12.80	0.13
1	29.09	29.29	29.50	29.70	29.92	30.13	30.35	30.57	30.79	0.21
2	42.57	42.91	43.25	43.60	43.95	44.31	44.68	45.05	45.43	0.36
3	56.06	56.52	57.01	57.49	57.59	58.49	59.—	59.53	60.06	0.50
4	69.54	70.14	70.76	71.39	72.02	72.67	73.33	74.01	74.69	0.64
5	83.03	83.76	84.52	85.28	86.06	86.85	87.66	88.49	89.33	0.79
6	96.51	97.38	98.27	99.17	100.10	101.03	101.99	102.96	103.96	0.93
7	110.—	111.—	112.03	113.07	114.13	115.21	116.32	117.44	118.59	1.07
8	123.48	124.61	125.78	126.96	128.17	129.39	130.64	131.92	133.22	1.22
9	136.97	138.23	139.54	140.86	142.20	143.57	144.97	146.40	147.86	1.36
10	150.45	151.85	153.29	154.75	156.24	157.75	159.30	160.88	162.49	1.51
Plus par 100 kil. pour droits de sortie Santiago-de-Cuba $ 0.87 ½ par 500 ₰	2.35	2.37	2.39	2.42	2.44	2.47	2.49	2.52	2.55	0.02 ½

Coût et frais variables et incertains

OBSERVATIONS

F. 10 par tonneau sur le fret font au Havre une différence de F. 1.02 par 100 kil. sur les prix.

On veut savoir le revient au Havre de Sucre coûtant à Santiago-de-Cuba $ 3 ¾ par quintal, au change de 5 % escompte et au fret de F. 70.

On trouvera dans la 1re et la 9e colonne de ce tableau que :

$ ¾	font par 100 kil.	F. 5.43
» 3	id. id.	» 59.53
	Plus droits de sortie	» 2.52
$ 3¾	feront donc par 100 kil.	F. 67.48

Les droits de sortie à Santiago-de-Cuba n'étant pas compris dans les prix de revient ci-dessus devront être ajoutés. Pour trouver ce qu'ils produisent en France par 100 kil., il suffira de multiplier le droit de sortie de $ 0.87 ½ par 500 ₰ par le logarithme du change ci-contre et retrancher les 3 derniers chiffres de gauche; on aura en francs et centimes le résultat cherché. Voir page 27.

Logarithmes pour les Droits de Sortie.

CHANGES		LOGARITHMES
2 %	PRIME	26834
1 %	»	27099
	PAIR	27370
1 %	ESCOMPTE	27647
2 %	»	27929
3 %	»	28217
4 %	»	28511
5 %	»	28811
6 %	»	29118

Droits d'entrée par 100 kil. en Août 1867

Au-dessous du type n° 13	Par navire Français	F. 42.—
	id. Étranger	» 44.—
Du type n° 13 au n° 20	Par navire Français	F. 41.—
	id. Étranger	» 46.—
Au-dessous	Par navire Français	Prohibé
	id. Étranger	

COMPTE D'ACHAT ET DE REVIENT

A 570 BALLES TABAC DE JIGUANI

78 Balles L pesant net ₡ 8200		
302 id. B id. » 31900		
190 id. D id. » 19900		
570 Balles ensemble...... ₡ 60000 à $ 16 les 100 ₡	$	9600.—

FRAIS A SANTIAGO-DE-CUBA

	Droits de sortie		
Droits de sortie à $ 1.75 les 100 ₡	$ 1050.—		
Impôt municipal $ 0.02 ½ par balle		$ 14.25	
Charroi et journaliers $ 0.20 par balle		» 114.—	
Inspection $ 0.12 ½ par balle		» 71.25	
Courtage ½ %		» 48.—	» 247.50
			$ 9847.50
Commission d'achat 2 ½ %	» 26.25		» 246.19
	$ 1076.25		$ 10093.69
Commission de négociation et courtage 1 ½ % sur $ 10247.40	» 16.39		» 153.71
	$ 1092.64		$ 10247.40
Remboursement sur Paris au change de F. 5 pour 1 $	F. 5463.20		F. 51237.—

FRAIS AU HAVRE

Fret sur 28360 kil. bruts à F. 70 par tonneau de 500 kil.		F. 3969.—	
Permis, frais au débarquement, veilleurs pour échantillonner, port en entrepôt, arrimage, magasinage d'un mois, livraison et menus frais		» 290.—	
Assurance maritime sur F. 56360 à 1 ¾ % et police	» 105.15	» 986.30	
id. contre le feu sur F. 61546 ½ ‰	» 3.05	» 30.75	
Commission de banque pour confirmation de crédit 1 %	» 54.63	» 512.35	
Courtage de vente ½ %			
Perte d'intérêt ½ %			
Escompte 2 %			
Commission de vente 2 %			
Ensemble 5 % sur F. 59963.60	» 296.10	» 2998.20	» 8726.60
	F. 5922.18		F. 59963.60
Soit par 100 kil.	» 23.50		

RENDEMENT : 100 ₡ rendent au Havre 42 kil. nets :

Soit 60000 ₡ = 25200 kil. nets à	F. 237.95 par 100 kil. entrepôt	F.	59963.60
Plus : droits de sortie à Santiago-de-Cuba	» 23.50 id.		
Ensemble	F. 261.45 par 100 kil. entrepôt		

PRIX DE REVIENT AU HAVRE DES 100 KIL. ENTREPOT

AUX CHANGES SUIVANTS SUR PARIS

Avec la parité des changes sur LONDRES, calculés sur la base de F. 25.25 pour £ 1.—.—

PRIX à SANTIAGO par 100 ₡	PARIS Prime 2 % — LONDRES Prime 22 ¾ %	PARIS Prime 1 % — LONDRES Prime 21 7/8 %	PARIS Pair — LONDRES Prime 20 ¾ %	PARIS Escompte 1 % — LONDRES Prime 19 %	PARIS Escompte 2 % — LONDRES Prime 17 ¾ %	PARIS Escompte 3 % — LONDRES Prime 16 ¾ %	PARIS Escompte 4 % — LONDRES Prime 15 7/8 %	PARIS Escompte 5 % — LONDRES Prime 14 ¼ %	PARIS Escompte 6 % — LONDRES Prime 13 %	1 % de différence sur le change fait au Havre par 100 kil.
$ 0.05	F. 0.66	F. 0.67	F. 0.68	F. 0.68	F. 0.69	F. 0.70	F. 0.70	F. 0.71	F. 0.72	F. 0.01
0.10	1.32	1.34	1.35	1.36	1.38	1.39	1.41	1.42	1.44	0.02
0.20	2.65	2.67	2.70	2.73	2.75	2.78	2.81	2,84	2.87	0.03
0.30	3.97	4.01	4.05	4.09	4.13	4.17	4.22	4.26	4.31	0.04
0.40	5.29	5.34	5.40	5.45	5.51	5.56	5.62	5.68	5.74	0,06
0.50	6.62	6.68	6.75	6.82	6.89	6.96	7.03	7.11	7.18	0.07
0.60	7.94	8.02	8.10	8.18	8.26	8.35	8.44	8.53	8.62	0.09
0.70	9.26	9.35	9.45	9.54	9.64	9.74	9.84	9.95	10.05	0.10
0.80	10.58	10.69	10.80	10.90	11.02	11.13	11.25	11.37	11.49	0.11
0.90	11.91	12.02	12.15	12.27	12.39	12.52	12.65	12.79	12.92	0.13
1.—	13.23	13.36	13.50	13.63	13.77	13.91	14.06	14.21	14.36	0.14
2.—	26.46	26.72	26.99	27.26	27.54	27.83	28.12	28.41	28.71	0.28
3.—	39.69	40.09	40.49	40.90	41.31	41.74	42.17	42.62	43.07	0.42
4.—	52.92	53.45	53.98	54.53	55.08	55.65	56.23	56.82	57.43	0.56
3.—	61.61	62.06	62.51	62.97	63.43	63.90	64.38	64.88	65.37	0.47
4.—	74.84	75.42	76.—	76.60	77.20	77.81	78.44	79.08	79.73	0.61
5.—	88.08	88.78	89.50	90.23	90.98	91.73	92.50	93.29	94.09	0.75
10.—	154.23	155.59	156.98	158.39	159.83	161.29	162.79	164.32	165.87	1.46
15.—	220.39	222.40	224.46	226.55	228.69	230.86	233.08	235.35	237.66	2.16
20.—	286.54	289.21	291.94	294.71	297.54	300.42	303.37	306.38	309.44	2.86
25.—	352.70	356.02	359.42	362.87	366.40	369.99	373.66	377.41	381.23	3.57
30.—	418.85	422.83	426.90	431.03	435.25	439.55	443.95	448.44	453.01	4.27
Plus par 100 kil. pour droits de sortie à Santiago-de-Cuba à $ 1.75 par 100 ₡	23.08	23.26	23.50	23.73	23.98	24.22	24.48	24.73	25.—	0.25

OBSERVATIONS

F. 10 par tonneau sur le fret font au Havre une différence de F. 2.25 par 100 kil. sur les prix.

On veut savoir le revient au Havre de Tabac coûtant à Santiago-de-Cuba $ 14.25 les 100 ₡ au change de 5 % et au fret de F. 70.

On trouvera dans la 1re et la 9e colonne de ce tableau que :

$ 0.05 font par 100 kil.	F.	0.71
» 0.20 id. id.	»	2.84
» 4.— id. id.	»	56.82
» 10.— id. id.	»	164.32
Plus droits de sortie	»	24.73
$ 14.25 feront donc par 100 kil.	F.	249.42

Les droits de sortie n'étant pas compris dans les prix de revient de ce tableau devront être ajoutés. Pour trouver ce qu'ils produisent en France par 100 kil., il suffira de multiplier le logarithme du change ci-contre par le droit de sortie à Santiago-de-Cuba et retrancher les 3 derniers chiffres de gauche, on aura en francs et centimes le résultat cherché.

Logarithmes pour les Droits de Sortie

CHANGES			LOGARITHMES
CHANGES	2 %	PRIME	13168
»	1 %	»	13294
»		PAIR	13427
»	1 %	ESCOMPTE	13562
»	2 %	»	13701
»	3 %	»	13842
»	4 %	»	13986
»	5 %	»	14133
»	6 %	»	14284

Droits d'entrée par 100 kil. en Août 1867

Par navire Français	Exempt
id. Etranger	F. 12.—

PORTO-RICO

Possession espagnole, la quatrième des Grandes-Antilles pour l'étendue, et l'une des plus fertiles des Indes-Occidentales. Sa population est estimée à 600,000 habitants, dont un dixième d'esclaves. Le climat de Porto-Rico est le plus salubre des Antilles. Cette île est loin d'avoir atteint le développement de richesse que lui promet la fécondité naturelle de son sol; bien que depuis une vingtaine d'années l'agriculture y ait fait de grands progrès, une partie considérable de l'île est devenue inculte, faute de bras et aussi de chemins qui en permettent l'exploitation. Le Nord et l'Est de Porto-Rico renferment les meilleurs pâturages des Antilles ; aussi la culture et l'élève du bétail sont-elles les seules richesses de cette partie de l'île. Elle abonde en excellents bois de construction dont on ne tire presque aucun parti ; elle renferme aussi des bois d'ébénisterie aussi beaux et aussi riches que l'Acajou et le Palissandre, mais on n'est pas encore parvenu à les extraire des gorges et des montagnes qui les produisent.

Le Sucre et le Café sont les deux principaux produits de l'île ; on en exporte aussi du Tabac, des Cuirs, des Bois, du Coton, des Fruits, des Vivres et du Rhum, mais ces expéditions sont de peu d'importance.

SAINT-JEAN DE PORTO-RICO

Chef-lieu de l'île Saint-Jean, est bâtie sur un rocher, et son port s'ouvre, au point culminant de ce rocher, par un goulet de deux kilomètres, au milieu des brisants qui hérissent la côte ; l'accès en est aussi dangereux que le mouillage en est sûr.

Les navires de 1,200 tonneaux, les paquebots, les steamers d'Europe, les corvettes et les petites frégates entrent et sortent tous les jours de ce port avec les pilotes.

Les Sucres qui s'exportent de ce port sont de qualité inférieure.

La tare pour les Sucres est de 10 %. Les achats se font au comptant sans escompte.

Les remboursements se font sur Londres et Paris en traites à 90 jours de vue. La première devise est préférée, le change au moment de la récolte est ordinairement à ∦ 4.75 la £ et à F. 5.15 la Piastre, il augmente progressivement à mesure que les expéditions s'écoulent et que les crédits s'épuisent. Généralement c'est en Avril que les changes sont le plus bas et en Octobre le plus haut. La £ coûte jusqu'à ∦ 5.20 et la pièce de F. 5 ∦ 1.03.

La plupart des monnaies européennes ont cours ici, notamment celles de France et d'Angleterre; celles des États-Unis priment les autres par l'abondance quant à l'argent, et quant à l'or, il est surtout représenté par les onces des différentes Républiques Américaines.

La monnaie Espagnole obtient une prime de 1 à 3 %, elle est indispensable pour les comptes avec la Douane et les autres administrations du Gouvernement. Le cours de la monnaie française est de F. 5.25 la Piastre.

La Livre Sterling	∦ 4.80	
Doublons Mexicains	» 16.—	
» Colombiens	» 16.—	
L'Aigle Américaine	» 20.—	avec prime de 1 à 3 %
L'Argent Américain	au pair.	

Le poids Espagnol est de 8 % inférieur au poids français.
L'unité est la livre Castillane qui équivaut à 460 grammes.
La mesure de longueur est la vare = à 83 ½ centimètres.
Le gallon Anglais est = à 3 [illegible] litres.

Frais à Saint-Jean pour un Navire Étranger

Droit de pilotage et capitainerie de port	∦	29.—
id. de visite de santé	»	4.50
Papier timbré	»	0.75
Visa de la patente de santé	»	2.—
Droit de tonnage (par chaque tonneau de Jauge)	»	1.—
id. nettoyage de port id.	»	0.12½
id. phare, les premiers 150 tonneaux par chaque tonneau	»	3.—
id. id. et le surplus	»	1.—
id. d'ancrage	»	2.—
Passage du Morro	»	2.—

MAYAGUEZ

Cette place est la plus importante de l'île.

Les Cafés de ces parages sont si estimés en Allemagne et aux États-Unis que quelques marques sont toujours achetées d'avance.

Les Sucres de Mayaguez peuvent être classés parmi les meilleurs, les Mélasses y sont toujours de première qualité et très-recherchées des Anglais et des Américains.

Pour ce qui concerne les changes sur Paris et Londres, le cours des monnaies, poids et mesures, voir ce qui a été dit pour *Saint-Jean*.

Le port est accessible pendant toute l'année aux grands navires.

Frais de Port d'un Navire Etranger de 100 Tonneaux

Papier timbré	∦	9.—
Visite de santé	»	4.50
Surveillant	»	2.—
Capitaine du port et pilotage	»	19.25
Tonnage à ∦ 1	»	100.—
Phare	»	5.—
Interprète	»	8.—
Droit de mouillage	»	2.—
Commandement militaire	»	2.50
	∦	150.25
Plus 5 % de prime	»	7.50
	∦	157.75

Soit à ∦ 0.95 la pièce de F. 5 .... F. 830

PONCE

Ce point est presque aussi important que Mayaguez, malheureusement le manque de pluies y compromet souvent les récoltes. Il n'est pas rare que 5 à 6 mois se passent sans qu'il pleuve un seul jour.

Voir à l'article St-Jean, pour ce qui concerne les changes, poids et mesures.

Les crédits doivent être confirmés par des banquiers de Londres ou de Paris, si ceux qui transmettent les ordres d'achat ne sont pas suffisamment connus.

La monnaie d'Europe la plus avantageuse sur cette place est la monnaie espagnole; quant aux tares, l'usage de cette place est comme suit :

Sucre en boucauts 12 % sur le poids brut reçu, exception unique dans l'île; sur les autres points on déduit seulement 10 % de tare.
Sucre en barils 20 @ pour chaque baril.
Café en boucauts, on déduit le poids du boucaut.
Café en sac { 1 sac simple 1 @ / 1 » double 2 @.

Tabac et Coton. — Il n'est pas d'usage de faire une déduction pour tare, compensant ainsi le coût de l'emballage par son poids.

La qualité des Sucres de Ponce est très-estimée.

A cet avantage vient s'en joindre un autre ayant également sa valeur pour l'acheteur, relativement aux autres points producteurs; sur toutes les autres places, les livraisons de Sucre se font sur les habitations à la tare de 10 %, l'acheteur a à supporter la diminution dans le poids et les frais de transport jusqu'au quai, soit par mer, soit par terre, tandis qu'en faisant l'achat ici, l'acheteur reçoit la denrée à l'embarcadère, sans frais et périls et a de plus 12 % de tare au lieu de 10 %, terme général de l'île.

Coton. — La culture de cette plante tend à augmenter, la qualité en est très-appréciée.

Tabac. — Cette plante, qui entre aussi dans la catégorie des produits principaux de ce district, est spécialement destinée à l'Allemagne où elle est élaborée avec utilité. Celui qui a été choisi par exemple, pour *le compte d'achat simulé* est de qualité inférieure, connue sous la dénomination de *Boliche*, c'est celui qui en quantités assez considérables est envoyé à Hambourg et Bremen.

On récolte aussi sur une grande échelle et surtout dans l'intérieur de l'île, des classes intermédiaires depuis le *Boliche* à la *Capa larga;* cette dernière classe de Tabac est si supérieure qu'elle peut rivaliser avec la première de la Havane.

Le port de Ponce situé sur la côte Sud de l'île est accessible à tous navires, même à ceux du plus grand tonnage, il possède une immense baie assez abritée, ce qui fait qu'à toutes les époques, on peut y aborder sans crainte, même dans l'Équinoxe qui est l'époque la plus dangereuse dans ces latitudes.

Monnaies. — La monnaie frappée au coin espagnol est la monnaie légale du pays; le commerce dans ses transactions lui donne une prime de 6 1/4 % de sa valeur représentative, tant à l'or qu'à l'argent : ainsi, la piastre, unité qui sert de base pour les transactions, le commerce l'admet pour ∦ 1.06 1/4, soit F. 5.38.

Les Monnaies Étrangères ont la valeur suivante :

DE FRANCE	Argent ou Or, indistinctement F. 1 =	∦	0.19
D'ANGLETERRE	La Livre sterling ou Souverain, vaut ∦ 4.80	F.	25.26
	Le Schelling ou 1/20 de livre vaut 24 centavos	»	1.26
DE L'AMÉRIQUE DU SUD	L'Once de ∦ 16 vaut ∦ 16	»	84.21
	La Piastre, Or ou Argent, vaut ∦ 1	»	5.26
DE L'AMÉRIQUE DU NORD	Le Dollar ou Piastre, Or ou Argent, au pair.		
	Soit ∦ 1 chaque Dollar	»	5.26

Après la monnaie espagnole, qui, comme il vient d'être démontré, a sur cette place 6 1/4 % de prime dans le commerce, les monnaies le plus répandues sont :

Les Onces des Républiques de l'Amérique du Sud, de même que l'argent frappé au même coin.

La monnaie américaine du Nord est celle qui abonde le plus sur cette place, particulièrement l'argent.

Toutes les monnaies mentionnées ci-dessus subissent quelquefois de 1 à 2 % de prime, mais cela ne doit pas être pris en ligne de compte, car ces variations ne sont que momentanées et ne doivent pas être considérées comme situation normale.

Frais dans le Port de Ponce, pour un Navire Français de 200 Tonneaux

Droits sur 200 tonneaux français d'immatriculation qui, réduits en tonneaux espagnols à 1.81, font 362 tonneaux espagnols à $ 1 par tonneau	$	362.—
Droits d'aucrage	»	2.—
Honoraires de l'interprète	»	8.—
id. du Capitaine de port et pilote	»	17.63
Au commandant militaire	»	1.50
Visite de santé	»	6.—
Papier timbré et expédition en douane	»	10.—
Monnaie espagnole	$	407.13
Prime sur la monnaie espagnole 6 ¼ %	»	25.44
Exprès envoyé à la ville pour l'expédition	»	1.25
Honoraires au vice-consulat F. 44 à F. 5 la piastre	»	8.80
Commission 2 ½ %	»	11.06
	$	453.68
Au change de F. 5 pour 1 $	F.	2268.40

En outre des frais mentionnés ci-dessus et fixés pour tous les navires, à l'exception de la variation qui peut avoir lieu dans le tonnage, il y a le *gabarrage* qui, selon la coutume établie en ce port, est au compte du capitaine et dont la valeur est comme suit :

Par boucaut de Sucre, Café, Rhum ou Miel à $ 0.34 le boucaut.

Pour les autres articles au poids, par tonneau espagnol de 2099 ℔, $ 1.

GUAYAMA

La sécheresse continuelle, qui afflige ce district plus encore que le précédent, est devenue pour Guayama une cause de décadence. Beaucoup d'habitants ont été forcés d'abandonner les établissements qu'ils y avaient, et sont allés avec leurs esclaves chercher dans l'intérieur de l'île un meilleur climat pour la culture de la canne.

Les Sucres de Guayama, ayant un beau grain et une bonne couleur, sont recherchés par les raffineurs en Europe.

Pour les changes sur l'Europe, comme pour les monnaies, poids et mesures, voir ce qui a été dit précédemment.

Frais de port pour un Trois-Mâts Français.

Droit d'aucrage	$	2.—
id. de tonnage	»	189.—
id. d'interprète	»	8.—
Capitaine de port, médecin de santé, commandant militaire et visite	»	26.75
Papier timbré pour entrée et sortie	»	9.25
A reporter	$	235.—

Report			$	235.—
5 % de prime sur la monnaie espagnole			»	11.75
			$	246.75
Gabarrage sur 361 boucauts de sucre à $ 0.50	$	180.50		
id. 88 quarts id. à » 0.12 ½	»	11.—	»	191.50
Droit au vice-consul de France $ 91.80			»	18.36
Arrimeurs et hisser les boucauts			»	38.—
Délestage du navire	»	58.75		
Payé au garde lest, 4 jours	»	4.—	»	62.75
Louage d'un crique 10 jours $ 1			»	10.—
			$	567.36
Prime d'assurance 1 ½ %			»	8.51
			$	575.87

Tous les paiements à la Douane et aux autres administrations s'opèrent en monnaie espagnole, dont le change régulateur est de 6 ¼ % et varie cependant de 5 à 8 % prime dans la pratique.

Tout navire chargé ou sur lest doit être muni de deux manifestes et d'une patente de santé certifiés par le Consul Espagnol ou à son défaut, par deux Négociants du port de son départ.

Les navires peuvent, mais sans mouiller, communiquer avec les ports de cette île, moyennant un droit fixe de $ 12.

Les marchandises importées directement jouissent de 6 % de rabais sur le montant des droits ; dans le cas où le bâtiment qui les porte toucherait dans un port intermédiaire, il se munirait d'un certificat du Consul Espagnol, attestant qu'il n'y a pas pris charge.

Les importations sous *Pavillon Espagnol* jouissent d'une diminution de droits d'entrée qui varie de 7 à 9 %.

Le port de Guayama est accessible à tous les navires, de Janvier à Juin, qui sont les mois d'exportation des produits ; pendant ces 6 mois la mer est bonne et les bâtiments n'ont aucun risque à courir autour de l'île.

Les importations de marchandises européennes doivent être faites dans les mois de Septembre et Octobre, Novembre au plus tard, afin de pouvoir se réaliser avant la récolte et d'opérer les rentrées des ventes, qui s'effectuent presque toutes payables à cette époque, au moyen des ressources qu'elle répand dans l'île. Il est à regretter que ces mois, les plus favorables pour les introductions, ne le soient pas aussi pour les frets de retour, les denrées de cette île ne commençant à paraître sur les marchés qu'à partir du mois de Janvier.

COMPTE D'ACHAT ET DE REVIENT

A 100 TONNEAUX BOIS DE GAYAC

100 tonneaux Bois de Gayac à $ 15 le tonneau de 2000 ₰					$	1500.—
Cabotage pour transport sur la Côte à $ 2 ½ le tonneau					»	250.—
					$	1750.—

FRAIS A PONCE

	Droits de Sortie					
Droits d'exportation par navire étranger $ 3.03 par tonneau	$	303.—				
Droits municipaux à $ 0.05 ½ par 100 ₰ $ 62.50 à 6 ¼ % prime					»	66.40
Prime 6 ¼ %	»	18.94				
	$	321.94				
Peseur de la Douane à l'embarquement			$	10.—		
Loyer de quai et pesage à la réception environ 1 % sur le prix coûtant			»	15.—		
Portefaix à la réception et à l'embarquement ½ %			»	7.50	»	32.50
					$	1848.90
Commission d'achat et de remboursement 5 %	»	16.10			»	92.44
	$	338.04			$	1941.34
Remboursement sur Paris au change de F. 5 pour 1 $	F.	1690.20			F.	9706.70

FRAIS AU HAVRE

Fret sur 92000 kil. à F. 50 par tonneau de 1000 kil.			F.	4600.—		
Permis, frais au débarquement, port en entrepôt, arrimage, magasinage d'un mois, livraison et menus frais			»	370.—		
Assurance maritime sur F. 10677 à 1 ½ % et police	»	27.88	»	161.65		
id. contre le feu sur F. 15808 ½ %	»	0.94	»	7.90		
Commission de banque pour confirmation de crédit 1 %.	»	16.90	»	97.05		
Courtage de vente ½ %						
Perte d'intérêt ½ %						
Escompte à la vente 2 %						
Commission de vente 2 %						
Ensemble 5 % sur F. 15729.80	»	91.35	»	786.50	»	6023.10
	F.	1827.27			F.	15729.80
Soit par 100 kil.	»	1.99				

RENDEMENT : 100 ₰ rendent au Havre 46 kil :

Soit 92000 kil. à	F. 17.10 par 100 kil. Entrepôt.	F.	15732.—
Plus : droits de sortie à Ponce	» 1.90 id.		
Ensemble	F. 19.00 par 100 kil. Entrepôt.		

N.-B. Si le droit municipal venait à être supprimé, il faudrait alors déduire des prix de revient de ce tableau l'équivalent, soit F. 0.41 par 100 kil.

PRIX DE REVIENT AU HAVRE DES 100 KIL. ENTREPOT

AUX CHANGES SUIVANTS SUR PARIS

Avec la parité des changes de LONDRES, calculés sur la base de F. 25.25 pour £ 1.—.—

PRIX à PONCE par 2000 ₰	PARIS F. 4.80 — LONDRES $ 5.26	PARIS F. 4.90 — LONDRES $ 5.15 ½	PARIS F. 5.— — LONDRES $ 5.05	PARIS F. 5.10 — LONDRES $ 4.95 1/10	PARIS F. 5.20 — LONDRES $ 4.85 ½	PARIS F. 5.30 — LONDRES $ 4.76 ½	PARIS F. 5.40 — LONDRES $ 4.67 ½	PARIS F. 5.50 — LONDRES $ 4.59 ½	PARIS F. 5.60 — LONDRES $ 4.50 ½	F. 0.10 par $ sur le change font au Havre par 100 kil.
$ 0.05	F. 0.03	F. 0.03	F. 0.03	F. 0.03	F. 0.03	F. 0.03	F. 0.03	F. 0.03	F. 0.04	F. 0.—
0.10	0.06	0.06	0.06	0.06	0.07	0.07	0.07	0.07	0.07	0.—
0.20	0.12	0.12	0.13	0.13	0.13	0.13	0.14	0.14	0.14	0.—
0.30	0.18	0.18	0.19	0.19	0.20	0.20	0.20	0.21	0.21	0.—
0.40	0.24	0.24	0.25	0.26	0.26	0.26	0.27	0.28	0.28	0.01
0.50	0.30	0.31	0.32	0.32	0.33	0.33	0.34	0.35	0.35	0.01
0.60	0.36	0.37	0.38	0.38	0.39	0.40	0.41	0.41	0.42	0.01
0.70	0.42	0.43	0.44	0.45	0.46	0.46	0.48	0.48	0.49	0.01
0.80	0.48	0.49	0.50	0.51	0.52	0.53	0.54	0.55	0.56	0.01
0.90	0.54	0.55	0.57	0.58	0.59	0.60	0.61	0.62	0.63	0.01
1.—	0.60	0.61	0.63	0.64	0.65	0.66	0.68	0.69	0.70	0.01
2.—	1.20	1.23	1.25	1.28	1.30	1.33	1.35	1.38	1.40	0.03
3.—	1.80	1.84	1.88	1.92	1.95	1.99	2.03	2.07	2.10	0.04
4.—	2.40	2.46	2.50	2.56	2.60	2.66	2.70	2.76	2.80	0.05
5.—	10.64	10.74	10.84	10.94	11.05	11.15	11.25	11.35	11.46	0.10
10.—	13.64	13.81	13.97	14.14	14.30	14.47	14.63	14.80	14.96	0.17
15.—	16.65	16.87	17.10	17.33	17.56	17.79	18.02	18.24	18.47	0.23
20.—	19.65	19.94	20.23	20.53	20.81	21.11	21.40	21.69	21.97	0.29
25.—	22.66	23.01	23.37	23.72	24.07	24.43	24.78	25.13	25.48	0.35
30.—	25.67	26.08	26.50	26.91	27.33	27.74	28.16	28.57	28.99	0.42
35.—	28.67	29.15	29.03	30.11	30.58	31.06	31.54	32.02	32.49	0.48
40.—	31.68	32.22	32.76	33.30	33.84	34.38	34.92	32.46	36.—	0.54
Plus par 100 kil. pour droits de sortie à Ponce à $ 3.03 par tonneau	1.91	1.95	1.99	2.03	2.07	2.11	2.14	2.18	2.22	0.—

OBSERVATIONS

F. 10 par tonneau sur le fret font au Havre une différence de F. 1.— par 100 kil. sur les prix.

On veut savoir le revient au Havre de Bois de Gayac coûtant à Ponce $ 19.85 par tonneau au change de F. 5.20 et au fret de F. 50.

On trouvera dans la 1re et la 6me colonne de ce tableau que :

$ 0.05	font au Havre	par 100 kil.	F.	0.03
» 0.30	id.	id.	»	0.20
» 4.—	id.	id.	»	2.60
» 15.—	id.	id.	»	17.56
	Plus droits de sortie		»	2.07
$ 19.35	feront donc par 100 kil.		F.	22.46

Les droits de sortie à Ponce n'étant pas compris dans les prix de revient de ce tableau devront être ajoutés. Pour trouver ce qu'ils produisent en France par 100 kil., il suffira de multiplier le logarithme du change ci-contre par le droit de sortie et retrancher les 3 derniers chiffres de droite, on aura en francs et centimes le résultat cherché.

Logarithmes pour les Droits de Sortie

CHANGES		LOGARITHMES
4.80		62523
» 4.90	»	64284
» 5.—	»	65245
» 5.10	»	66856
» 5.20	»	68167
» 5.30	»	69478
» 5.40	»	70789
» 5.50	»	72100
» 5.60	»	73411

Droits d'entrée par 100 kil. en Août 1867

Par navire Français .... Exempt
id. Étranger .... F. 3.—

COMPTE D'ACHAT ET DE REVIENT

A 185 BARRIQUES 2272 SACS CAFÉ

185 barriques brut ℔ 167985 tare ℔ 19329 net ℔ 148656
1090 sacs doubles » 123067 id. » 2180 id. » 120887
1182 sacs simples » 133516 id. » 1182 id. » 132334
Brut ℔ 424568 tare ℔ 22691 net ℔ 401877 à $ 16 par 100 ℔ $ 64300.32

FRAIS A PONCE

Droits municipaux $ 0.03 ¼ par 100 ℔ $ 125.60 à 6 ¼ %	$	183.44		
185 barriques vides à $ 5	»	925.—		
1090 sacs doubles à $ 0.60	»	654.—		
1182 sacs simples à $ 0.30	»	354.60		
Peseur de la douane	»	40.19		
Recevoir, peser, tonneliers, voitures, coudre les sacs, fil, aiguilles et charroi au quai	»	323.12		
Magasinage et assurance contre le feu 1 %	»	643.—	»	3078.35
			$	67378.67
Commission d'achat et de remboursement 5 %			»	3368.68
			$	70742.35
Remboursement sur Paris au change de F. 5 pour 1 $			F.	353711.75

FRAIS AU HAVRE

Fret sur 75590 kil. bruts à F. 80 par tonneau de 800 kil. par barrique.	F.	7559.—		
id. 115462 id. id. de 900 kil. par sac	»	10263.30		
Permis, frais au débarquement, voiliers et tonneliers pour échantillonner, port en entrepôt, arrimage, magasinage d'un mois, livraison et menus frais	»	1250.—		
Assurance maritime sur F. 389082 à 1 ½ % et police	»	5837.75		
id. contre le feu sur F. 413992 à ½ ‰	»	207.—		
Commission de banque pour confirmation de crédit 1 %	»	3537.10		
Courtage de vente ½ %				
Perte d'intérêt ½ %				
Escompte à la vente 2 %				
Commission de vente 2 %				
Ensemble 5 % sur F. 402490.40	»	20124.50	»	48778.65
			F.	402490.40

Rendement : 100 ℔ nettes rendent au Havre 45 kil. nets :

Soit 401877 ℔ = 180845 kil. nets à F. 222.56 par 100 kil. Entrepôt F. 402488.65

N.-B. Si les droits municipaux venaient à être supprimés, il faudrait alors déduire F. 0.42 par 100 kil. des prix de ce tableau.

PRIX DE REVIENT AU HAVRE DES 100 KIL. ENTREPOT

AUX CHANGES SUIVANTS SUR PARIS

Avec la parité des changes sur Londres, calculés sur la base de F. 25.25 pour £ 1.—

PRIX à PONCE par 100 ℔	PARIS F. 4.80 — LONDRES $ 5.26	PARIS F. 4.90 — LONDRES $ 5.15 ⅓	PARIS F. 5.— — LONDRES $ 5.05	PARIS F. 5.10 — LONDRES $ 4.95 ¹/₁₀	PARIS F. 5.20 — LONDRES $ 4.85 ⅔	PARIS F. 5.30 — LONDRES $ 4.76 ⅖	PARIS F. 5.40 — LONDRES $ 4.67 ⅗	PARIS F. 5.50 — LONDRES $ 4.59 ¹/₁₁	PARIS F. 5.60 — LONDRES $ 4.50 ⅘	F. 0.10 par $ sur le change font au Havre par 100 kil.
$ 0.05	F. 0.61	F. 0.62	F. 0.63	F. 0.65	F. 0.66	F. 0.68	F. 0.69	F. 0.70	F. 0.71	F. 0.01
0.10	1.22	1.25	1.27	1.30	1.33	1.35	1.38	1.40	1.43	0.03
0.20	2.45	2.50	2.55	2.60	2.65	2.70	2.75	2.80	2.85	0.05
0.30	3.67	3.74	3.82	3.90	3.98	4.05	4.13	4.20	4.28	0.08
0.40	4.89	4.99	5.10	5.20	5.30	5.40	5.50	5.60	5.71	0.10
0.50	6.12	6.24	6.37	6.50	6.63	6.75	6.88	7.01	7.14	0.13
0.60	7.34	7.49	7.64	7.79	7.95	8.10	8.26	8.41	8.56	0.15
0.70	8.56	8.74	8.92	9.09	9.28	9.45	9.63	9.81	9.99	0.18
0.80	9.78	9.98	10.19	10.39	10.60	10.80	11.01	11.21	11.42	0.21
0.90	11.01	11.23	11.47	11.69	11.93	12.15	12.38	12.61	12.84	0.23
1.—	12.23	12.48	12.74	12.99	13.25	13.50	13.76	14.01	14.27	0.26
10.—	140.72	143.42	146.12	148.83	151.53	154.23	156.94	159.63	162.32	2.70
11.—	152.95	155.91	158.86	161.83	164.78	167.74	170.70	173.65	176.58	2.95
12.—	165.18	168.39	171.60	174.82	178.03	181.24	184.46	187.66	190.85	3.21
13.—	177.41	180.88	184.34	187.82	191.28	194.75	198.22	201.67	205.12	3.46
14.—	189.64	193.36	197.08	200.81	204.53	208.25	211.98	215.69	219.39	3.72
15.—	201.86	205.84	209.81	213.80	217.77	221.75	225.73	229.70	233.65	3.97
16.—	214.09	218.33	222.55	226.80	231.02	235.26	239.49	243.71	247.92	4.23
17.—	226.32	230.81	235.29	239.79	244.27	248.76	253.25	257.72	262.19	4.48
18.—	238.55	243.30	248.03	252.79	257.52	262.27	267.01	271.74	276.45	4.74
19.—	250.78	255.78	260.77	265.78	270.77	275.77	280.77	285.75	290.72	4.99
20.—	263.01	268.26	273.51	278.77	284.02	289.27	294.53	299.76	304.90	5.25

OBSERVATIONS

F. 10 par tonneau sur le fret font au Havre une différence de F. 1.23 par 100 kil. sur les prix.

On veut savoir le revient au Havre de Café coûtant à Ponce $ 14.75 par 100 ℔ au change de F. 5.20 et au fret de F. 80 par tonneau.

On trouvera dans la 1re et la 6me colonne de ce tableau que :

$ 0.05 font donc par 100 kil. F. 0.66
» 0.70 id. id. » 9.28
» 14.— id. id. » 204.53
$ 14.75 feront donc par 100 kil. F. 214.47

Droits d'entrée par 100 kil. en Août 1867

Par navire Français F. 50.40
id. Étranger » 55.40

COMPTE D'ACHAT ET DE REVIENT

A 100 BALLES COTON

100 balles Coton pesant net 11000 ℔ à ∦ 30 les 100 ℔			∦	3300.—

FRAIS A PONCE

Droits municipaux à ∦ 0.08 ¼ les 100 ℔, ∦ 8.44 à 6 ¼ % prime	∦	8.65		
Peseur de la douane	»	0.40		
Charroi et hommes de peine	»	8.41		
Ports de lettres et autres menus frais	»	1.29		
Magasinage et assurance contre l'incendie 1 ¼ %	»	41.25	»	55.—
			∦	3355.—
Commission d'achat et de remboursement 5 %			»	167.75
			∦	3522.75
Remboursement sur Paris à 90 jours de vue à F. 5 pour 1 ∦			F.	17613.75

FRAIS AU HAVRE

Fret sur 5322 kil. bruts à F. 80 par tonneau de 450 kil	F.	946.15		
Permis, frais au débarquement, voiliers pour échantillonner, port en entrepôt, arrimage, magasinage d'un mois, livraison et menus frais	»	63.—		
Assurance maritime sur F. 19374 à 1 ½ % et police	»	292.10		
id. contre le feu sur F. 20675 ½ ‰	»	10.35		
Commission de banque pour confirmation de crédit 1 %	»	176.15		
Courtage de vente ½ %				
Perte d'intérêt ¼ %				
Escompte à la vente 2 %				
Commission de vente 2 %				
Ensemble 4 ¾ % sur F. 20106.85	»	1005.35	»	2493.10
			F.	20106.85

RENDEMENT : 100 ℔ rendent au Havre 45 kil. nets :

Soit 11000 ℔ = 4950 kil. nets à F. 406.20 par 100 kil. entrepôt .... F. 20106.90

N.-B. Si les droits municipaux venaient à être supprimés, il faudrait dans ce cas réduire les prix de revient de ce tableau de F. 0.42 par 100 kil.

PRIX DE REVIENT AU HAVRE DES 100 KIL. ENTREPOT

AUX CHANGES SUIVANTS SUR PARIS

Avec la parité des changes sur LONDRES, calculés sur la base de F. 25.25 pour £ 1.—.—

PRIX à PONCE par 100 ℔	PARIS F. 4.80 — LONDRES ∦ 5.26	PARIS F. 4.90 — LONDRES ∦ 5.15 ¼	PARIS F. 5.— — LONDRES ∦ 5.05	PARIS F. 5.10 — LONDRES ∦ 4.95 1/10	PARIS F. 5.20 — LONDRES ∦ 4.85 ⅝	PARIS F. 5.30 — LONDRES ∦ 4.76 ⅜	PARIS F. 5.40 — LONDRES ∦ 4.67 ⅝	PARIS F. 5.50 — LONDRES ∦ 4.59 ⅛	PARIS F. 5.60 — LONDRES ∦ 4.50 ⅞	F. 0.10 par ∦ sur le change font au Havre par 100 kil.
∦ 0.05	F. 0.06	F. 0.06	F. 0.06	F. 0.07	F. 0.07	F. 0.07	F. 0.07	F. 0.07	F. 0.07	F. 0.—
0.10	0.12	0.13	0.13	0.13	0.13	0.14	0.14	0.14	0.14	0.—
0.20	0.25	0.25	0.26	0.26	0.27	0.27	0.28	0.28	0.29	0.01
0.30	0.37	0.38	0.38	0.39	0.40	0.41	0.41	0.42	0.43	0.01
0.40	0.49	0.50	0.51	0.52	0.53	0.54	0.55	0.56	0.57	0.01
0.50	0.62	0.63	0.64	0.65	0.67	0.68	0.69	0.70	0.72	0.01
0.60	0.74	0.75	0.77	0.78	0.80	0.81	0.83	0.84	0.86	0.02
0.70	0.86	0.88	0.90	0.91	0.93	0.95	0.97	0.98	1.—	0.02
0.80	0.98	1.—	1.02	1.04	1.06	1.08	1.10	1.12	1.14	0.02
0.90	1.11	1.13	1.15	1.17	1.20	1.22	1.24	1.26	1.29	0.02
1.—	1.23	1.25	1.28	1.30	1.33	1.35	1.38	1.40	1.43	0.03
2.—	2.45	2.50	2.55	2.61	2.66	2.71	2.76	2.81	2.86	0.05
3.—	3.68	3.75	3.83	3.91	3.98	4.06	4.14	4.21	4.29	0.08
4.—	4.90	5.01	5.11	5.21	5.31	5.42	5.52	5.62	5.72	0.10
5.—	6.13	6.26	6.39	6.52	6.64	6.77	6.90	7.02	7.15	0.13
6.—	7.36	7.51	7.66	7.82	7.97	8.12	8.27	8.43	8.58	0.15
7.—	8.58	8.76	8.94	9.12	9.30	9.48	9.65	9.83	10.01	0.18
8.—	9.81	10.01	10.22	10.42	10.62	10.83	11.03	11.24	11.44	0.20
9.—	11.03	11.26	11.49	11.73	11.95	12.19	12.41	12.64	12.87	0.23
10.—	145.62	148.20	150.79	153.37	155.95	158.53	161.12	163.70	166.29	2.58
20.—	268.22	273.35	278.50	283.63	288.76	293.89	299.04	304.17	309.32	5.14
30.—	390.82	398.50	406.21	413.89	421.57	429.25	436.96	444.64	452.35	7.69
40.—	513.42	523.65	533.92	544.15	554.38	564.61	574.88	585.11	595.38	10.25
50.—	636.02	648.80	661.63	674.41	687.19	699.97	712.80	725.58	738.41	12.80

OBSERVATIONS

F. 10 par tonneau sur le fret font au Havre une différence de F. 2.39 par 100 kil. sur les prix.

On veut savoir le revient au Havre de Coton coûtant à Ponce ∦ 24.35 par 100 ℔ au change de F. 5.20 et au fret de F. 86 par tonneau.

On trouvera dans la 1re et la 6e colonne de ce tableau que :

∦	0.05	font par 100 kil.		F.	0.07
»	0.30	id.	id.	»	0.40
»	4.—	id.	id.	»	5.31
»	20.—	id.	id.	»	288.76
∦	24.35	feront donc par 100 kil.		F.	294.54

Droits d'entrée par 100 kil. en Août 1867

Par navire Français .... Exempt.
id. Etranger .... F. 3.00

COMPTE D'ACHAT ET DE REVIENT

A 200 CUIRS SECS

200 Cuirs secs pesant 3918 ℔ à $ 10 les 100 ℔			$	391.80

FRAIS A PONCE

Droits municipaux sur 3918 ℔ à $ 0.03 ⅛ pour 100 ℔, $ 1.22 à 6 ¼ %	$	1.29		
Peseur de la Douane	»	0.25		
Pesage, mettre à l'air et autres menus frais à $ 0.01 le cuir	»	2.—		
Charroi au quai et à l'embarquement à $ 0.00 ½ par cuir	»	1.—		
Magasinage et assurance contre le feu 1 ¼ %	»	4.90	»	9.44
			$	401.24
Commission d'achat et de remboursement 5 %			»	20.06
			$	421.30
Remboursement sur Paris au change de F. 5 pour 1 $			F.	2106.50

FRAIS AU HAVRE

Fret sur 1684 kil. à F. 80 par tonneau de 600 kil	F.	224.55		
Permis, frais au débarquement, port en entrepôt, arrimage, magasinage d'un mois, livraison et menus frais	»	15.—		
Assurance maritime sur F. 2316 à 1 ½ % et police	»	36.25		
id. contre le feu sur F. 2592 ½ ‰	»	1.30		
Commission de banque pour confirmation de crédit 1 %	»	21.05		
Courtage de vente ½ %				
Perte d'intérêt ½ %				
Escompte à la vente 2 %				
Commission de vente 2 %				
Ensemble 5 % sur F. 2531.20	»	126.55	»	424.70
			F.	2531.20

RENDEMENT : 100 ℔ nettes rendent au Havre 43 kil. nets :

Soit 3918 ℔ = 1685 kil. nets à F. 150.21 par 100 kil. entrepôt .... F. 2531.20

N.-B. Si les droits municipaux venaient à être supprimés, il faudrait alors déduire l'équivalent des prix de ce tableau, soit F. 0.43 par 100 kil.

PRIX DE REVIENT AU HAVRE DES 100 KIL. ENTREPOT

AUX CHANGES SUIVANTS SUR PARIS

Avec la parité des changes sur LONDRES, calculés sur la base de F. 25.25 pour £ 1.—.—

	PRIX à PONCE par 100 ℔	PARIS F. 4.80 — LONDRES $ 5.26	PARIS F. 4.90 — LONDRES $ 5.15 1/3	PARIS F. 5.— — LONDRES $ 5.05	PARIS F. 5.10 — LONDRES $ 4.95 1/10	PARIS F. 5.20 — LONDRES $ 4.85 4/7	PARIS F. 5.30 — LONDRES $ 4.76 3/7	PARIS F. 5.40 — LONDRES $ 4.67 3/4	PARIS F. 5.50 — LONDRES $ 4.59 1/11	PARIS F. 5.60 — LONDRES $ 4.50 8/9	F. 0.10 par $ sur le change font au Havre par 100 kil.
SUBDIVISIONS — Coût et frais variables	$ 0.05	F. 0.64	F. 0.65	F. 0.67	F. 0.68	F. 0.70	F. 0.71	F. 0.72	F. 0.74	F. 0.75	F. 0.01
	0.10	1.28	1.31	1.34	1.36	1.39	1.42	1.44	1.47	1.50	0.03
	0.20	2.57	2.62	2.67	2.73	2.78	2.83	2.89	2.94	2.99	0.05
	0.30	3.85	3.93	4.01	4.09	4.17	4.25	4.33	4.41	4.49	0.08
	0.40	5.13	5.24	5.34	5.45	5.56	5.66	5.77	5.88	5.98	0.11
	0.50	6.42	6.55	6.68	6.82	6.95	7.08	7.22	7.35	7.48	0.13
	0.60	7.70	7.86	8.02	8.18	8.34	8.50	8.66	8.82	8.98	0.16
	0.70	8.98	9.16	9.35	9.54	9.73	9.91	10.10	10.29	10.47	0.19
	0.80	10.26	10.47	10.69	10.90	11.12	11.33	11.54	11.76	11.97	0.21
	0.90	11.55	11.78	12.02	12.27	12.51	12.74	12.99	13.23	13.46	0.24
	1.—	12.83	13.09	13.36	13.63	13.90	14.16	14.43	14.70	14.96	0.27
	2.—	25.65	26.19	26.72	27.26	27.70	28.33	28.86	29.39	29.93	0.54
	3.—	38.48	39.28	40.08	40.88	41.69	42.49	43.29	44.09	44.89	0.80
	4.—	51.31	52.38	53.44	54.51	55.58	56.65	57.72	58.79	59.86	1.07
Coût et frais variables et invariables	5.—	80.68	82.04	83.41	84.77	86.14	87.51	88.87	90.24	91.60	1.37
	10.—	144.81	147.51	150.21	152.91	155.61	158.32	161.02	163.72	166.42	2.70
	15.—	208.95	212.98	217.02	221.05	225.09	229.14	233.17	237.21	241.24	4.04
	20.—	273.08	278.45	283.82	289.19	294.56	299.95	305.32	310.69	316.06	5.37

OBSERVATIONS

F. 10 par tonneau sur le fret font au Havre une différence de F. 1.66 par 100 kil. sur les prix.

On veut savoir le revient au Havre de Cuirs secs coûtant à Ponce $ 9.25 par 100 ℔, au change de F. 5.20 et au fret de F. 80.

On trouvera dans la 1re et la 6e colonne de ce tableau que :

$ 0.05 font par 100 kil.	F.	0.70
» 0.20 id. id.	»	2.78
» 4.— id. id.	»	55.58
» 5.— id. id.	»	86.14
$ 9.25 feront donc par 100 kil.	F.	145.20

Droits d'entrée par 100 kil. en Août 1867

Par navire Français .... Exempts
id. Étranger .... F. 3.—

COMPTE D'ACHAT ET DE REVIENT

A 34672 GALLONS MÉLASSE

271 boucauts, 6 tierçons et 26 quarts Mélasse, ou 34672 gallons à $ 16 les 110 gallons			$	5043.20
38944 gallons (capacité du contenant) à $ 6 les 110 gallons			»	2124.22
			$	7167.42

FRAIS A PONCE

Tonneliers à bord et feuillards	$	147.75		
Tonneliers à terre, charroi et menus frais	»	83.16		
Transport de retour pour 32 boucauts vidés à bord	»	16.—	»	246.91
			$	7414.33
Commission d'achat et de négociation 5 %			»	370.72
			$	7785.05
Remboursement sur Paris au change de F. 5 pour 1 $			F.	38925.25

FRAIS AU HAVRE

Fret sur 175400 kil. bruts à F. 70 par tonneau de 1000 kil.	F.	12278.—		
Permis, frais au débarquement, tonneliers pour échantillonner, port en entrepôt, arrimage, magasinage d'un mois, livraison et menus frais	»	815.—		
Assurance maritime sur F. 42817, à 1 ½ % et police	»	643.75		
id. contre le feu sur F. 56554 à ½ %	»	28.30		
Courtage de vente ½ %				
Perte d'intérêt ¾ %				
Escompte à la vente 2 %				
Commission de vente 2 %				
Ensemble 5 % sur F. 55873.30	»	2793.75	»	16948.05
			F.	55873.30

Rendement : 1 gallon de Mélasse pèse environ 11 ℔ espagnoles :

Soit 34672 gallons	= ℔	381392
Déchet de route environ 12 %	= »	45767
	℔	335625

100 ℔ pour 46 kil. ; soit 154387 kil. nets à F. 36.19 par 100 kil. entrepôt F. 55872.65

PRIX DE REVIENT AU HAVRE DES 100 KIL. ENTREPOT

AUX CHANGES SUIVANTS SUR PARIS

Avec la parité des changes sur Londres, calculés sur la base de F. 25.25 pour £ 1.—.—

PRIX à PONCE par 110 gallons	PARIS F. 4.80 — LONDRES $ 5.26	PARIS F. 4.90 — LONDRES $ 5.15 ½	PARIS F. 5.— — LONDRES $ 5.05	PARIS F. 5.10 — LONDRES $ 4.95 ⅒	PARIS F. 5.20 — LONDRES $ 4.85 ½	PARIS F. 5.30 — LONDRES $ 4.76 ⅓	PARIS F. 5.40 — LONDRES $ 4.67 ⅔	PARIS F. 5.50 — LONDRES $ 4.59 ½	PARIS F. 5.60 — LONDRES $ 4.50 ⅞	F. 0.10 par $ de différence sur le change font au Havre par 100 kil.
$ 0.05	F. 0.06	F. 0.06	F. 0.06	F. 0.06	F. 0.06	F. 0.06	F. 0.06	F. 0.06	F. 0.07	F. 0.—
0.10	0.11	0.11	0.12	0.12	0.12	0.12	0.13	0.13	0.13	0.—
0.20	0.22	0.23	0.23	0.24	0.24	0.25	0.25	0.25	0.26	0.01
0.30	0.33	0.34	0.35	0.35	0.36	0.37	0.38	0.38	0.39	0.01
0.40	0.44	0.45	0.46	0.47	0.48	0.49	0.50	0.51	0.52	0.01
0.50	0.56	0.57	0.58	0.59	0.61	0.62	0.63	0.64	0.65	0.01
0.60	0.67	0.68	0.70	0.71	0.73	0.74	0.75	0.76	0.78	0.01
0.70	0.78	0.80	0.81	0.83	0.85	0.86	0.88	0.89	0.91	0.02
0.80	0.89	0.91	0.93	0.95	0.97	0.98	1.—	1.02	1.04	0.02
0.90	1.—	1.02	1.04	1.06	1.09	1.11	1.13	1.15	1.17	0.02
1.—	1.11	1.14	1.16	1.18	1.21	1.23	1.25	1.27	1.30	0.02
10.—	28.42	28.83	29.24	29.64	30.05	30.45	30.86	31.27	31.68	0.41
11.—	29.53	29.96	30.40	30.82	31.25	31.68	32.11	32.55	32.98	0.43
12.—	30.65	31.10	31.56	32.01	32.46	32.90	33.36	33.82	34.27	0.45
13.—	31.76	32.23	32.72	33.19	33.66	34.13	34.61	35.10	35.57	0.48
14.—	32.87	33.37	33.88	34.37	34.87	35.36	35.86	36.37	36.87	0.50
15.—	33.98	34.50	35.03	35.55	36.07	36.59	37.12	37.65	38.17	0.52
16.—	35.09	35.64	36.19	36.73	37.28	37.82	38.37	38.92	39.47	0.55
17.—	36.21	36.77	37.35	37.92	38.48	39.04	39.62	40.20	40.77	0.57
18.—	37.32	37.91	38.51	39.10	39.69	40.27	40.87	41.47	42.06	0.59
19.—	38.43	39.04	39.67	40.28	40.89	41.50	42.12	42.74	43.36	0.62
20.—	39.55	40.18	40.82	41.46	42.10	42.73	43.38	44.01	44.66	0.64

OBSERVATIONS

F. 10 par tonneau sur le fret font au Havre une différence de F. 1.14 par 100 kil. sur les prix.

On veut savoir le revient au Havre de Mélasse coûtant à Ponce $ 14.95 par 110 gallons, au change de F. 5.20 et au fret de F. 70 par tonneau.

On trouvera dans la 1re et la 6e colonne de ce tableau que :

$ 0.05 font par 100 kil.	F.	0.06
» 0.90 id. id.	»	1.09
» 14.— id. id.	»	34.87
$ 14.95 feront donc par 100 kil.	F.	36.02

Mélasses importées pour être transformées en alcool.

Droits d'entrée par 100 kil. en Août 1867

Par navire Français	Exempte
id. Étranger	F. 3.60

COMPTE D'ACHAT ET DE REVIENT

A 308 BOUCAUTS SUCRE BRUT

308 boucauts Sucre brut pesant brut ℔ 477138
Tare 12 %........................ » 57257

Net........ ℔ 419881 embarqués provenant de 334 boucauts renfermant net 431307 ℔ à $ 3 ½ les 100 ℔........		$	15095.74
(La perte de poids pour le remplissage a été de 2.64 pour 100 ℔.)			

FRAIS A PONCE

Droits municipaux sur 419881 ℔ à $ 0.03 ¾ pour 100 ℔ $ 131.22 à 6 ¼ %	$ 139.42		
Peseurs de la Douane........	» 20.93		
Recevoir, peser, livrer, remplir, journaliers, marquer, loger sous les hangars........	» 136.25		
Rabattre, clous, feuillards, tonneliers........	» 185.—		
Louage de hangar, toile cirée, ports de lettres, échantillonner........	» 75.—		
	$ 556.60		
Moins 26 boucauts vides à $ 1 l'un........	» 26.—	»	530.60
		$	15626.34
Commission d'achat et de remboursement 5 %........		»	781.32
		$	16407.66
Remboursement sur Paris à 90 jours de vue au change de F. 5 pour 1 $........		F.	82038.30

FRAIS AU HAVRE

Fret 167755 kil. nets à F. 80 par tonneau de 1000 kil. nets de douane..	F. 13420.40		
Permis, frais au débarquement, tonneliers pour échantillonner et conditionner, port en magasin, arrimage, magasinage d'un mois, livraison et menus frais........	» 880.—		
Assurance maritime sur F. 90240 à 1 ½ % et police........	» 1355.10		
id. contre le feu sur F. 105845 à ½ ‰........	» 52.90		
Commission de banque à Paris pour confirmation de crédit 1 %........	» 820.40		
Escompte à la vente........ 2 %			
Courtage de vente........ ½ %			
Perte d'intérêts........ ½ %			
Commission de vente........ 2 %			
Ensemble........ 5 % sur F. 103702.20........	» 5185.10	»	21663.90
		F.	103702.20
Plus : réfactions pour couches à la livraison, variables........		»	1540.—
		F.	105242.20

Rendement : 100 ℔ nettes à Ponce = en moyenne au Havre 38 kil. nets :

Soit 163896 kil. nets à F. 64.21 par 100 kil. entrepôt........ F. 105237.60

N.-B. Si les droits municipaux venaient à être supprimés, il faudrait alors déduire l'équivalent des prix de ce tableau, soit F. 0.48 par 100 kil.

PRIX DE REVIENT AU HAVRE DES 100 KIL. ENTREPOT

AUX CHANGES SUIVANTS SUR PARIS

Avec la parité des changes sur Londres, calculés sur la base de F. 25.25 pour £ 1.—

PRIX à PONCE par 100 ℔	PARIS F. 4.80 — LONDRES $ 5.26	PARIS F. 4.90 — LONDRES $ 5.15 ¼	PARIS F. 5.— — LONDRES $ 5.05	PARIS F. 5.10 — LONDRES $ 4.95 1/10	PARIS F. 5.20 — LONDRES $ 4.85 ½	PARIS F. 5.30 — LONDRES $ 4.76 ¼	PARIS F. 5.40 — LONDRES $ 4.67 ½	PARIS F. 5.50 — LONDRES $ 4.59 ¼	PARIS F. 5.60 — LONDRES $ 4.50 ¾	F. 0.10 par $ de différence sur le change font au Havre par 100 kil.
$ 0.05	F. 0.72	F. 0.73	F. 0.75	F. 0.76	F. 0.78	F. 0.79	F. 0.81	F. 0.82	F. 0.84	F. 0.02
0.10	1.43	1.46	1.40	1.52	1.55	1.58	1.61	1.64	1.67	0.03
0.20	2.87	2.93	2.99	3.05	3.11	3.17	3.23	3.29	3.35	0.06
0.30	4.30	4.39	4.48	4.57	4.66	4.75	4.84	4.93	5.02	0.09
0.40	5.74	5.86	5.98	6.10	6.21	6.33	6.45	6.57	6.69	0.12
0.50	7.17	7.32	7.47	7.62	7.77	7.92	8.07	8.22	8.37	0.15
0.60	8.60	8.78	8.96	9.14	9.32	9.50	9.68	9.86	10.04	0.18
0.70	10.04	10.25	10.46	10.67	10.87	11.08	11.29	11.50	11.71	0.21
0.80	11.47	11.71	11.95	12.19	12.42	12.66	12.90	13.14	13.38	0.24
0.90	12.91	13.18	13.45	13.72	13.98	14.25	14.52	14.79	15.06	0.27
1.—	26.20	26.53	26.87	27.20	27.53	27.86	28.20	28.54	28.88	0.34
2.—	40.54	41.17	41.80	42.43	43.07	43.70	44.33	44.97	45.61	0.63
3.—	54.88	55.80	56.74	57.67	58.60	59.53	60.46	61.40	62.34	0.93
4.—	69.22	70.44	71.68	72.90	74.14	75.36	76.59	77.83	79.07	1.23
5.—	83.56	85.08	86.62	88.14	89.07	91.20	92.73	94.26	95.80	1.53
6.—	97.89	99.72	101.55	103.37	105.20	107.03	108.86	110.69	112.52	1.83
7.—	112.23	114.36	116.49	118.61	120.74	122.86	124.99	127.12	129.25	2.13
8.—	126.57	128.99	131.43	133.84	136.27	138.69	141.12	143.55	145.98	2.43
9.—	140.91	143.63	146.36	149.08	151.81	154.53	157.25	159.98	162.71	2.73
10.—	155.25	158.27	161.30	164.31	167.34	170.36	173.38	176.41	179.44	3.02

OBSERVATIONS

F. 10 par tonneau sur le fret font au Havre une différence de F. 1.02 par 100 kil. sur les prix.

On veut savoir le revient au Havre de Sucre coûtant à Ponce $ 4.15 par 100 ℔, au change de F. 5.20 et au fret de F. 80 par tonneau.

On trouvera dans la 1re et la 5e colonne de ce tableau que :

$ 0.05 font par 100 kil........	F.	0.78
» 0.10 id. id........	»	1.55
» 4.— id. id........	»	74.14
$ 4.15 feront donc par 100 kil........	F.	76.47

Droits d'entrée par 100 kil., en Août 1867.

Au-dessous du type nº 13	Par navire Français..	F. 42.—
	id. Etranger.	» 44.—
Du type nº 13 au nº 20.	Par navire Français..	F. 44.—
	id. Etranger.	» 46.—
Au-dessus du type nº 20	Par navire Français.. / id. Etranger.	Prohibé

8 h

COMPTE D'ACHAT ET DE REVIENT

A 450 PAQUETS TABAC BOLICHE

450 paquets Tabac Boliche poids embarqué....... ℔ 76153
Perte de poids à la réception.............................. » 2667
Ensemble.................................. ℔ 78820 à ƒ 6 les 100 ℔............... ƒ 4729.20

FRAIS

Droit municipal sur 76153 ℔ à ƒ 0.03 ¼ ƒ 23.80 à 6 ¼ % prime.......	ƒ	25.29		
Peseur de la douane..	»	8.77		
Charroi, pesage et toile pour emballer........................	»	40.50		
Magasinage et assurance contre l'incendie 1 ¼ %..................	»	59.11	»	133.67
			ƒ	4862.87
Commission d'achat et de remboursement 5 %....................			»	243.14
			ƒ	5106.01
Remboursement sur Paris au change F. 5 pour 1 ƒ....			F.	25530.05

FRAIS AU HAVRE

Fret sur 32160 kil. bruts à F. 70 par tonneau de 500 kil..................	F.	4502.40		
Permis, frais au débarquement, voiliers pour échantillonner, port en entrepôt, arrimage, magasinage d'un mois, livraison et menus frais.	»	230.—		
Assurance maritime sur F. 28083 à 1 ½ % et police..................	»	422.75		
id. contre le feu F. 33238 à ½ ‰..................	»	16.60		
Commission de banque pour confirmation de crédit 1 %..................	»	255.30		
Courtage de vente........ ½ %				
Perte d'intérêt........ ¼ %				
Escompte........ 2 %				
Commission de vente........ 2 %				
Ensemble 5 % sur F. 32586.40..................	»	1629.30	»	7056.35
			F.	32586.40

Rendement : 100 ℔ nettes rendent au Havre 40 kil. nets :

Soit 78820 ℔ = 31528 kil. nets à F. 103.36 par 100 kil. Entrepôt.......................... F. 32587.35

N.-B. Si le droit municipal venait à être supprimé, il faudrait retrancher des prix de revient de ce tableau F. 0.46 par 100 kil.

PRIX DE REVIENT AU HAVRE DES 100 KIL. ENTREPOT

AUX CHANGES SUIVANTS SUR PARIS

Avec la parité des changes sur Londres, calculés sur la base de F. 25.25 pour £ 1.—.—

PRIX à PONCE par 100 ℔	PARIS F. 4.80 — LONDRES ƒ 5.26	PARIS F. 4.90 — LONDRES ƒ 5.15 ½	PARIS F. 5.— — LONDRES ƒ 5.05	PARIS F. 5.10 — LONDRES ƒ 4.95 ½	PARIS F. 5.20 — LONDRES ƒ 4.85 ½	PARIS F. 5.30 — LONDRES ƒ 4.76 ½	PARIS F. 5.40 — LONDRES ƒ 4.67 ½	PARIS F. 5.50 — LONDRES ƒ 4.59 ½	PARIS F. 5.60 — LONDRES ƒ 4.50 ½	F. 0.14 par ƒ de différence sur le change font au Havre par 100 kil.
ƒ 0.05	F. 0.69	F. 0.70	F. 0.72	F. 0.73	F. 0.75	F. 0.76	F. 0.78	F. 0.79	F. 0.80	F. 0.01
0.10	1.38	1.41	1.44	1.47	1.49	1.52	1.55	1.58	1.61	0.03
0.20	2.76	2.82	2.87	2.93	2.99	3.05	3.10	3.16	3.22	0.06
0.30	4.14	4.22	4.31	4.40	4.48	4.57	4.66	4.74	4.83	0.09
0.40	5.52	5.63	5.75	5.86	5.98	6.09	6.21	6.32	6.44	0.12
0.50	6.90	7.04	7.19	7.33	7.47	7.62	7.76	7.90	8.05	0.14
0.60	8.27	8.45	8.62	8.80	8.96	9.14	9.31	9.48	9.65	0.17
0.70	9.65	9.86	10.06	10.26	10.46	10.66	10.86	11.06	11.26	0.20
0.80	11.03	11.26	11.50	11.73	11.95	12.18	12.42	12.64	12.87	0.23
0.90	12.41	22.67	12.93	13.19	13.45	13.71	13.97	14.22	14.48	0.26
1.—	13.79	14.08	14.37	14.66	14.94	15.28	15.52	15.80	16.09	0.29
2.—	44.08	45.28	45.88	46.49	47.99	47.69	48.29	48.90	49.49	0.60
3.—	58.48	59.36	60.25	61.15	62.04	62.92	63.81	64.70	65.58	0.89
4.—	72.27	73.44	74.62	75.80	76.98	78.15	79.33	80.51	81.67	1.18
5.—	86.06	87.52	88.99	90.46	91.92	93.38	94.85	96.31	97.77	1.46
6.—	99.85	101.60	103.35	105.11	106.86	108.61	110.36	112.11	113.86	1.75
7.—	113.64	115.68	117.72	119.77	121.80	123.84	125.88	127.92	129.95	2.04
8.—	127.44	1[illegible].76	132.09	134.42	136.75	139.07	141.40	143.72	146.04	2.33
9.—	141.23	143.84	146.45	149.06	151.69	154.30	156.91	159.53	162.13	2.61
10.—	155.02	157.92	160.82	163.73	166.63	169.53	172.43	175.33	178.22	2.90

OBSERVATIONS

F. 10 par tonneau sur le fret font au Havre une différence de F. 2.04 par 100 kil. sur les prix.

On veut savoir le revient au Havre du Tabac coûtant à Ponce ƒ 7.65 par 100 ℔, au change de F. 5.20 et au fret de F. 70 par tonneau.

On trouvera dans la 1re et la 6e colonne de ce tableau que :

ƒ 0.05	font par 100 kil..................	F.	0.75
» 0.60	id. id.	»	8.96
» 7.—	id. id.	»	121.80
ƒ 7.65	feront donc par 100 kil..............	F.	131.51

Droits d'entrée par 100 kil. en Août 1867

Par navire français pour la régie..................	Exempt
id. Etranger id.	F. 12.—
Pour comptes particuliers..................	Prohibé

COMPTE D'ACHAT ET DE REVIENT

A 100 BARRIQUES TAFIA

100 barriques Tafia preuve 24 Français, contenant 11000 gallons à $ 35 les 110 gallons		$	3500.—
Coût des 100 barriques vides jaugeant 1130 gallons à $ 8 les 110 gallons		»	821.82
		$	4321.82

FRAIS A PONCE

Rabattage et autres frais de tonneliers à $ 0.50 par barrique	$ 50.—		
Charroi au quai et autres menus frais	» 25.—		
Hangar et assurance contre l'incendie 1 ¼ %	» 54.01	»	129.01
		$	4450.83
Commission d'achat et de remboursement 5 %		»	222.54
		$	4673.37
Remboursement sur Paris au change de F. 5 pour 1 $		F.	23366.85

FRAIS AU HAVRE

Fret sur 36687 litres à F. 80 par tonneau de 900 litres	F. 3261.10		
Permis, frais au débarquement, tonneliers pour échantillonner, port en entrepôt, arrimage, magasinage d'un mois, livraison et menus frais	» 300.—		
Assurance maritime sur F. 25702 à 1 ½ % et police	» 387.05		
id. contre le feu sur F. 29650 à ½ %	» 14.80		
Commission de Banque pour confirmation de crédit 1 %	» 288.65		
Escompte à la vente 2 %			
Courtage de vente ½ %			
Perte d'intérêt ½ %			
Commission de vente 2 %			
Ensemble 5 % sur F. 29014.15	» 1450.70	»	5647.30
		F.	29014.15

RENDEMENT :

Gallons facturés 11000
Déchet de route environ 12 % .. 1320

Rendement au Havre .... 9080 gallons

Litres 3.79 pour 1 gallon, soit 36687 litres à F. 79.08 par 100 litres entrepôt .... F. 29012.05

PRIX DE REVIENT AU HAVRE DES 100 LITRES ENTREPOT

AUX CHANGES SUIVANTS SUR PARIS

Avec la parité des changes sur LONDRES, calculés sur la base de F. 25.25 pour £ 1.—.—

	Prix à PONCE par 110 Gallons	PARIS F. 4.80 — LONDRES $ 5.26	PARIS F. 4.90 — LONDRES $ 5.13 ¼	PARIS F. 5.— — LONDRES $ 5.05	PARIS F. 5.10 — LONDRES $ 4.95 1/10	PARIS F. 5.20 — LONDRES $ 4.85 ½	PARIS F. 5.30 — LONDRES $ 4.76 ½	PARIS F. 5.40 — LONDRES $ 4.67 ½	PARIS F. 5.50 — LONDRES $ 4.59 ½	PARIS F. 5.60 — LONDRES $ 4.50 ½	F. 0.10 par $ de différence sur le change font au Havre par 100 lit.
SUBDIVISIONS — Coûts et frais variables	$ 0.05	F. 0.08	F. 0.08	F. 0.08	F. 0.08	F. 0.08	F. 0.08	F. 0.08	F. 0.09	F. 0.09	F. 0.—
	0.10	0.15	0.15	0.16	0.16	0.16	0.17	0.17	0.17	0.18	0.—
	0.20	0.30	0.31	0.31	0.32	0.33	0.33	0.34	0.34	0.35	0.01
	0.30	0.45	0.46	0.47	0.48	0.49	0.50	0.51	0.52	0.53	0.01
	0.40	0.60	0.62	0.63	0.64	0.65	0.66	0.68	0.69	0.70	0.01
	0.50	0.75	0.77	0.79	0.80	0.82	0.83	0.85	0.86	0.88	0.02
	0.60	0.90	0.92	0.94	0.96	0.98	1.—	1.01	1.03	1.06	0.02
	0.70	1.05	1.08	1.10	1.12	1.14	1.16	1.18	1.20	1.23	0.03
	0.80	1.20	1.23	1.26	1.28	1.30	1.33	1.35	1.38	1.41	0.03
	0.90	1.35	1.38	1.41	1.44	1.47	1.49	1.52	1.55	1.58	0.03
	1.—	1.50	1.54	1.57	1.60	1.63	1.66	1.69	1.72	1.76	0.03
	2.—	3.01	3.07	3.13	3.20	3.26	3.32	3.38	3.45	3.51	0.06
	3.—	4.51	4.61	4.70	4.79	4.89	4.98	5.08	5.17	5.27	0.10
	4.—	6.02	6.14	6.27	6.39	6.52	6.64	6.77	6.89	7.02	0.13
	5.—	7.52	7.68	7.84	7.99	8.15	8.30	8.46	8.62	8.78	0.16
	6.—	9.02	9.21	9.40	9.59	9.77	9.97	10.15	10.34	10.53	0.19
	7.—	10.53	10.75	10.97	11.19	11.40	11.63	11.84	12.06	12.29	0.22
	8.—	12.03	12.28	12.54	12.78	13.03	13.29	13.54	13.78	14.04	0.25
	9.—	13.54	13.82	14.10	14.38	14.66	14.95	15.23	15.51	15.80	0.28
	10.—	15.04	15.35	15.67	15.98	16.29	16.61	16.92	17.23	17.55	0.31
Coûts et frais variables et invariables	20.—	53.78	54.08	55.59	56.50	57.40	58.31	59.29	60.12	61.03	0.91
	30.—	68.81	70.04	71.26	72.47	73.70	74.92	76.14	77.36	78.58	1.23
	40.—	83.85	85.39	86.92	88.45	89.99	91.52	93.06	94.59	96.12	1.53
	50.—	98.89	100.74	102.59	104.43	106.28	108.13	109.98	111.82	113.67	1.85
	60.—	113.93	116.09	118.25	120.41	122.57	124.73	126.89	129.05	131.21	2.16
	70.—	128.97	131.44	133.92	136.39	138.86	141.34	143.81	146.28	148.76	2.47
	80.—	144.—	146.80	149.58	152.36	155.16	157.94	160.73	163.52	166.30	2.79
	90.—	159.04	162.15	165.25	168.34	171.45	174.55	177.65	180.75	183.85	3.10
	100.—	174.08	177.50	180.91	184.32	187.74	191.15	194.57	197.98	201.39	3.41

OBSERVATIONS

F. 10 par tonneau sur le fret font au Havre une différence de F. 1.11 par 100 litres sur les prix.

On veut savoir le revient au Havre de Tafia coûtant à Ponce $ 55.65 par 110 gallons, au change de F. 5.20 et au fret de F. 80.

On trouvera dans la 1re et la 6e colonne de ce tableau que :

$ 0.05	font par 100 litres	F.	0.08
» 0.60	id. id.	»	0.98
» 5.—	id. id.	»	8.15
» 50.—	id. id.	»	106.28
$ 55.65	feront donc par 100 litres	F.	115.49

Droits d'entrée par 100 litres en Août 1867

Par tous pavillons .... F. 30.—

COMPTE D'ACHAT ET DE REVIENT

A 100 TONNEAUX DE 2000 ℔ BOIS DE GAYAC

100 tonneaux de 2000 ℔ Bois de Gayac à $ 10 le tonneau de 2000 ℔ .... $ 1000.—

FRAIS A GUAYAMA

	Droits de Sortie		
Pesage $ 0.01 par quintal		$ 20.—	
Frais divers		» 30.—	» 50.—
Droits d'exportation $ 3 par tonneau	$ 300.—		$ 1050.—
Change 6 %	» 18.—		
Commission d'achat et de remboursement 5 %	» 15.90		» 52.50
	$ 333.90		$ 1102.50
Remboursement sur Paris au change de F. 5 pour 1 $	F. 1669.50		F. 5512.50

FRAIS AU HAVRE

Fret sur 92000 kil. à F. 50 par tonneau de 1000 kil.		F. 4600.—	
Permis, frais au débarquement, port en entrepôt, magasinage d'un mois, livraison et menus frais		» 370.—	
Assurance maritime sur F. 6068 à 1 ½ % et police	» 27.52	» 92.45	
id. contre le feu sur F. 11125 ½ ‰	» 0.98	» 5.55	
Commission de banque pour confirmation de crédit 1 %	» 16.69	» 55.10	
Courtage de vente ¼ %			
Perte d'intérêt ¾ %			
Escompte à la vente 2 %			
Commission de vente 2 %			
Ensemble.... 5 % sur F. 11195.35	» 90.24	» 559.75	» 5682.85
	F. 1804.88		F. 11195.35
Soit par 100 kil	» 1.96		

Rendement : 100 ℔ nettes rendent au Havre 46 kil. nets.

Soit 92000 kil. nets à	F. 12.17	par 100 kil. Entrepôt	F. 11196.40
Plus : droits de sortie à Guayama	» 1.96	id.	
Ensemble	F. 14.13	par 100 kil. Entrepôt.	

PRIX DE REVIENT AU HAVRE DES 100 KIL. ENTREPOT

AUX CHANGES SUIVANTS SUR PARIS

Avec la parité des changes sur Londres calculés sur la base de F. 25.25 pour £ 1.—.—

PRIX à GUAYAMA par 2000 ℔	PARIS F. 4.80 — LONDRES $ 5.26	PARIS F. 4.90 — LONDRES $ 5.15 ¼	PARIS F. 5.— — LONDRES $ 5.05	PARIS F. 5.10 — LONDRES $ 4.95 1/10	PARIS F. 5.20 — LONDRES $ 4.85 ½	PARIS F. 5.30 — LONDRES $ 4.76 ¼	PARIS F. 5.40 — LONDRES $ 4.67 ½	PARIS F. 5.50 — LONDRES $ 4.59 ½	PARIS F. 5.60 — LONDRES $ 4.50 ½	F. 0.10 par $ sur le change font au Havre par 100 kil.
Succursales. — Café et droits variables										
$ 0.05	F. 0.03	F. 0.03	F. 0.03	F. 0.03	F. 0.03	F. 0.03	F. 0.03	F. 0.03	F. 0.03	F. 0.—
0.10	0.06	0.06	0.06	0.06	0.06	0.07	0.07	0.07	0.07	0.—
0.20	0.12	0.12	0.12	0.13	0.13	0.13	0.13	0.14	0.14	0.—
0.30	0.18	0.18	0.19	0.19	0.19	0.20	0.20	0.20	0.21	0.—
0.40	0.24	0.24	0.25	0.25	0.26	0.26	0.27	0.27	0.28	0.01
0.50	0.30	0.30	0.31	0.32	0.32	0.33	0.34	0.34	0.35	0.01
0.60	0.35	0.36	0.37	0.38	0.38	0.39	0.40	0.41	0.41	0.01
0.70	0.41	0.42	0.43	0.44	0.45	0.46	0.47	0.48	0.48	0.01
0.80	0.47	0.48	0.50	0.50	0.51	0.52	0.54	0.54	0.55	0.01
0.90	0.53	0.54	0.56	0.57	0.58	0.59	0.60	0.61	0.62	0.01
1.—	0.59	0.60	0.62	0.63	0.64	0.65	0.67	0.68	0.69	0.01
2.—	1.18	1.21	1.23	1.26	1.28	1.31	1.33	1.36	1.38	0.02
3.—	1.78	1.81	1.85	1.89	1.93	1.96	2.—	2.04	2.07	0.04
4.—	2.37	2.42	2.46	2.52	2.57	2.62	2.66	2.71	2.76	0.05
5.—	2.96	3.02	3.08	3.15	3.21	3.27	3.33	3.39	3.45	0.06
Café et droits variables et invariables										
1.—	6.59	6.59	6.62	6.63	6.65	6.67	6.69	6.71	6.73	0.02
2.—	7.17	7.20	7.23	7.26	7.29	7.33	7.35	7.39	7.42	0.03
3.—	7.77	7.80	7.85	7.89	7.93	7.98	8.02	8.07	8.11	0.04
4.—	8.36	8.41	8.47	8.52	8.58	8.64	8.68	8.75	8.80	0.06
5.—	8.95	9.01	9.08	9.15	9.22	9.29	9.35	9.42	9.49	0.07
10.—	11.91	12.04	12.17	12.29	12.42	12.56	12.68	12.82	12.95	0.13
15.—	14.87	15.06	15.25	15.44	15.63	15.83	16.01	16.21	16.40	0.19
20.—	17.83	18.08	18.34	18.58	18.84	19.10	19.35	19.60	19.86	0.25
25.—	20.80	21.11	21.42	21.73	22.05	22.37	22.68	23.—	23.31	0.31
30.—	23.76	24.13	24.51	24.86	25.26	25.64	26.01	26.39	26.77	0.38
35.—	26.72	27.15	27.59	28.02	28.47	28.91	29.34	29.76	30.22	0.44
40.—	29.68	30.17	30.68	31.17	31.68	32.18	32.67	33.18	33.68	0.50
Plus par 100 kil. pour droits de sortie à Guyama à $ 3 par tonneau	1.88	1.92	1.96	2.—	2.04	2.08	2.12	2.16	2.20	0.04

OBSERVATIONS

F. 10 par tonneau sur le fret font au Havre une différence de F. 1 par 100 kil. sur les prix.

On veut savoir le revient au Havre de Bois de Gayac coûtant à Guayama $ 3.35 pour 2000 ℔, au change de F. 5.20 et au fret de F. 50.

On trouvera dans la 1re et la 6me colonne de ce tableau que :

$ 0.05 font par 100 kil.	F.	0.03
» 0.30 id. id.	»	0.19
» 3.— id. id.	»	7.93
Droits de sortie	»	2.04
$ 3.35 feront donc par 100 kil.	F.	10.19

Les droits de sortie à Guayama n'étant pas compris dans les prix de revient de ce tableau devront être ajoutés. Pour trouver ce qu'ils produisent en France par 100 kil., il suffira de multiplier le droit de sortie de Guayama par le logarithme du change ci-contre et retrancher les 3 derniers chiffres de droite, on aura en francs et centimes le résultat cherché.

Logarithmes pour les Droits de Sortie

CHANGES		LOGARITHMES
4.80		62779
4.90	»	64087
5.—	»	65395
5.10	»	66703
5.20	»	68011
5.30	»	69319
5.40	»	70627
5.50	»	71935
5.60	»	73243

Droits d'entrée par 100 kil. en Août 1867

Par navire Français	Exempt.
id. Étranger	F. 6.—

COMPTE D'ACHAT ET DE REVIENT

A 80 BOUCAUTS, 30 TIERÇONS, 100 QUARTS ET 1981 SACS CAFÉ

80	Boucauts pesant brut ₰	78042	Tare ₰ 8837	Net ₰ 69205		
30	tierçons »	» 16876	» » 1949	» » 14927		
100	quarts »	» 21135	» » 2001	» » 19134		
1981	sacs »	» 241336	» » 1981	» » 239355		
	Ensemble......	₰ 357389	Tare ₰ 14768	Net ₰ 342621	∮ 15 les 100 ₰ ∮	51393.15

FRAIS A GUAYAMA

80 boucauts vides à ∮ 4 ½ = ∮ 360; 30/3 à ∮ 2 ¼ = ∮ 67.50, 100/4 à 5 réaux = ∮ 62.50 et 1981 sacs ∮ 0.28 = ∮ 554.68 ensemble.	∮	1044.68		
Droit de pesage sur 3400 quintaux à ∮ 3 ⅛ par 100 quintaux.... ∮ 106.25 / Change 4 %........ » 4.25	»	110.50		
Emmagasinage ¼ %........	»	128.48		
18 ¾ douzaines paillassons à R. 11........	»	25.78		
Bois pour fardage, charroi et journaliers........	»	278.50		
Echantillons par steamer et port au navire........	»	8.50	»	1596.44
			∮	52989.59
Commission d'achat et de remboursement 5 %........			»	2649.48
			∮	55639.07
Remboursement sur Paris au change de F. 5 pour 1 ∮			F.	278195.35

FRAIS AU HAVRE

Fret sur les fûts sur 52224 kil. bruts à F. 80 par tonneau de 800 kil. bruts	F.	5222.40		
id. sacs 108600 » » 80 » 900 »	»	9653.30		
Permis, frais au débarquement, voiliers et tonneliers, pour échantillonner, port en entrepôt, arrimage, magasinage et menus frais........	»	1050.—		
Assurance maritime sur F. 300014 à 1 ½ % et police........	»	4591.70		
id. contre le feu sur F. 326531 ½ ‰........	»	163.25		
Commission de banque pour confirmation de crédit 1 %........	»	2781.95		
Escompte à la vente........ 2 %				
Courtage de vente........ ¼ %				
Perte d'intérêt........ ¾ %				
Commission de vente........ 2 %				
Ensemble.. 5 % sur F. 317534.70........	»	15876.75	»	39339.35
			F.	317534.70

RENDEMENT : 100 ₰ nettes rendent au Havre 45 kil. nets :

Soit 154180 kil. nets à F. 205.95 par 100 kil. entrepôt........ F. 317538.70

PRIX DE REVIENT AU HAVRE DES 100 KIL. ENTREPOT

AUX CHANGES SUIVANTS SUR PARIS

Avec la parité des changes sur LONDRES, calculés sur la base de F. 25.25 pour £ 1.—.—

	PRIX à GUAYAMA par 100 ₰	PARIS F. 4.80 — LONDRES ∮ 5.26	PARIS F. 4.90 — LONDRES ∮ 5.15 ⅟₂	PARIS F. 5.— — LONDRES ∮ 5.05	PARIS F. 5.10 — LONDRES ∮ 4.95 ⅟₁₀	PARIS F. 5.20 — LONDRES ∮ 4.85 ⅟₂	PARIS F. 5.30 — LONDRES ∮ 4.76 ⅟₂	PARIS F. 5.40 — LONDRES ∮ 4.67 ⅟₂	PARIS F. 5.50 — LONDRES ∮ 4.59 ⅟₂	PARIS F. 5.60 — LONDRES ∮ 4.50 ⅟₂	F. 0.10 par ∮ sur le change font au Havre par 100 kil.
[illegible] — Café et frais variables	∮ 0.05	F. 0.61	F. 0.62	F. 0.63	F. 0.65	F. 0.66	F. 0.67	F. 0.68	F. 0.70	F. 0.71	F. 0.01
	0.10	1.21	1.24	1.26	1.29	1.32	1.34	1.37	1.39	1.42	0.03
	0.20	2.43	2.48	2.53	2.58	2.63	2.68	2.73	2.78	2.83	0.05
	0.30	3.64	3.72	3.79	3.87	3.95	4.02	4.10	4.17	4.25	0.08
	0.40	4.86	4.96	5.06	5.16	5.26	5.36	5.46	5.56	5.66	0.10
	0.50	6.07	6.20	6.32	6.45	6.58	6.70	6.83	6.96	7.08	0.13
	0.60	7.28	7.43	7.58	7.74	7.89	8.04	8.20	8.35	8.50	0.15
	0.70	8.50	8.67	8.85	9.03	9.21	9.38	9.56	9.74	9.91	0.18
	0.80	9.71	9.91	10.11	10.32	10.52	10.72	10.93	11.13	11.33	0.20
	0.90	10.93	11.15	11.38	11.61	11.84	12.06	12.29	12.52	12.74	0.23
	1.—	12.14	12.39	12.64	12.90	13.15	13.40	13.66	13.91	14.16	0.25
Café et frais variables et invariables	10.—	137.44	140.08	142.72	145.36	148.—	150.64	153.28	155.92	158.55	2.64
	11.—	149.58	152.47	155.37	158.25	161.15	164.05	166.93	169.83	172.71	2.89
	12.—	161.71	164.86	168.01	171.15	174.30	177.45	180.59	183.74	186.88	3.15
	13.—	173.85	177.25	180.66	184.05	187.45	190.85	194.24	197.65	201.04	3.40
	14.—	185.99	189.65	193.30	196.95	200.60	204.26	207.90	211.56	215.20	3.65
	15.—	198.13	202.04	205.94	209.84	213.75	217.66	221.56	225.46	229.36	3.90
	16.—	210.27	214.43	218.59	222.74	226.90	231.06	235.21	239.37	243.52	4.16
	17.—	222.40	226.82	231.23	235.64	240.05	244.46	248.87	253.28	257.69	4.41
	18.—	234.54	239.21	243.88	248.53	253.20	257.87	262.52	267.19	271.85	4.66
	19.—	246.68	251.60	256.52	261.43	266.35	271.27	276.18	281.10	286.01	4.92
	20.—	258.82	263.99	269.16	274.33	279.50	284.67	289.84	295.01	300.17	5.17

OBSERVATIONS

F. 10 par tonneau sur le fret font au Havre une différence de F. 1.21 par 100 kil. sur les prix.

On veut savoir le revient au Havre de Café coûtant au Guayama ∮ 12.45 par 100 ₰ au change de F. 5.20 et au fret de F. 80.

On trouvera dans la 1re et la 6e colonne de ce tableau que :

∮ 0.05 font par 100 kil.	....	F.	0.66
» 0.40 id. id.	....	»	5.26
» 12.— id. id.	....	»	174.30
∮ 12.45 feront donc par 100 kil.	....	F.	180.22

Droits d'entrée par 100 kil. en Août 1887

Par navire Français........ F. 50.40

id. Étranger........ » 55.40

COMPTE D'ACHAT ET DE REVIENT

A 362 BOUCAUTS 39 TIERÇONS DE MÉLASSE

362 boucauts de Mélasse renfermant 51201 gallons sirop à $ 0.12 le gallon			$	6144.12
51187 gallons boucauts vides à $ 0.05½ le gallon	$	2815.28		
3045 id. tierçons id. à $ 0.06 id.	»	182.70	»	2997.98
			$	9142.10

FRAIS A GUAYAMA

Réparation de 362 boucauts vides à $ 0.50	$	181.—		
id. 39 tierçons id. à $ 0.37½	»	14.62		
id. 42 boucauts retournés à $ 0.50	»	21.—		
Charrol à 396 boucauts à $ 1	»	396.—		
Journaliers et frais divers	»	31.50		
Certificat consulaire	»	3.50	»	647.62
			$	9789.72
Commission d'achat et de remboursement 5 %			»	489.48
			$	10279.20
Remboursement sur Paris au change de F. 5 pour 1 $			F.	51396.—

FRAIS AU HAVRE

Fret sur 259000 kil. bruts à F. 70 par tonneau de 1000 kil	F.	18130.—		
Permis, frais au débarquement, tonnelier pour échantillonner, port en entrepôt, arrimage, magasinage d'un mois, livraison et menus frais	»	1195.—		
Assurance maritime sur F. 56585 à 1 ½ % et police	»	849.50		
id. contre le feu sur F. 76710, à ½ ‰	»	38.35		
Commission de banque pour confirmation de crédit 1 %	»	513.95		
Courtage de vente ½ %				
Perte d'intérêt ½ %				
Escompte à la vente 2 %				
Commission de vente 2 %				
Ensemble 5 % sur F. 75918.75	»	3795.95	»	24522.75
			F.	75918.75

Rendement : 1 gallon de mélasse pèse environ 11 ℔ Espagnoles :

Soit 51201 gallons =	℔	563211
Déchet de route environ 12 %	»	67585
Net	℔	495626

100 ℔ = 46 kil.; soit 227988 kil. nets à F. 33.30 par 100 kil. entrepôt .... F. 75920.—

PRIX DE REVIENT AU HAVRE DES 100 KIL. ENTREPOT

AUX CHANGES SUIVANTS SUR PARIS

Avec la parité des changes sur Londres, calculée sur la base de F. 25.25 pour £ 1.—

PRIX à GUAYAMA par gallon	PARIS F. 4.80 — LONDRES $ 5.26	PARIS F. 4.90 — LONDRES $ 5.15 ⅓	PARIS F. 5.— — LONDRES $ 5.05	PARIS F. 5.10 — LONDRES $ 4.95 1/10	PARIS F. 5.20 — LONDRES $ 4.85 ⅘	PARIS F. 5.30 — LONDRES $ 4.76 ⅘	PARIS F. 5.40 — LONDRES $ 4.67 ⅗	PARIS F. 5.50 — LONDRES $ 4.59 1/11	PARIS F. 5.60 — LONDRES $ 4.50 ⅘	F. 0.10 par $ de différence sur le change font au Havre par 100 kil.
Cents ⅛	F. 0.15	F. 0.16	F. 0.16	F. 0.16	F. 0.17	F. 0.17	F. 0.17	F. 0.18	F. 0.18	F. 0.—
¼	0.30	0.31	0.32	0.33	0.33	0.34	0.35	0.35	0.36	0.01
⅜	0.46	0.47	0.48	0.49	0.50	0.51	0.52	0.53	0.54	0.01
½	0.61	0.62	0.64	0.65	0.66	0.68	0.69	0.70	0.72	0.01
⅝	0.76	0.78	0.80	0.81	0.83	0.85	0.86	0.88	0.90	0.02
¾	0.92	0.94	0.96	0.98	1.—	1.02	1.04	1.05	1.07	0.02
⅞	1.07	1.09	1.11	1.14	1.16	1.18	1.21	1.23	1.25	0.02
1	1.22	1.25	1.27	1.30	1.33	1.35	1.38	1.40	1.43	0.03
8	27.43	27.81	28.20	28.58	28.96	29.35	29.73	30.12	30.51	0.39
9	28.66	29.06	29.48	29.88	30.28	30.70	31.10	31.52	31.93	0.41
10	29.88	30.31	30.75	31.18	31.61	32.05	32.48	32.92	33.36	0.44
11	31.10	31.56	32.03	32.48	32.94	33.40	33.86	34.32	34.79	0.46
12	32.32	32.81	33.30	33.78	34.26	34.75	35.25	35.72	36.21	0.49
13	33.54	34.06	34.58	35.08	35.59	36.10	36.63	37.13	37.64	0.51
14	34.77	35.31	35.85	36.38	36.91	37.45	38.—	38.53	39.07	0.54
15	35.99	36.56	37.12	37.68	38.24	38.81	39.37	39.93	40.50	0.56

OBSERVATIONS

F. 10 par tonneau sur le fret font au Havre une différence de F. 1.14 par 100 kil. sur les prix.

On veut savoir le revient au Havre de Mélasse coûtant à Guayama $ 0.14 ½ par gallon, au change de F. 5.20 et au fret de F. 70.

On trouvera dans la 1re et la 6me colonne de ce tableau que :

Cents ½ font par 100 kil.	F.	0.83
» 14 id. id.	»	36.91
Cents 14 ½ feront donc par 100 kil.	F.	37.74

Droits d'entrée par 100 kil. en Août 1887

Mélasse importée pour être transformée en alcool.

Par navire Français .... Exempte.
id. Étranger .... F. 3.60

COMPTE D'ACHAT ET DE REVIENT

A 943 BOUCAUTS ET 188 BARILS SUCRE BRUT

943 boucauts et 138 barils Sucre brut pesant brut 1475658 ℔ et net 1331835 ℔ à $ 3 ¼ les 100 ℔		$	43268.38
(Provenant de 1065 boucauts)			

FRAIS A GUAYAMA

Peseur public	$ 66.57		
Charroi et cabotage	» 1243.—		
Rabattage	» 505.50		
Arrimage, prélats, coût de 138 barils vides et garde $ 163.75			
A déduire: produit des boucauts vides » 125.—	» 38.75		
Echantillons et affranchissements	» 12.—	»	1865.82
		$	45134.20
Commission d'achat et de remboursement 5 %		»	2256.71
		$	47390.91
Remboursement sur Paris à 90 jours de vue au change de F. 5 pour 1 $		F.	236954.55

FRAIS AU HAVRE

Fret sur 517807 kil. nets à F. 80 par tonneau de 1000 kil. nets de douane	F. 41424.55		
Permis, frais au débarquement, tonneliers pour échantillonner et conditionner, port en magasin, arrimage, magasinage d'un mois, livraison et menus frais	» 2600.—		
Assurance maritime sur F. 260650 à 1 ½ % et police	» 3911.25		
id. contre le feu sur F. 308585 à ½ %	» 154.25		
Commission de banque à Paris pour confirmation de crédit 1 % sur F. 236954.55	» 2369.55		
Escompte à la vente 2 %			
Courtage de vente ½ %			
Perte d'intérêt ½ %			
Commission de vente 2 %			
Ensemble 5 % sur F. 302541.20	» 15127.05	»	65586.65
		F.	302541.20
Plus: réfactions pour couches à la livraison, variables		»	4715.—
		F.	307256.20

RENDEMENT: 100 ℔ nettes à Guayama rendent en moyenne au Havre 38 kil. nets:

Soit 505997 kil. nets à F. 60.73 par 100 kil. entrepôt ... F. 307287.30

PRIX DE REVIENT AU HAVRE DES 100 KIL. ENTREPOT

AUX CHANGES SUIVANTS SUR PARIS

Avec la parité des changes sur LONDRES, calculés sur la base de F. 25.25 pour £ 1.—.—

PRIX à GUAYAMA par 100 ℔	PARIS F. 4.80 — LONDRES $ 5.26	PARIS F. 4.90 — LONDRES $ 5.15 ¼	PARIS F. 5.— — LONDRES $ 5.05	PARIS F. 5.10 — LONDRES $ 4.95 ⁷⁄₁₀	PARIS F. 5.20 — LONDRES $ 4.85 ⅝	PARIS F. 5.30 — LONDRES $ 4.76 ⅜	PARIS F. 5.40 — LONDRES $ 4.67 ⅝	PARIS F. 5.50 — LONDRES $ 4.59 ¼	PARIS F. 5.60 — LONDRES $ 4.50 ⅞	F. 0.10 par $ sur le change font au Havre par 100 kil.
$ 0.05	F. 0.72	F. 0.73	F. 0.75	F. 0.76	F. 0.78	F. 0.79	F. 0.81	F. 0.82	F. 0.84	F. 0.02
0.10	1.43	1.46	1.49	1.52	1.55	1.58	1.61	1.64	1.67	0.03
0.20	2.87	2.93	2.99	3.05	3.11	3.17	3.23	3.29	3.35	0.06
0.30	4.30	4.30	4.43	4.57	4.66	4.75	4.84	4.93	5.02	0.09
0.40	5.74	5.86	5.98	6.10	6.21	6.33	6.45	6.57	6.69	0.12
0.50	7.17	7.32	7.47	7.62	7.77	7.92	8.07	8.22	8.37	0.15
0.60	8.60	8.78	8.96	9.14	9.32	9.50	9.68	9.86	10.04	0.18
0.70	10.04	10.25	10.46	10.67	10.87	11.08	11.29	11.50	11.71	0.21
0.80	11.47	11.71	11.95	12.19	12.42	12.66	12.90	13.14	13.38	0.24
0.90	12.91	13.18	13.45	13.72	13.98	14.25	14.52	14.79	15.06	0.27
1.—	26.45	26.79	27.13	27.47	27.80	28.14	28.48	28.82	29.17	0.34
2.—	40.79	41.43	42.06	42.70	43.34	43.98	44.61	45.25	45.90	0.64
3.—	55.13	56.06	57.—	57.94	58.87	59.81	60.74	61.68	62.63	0.94
4.—	69.47	70.70	71.94	73.17	74.41	75.64	76.87	78.11	79.36	1.24
5.—	83.81	85.34	86.88	88.41	89.94	91.48	93.01	94.54	96.09	1.53
6.—	98.14	99.98	101.81	103.64	105.45	107.31	109.18	110.97	112.81	1.83
7.—	112.48	114.62	116.75	118.88	121.01	123.14	125.27	127.40	129.54	2.13
8.—	126.82	129.25	131.69	134.11	136.54	138.97	141.40	143.83	146.27	2.43
9.—	141.10	143.89	146.62	149.35	152.08	154.81	157.53	160.26	163.—	2.73
10.—	155.50	158.53	161.56	164.58	167.61	170.64	173.06	176.09	179.73	3.03

OBSERVATIONS

F. 10 par tonneau sur le fret font au Havre une différence de F. 1.02 par 100 kil. sur les prix.

On veut savoir le revient au Havre du Sucre coûtant à Guayama $ 4.55 par 100 ℔ au change de F. 5.20 et au fret de F. 80 par tonneau.

On trouvera dans la 1re et la 6e colonne de ce tableau que:

$ 0.05 font par 100 kil.		F.	0.78
» 0.50 id. id.		»	7.77
» 4.— id. id.		»	74.41
$ 4.55 feront donc par 100 kil.		F.	82.96

Droits d'entrée par 100 kil. en Août 1867

Au-dessous du type no 13	Par navire Français.	F. 42.—
	id. Étranger.	» 44.—
Du type no 13 au no 20	Par navire Français.	F. 44.—
	id. Étranger.	» 46.—
Poudres blanches et au-dessus du no 20	Par navire Français.	Prohibé
	id. Étranger.	

COMPTE D'ACHAT ET DE REVIENT

A 1152 PAQUETS TABAC ASSORTI

500 paquets large	℘	78562		
470 id. court	»	75270		
83 id. manajos	»	15059		
40 id. feuilles détachées	»	6146		
59 id. deuxième qualité	»	9378		
1152 paquets ensemble	℘	184415 à $ 6 les 100 ℘	$	11064.90

FRAIS A GUAYAMA

Embarquement de 1152 paquets à $ 0.08 le paquet	$	92.16		
Charroi	»	35.25		
Emmagasinage	»	60.—		
Journaliers	»	28.—		
3 pièces de toile à emballage	»	8.25	»	223.66
			$	11288.56
Commission d'achat et de remboursement 5 %			»	564.43
			$	11852.99
Remboursement sur Paris à 90 jours au change de F. 5 pour 1 $			F.	59264.95

FRAIS AU HAVRE

Fret sur 79100 kil. à F. 70 par tonneau de 500 kil.	F.	11074.—		
Permis, frais au débarquement, voiliers pour échantillonner, port en entrepôt, arrimage, magasinage d'un mois, livraison et menus frais	»	510.—		
Assurance maritime sur F. 65191 à 1 ½ % et police	»	979.35		
id. contre le feu à F. 77754 à ½ ‰	»	38.85		
Commission de banque sur confirmation de crédit 1 %	»	592.65		
Courtage de vente ½ %				
Perte d'intérêts ½ %				
Escompte à la vente 2 %				
Commission de vente 2 %				
Ensemble 5 % sur F. 76273.45	»	3813.65	»	17008.50
			F.	76273.45

Rendement : 100 ℘ rendent 42 kil. nets :

Soit 184415 ℘ = 77454 kil. nets à F. 98.48 par 100 kil. Entrepôt .... F. 76276.70

PRIX DE REVIENT AU HAVRE DES 100 KIL. ENTREPOT

AUX CHANGES SUIVANTS SUR PARIS

Avec la parité des changes sur Londres, calculés sur la base F. 25.25 pour £ 1.—.—

PRIX à GUAYAMA par 100 ℘	PARIS F. 4.80 — LONDRES $ 5.26	PARIS F. 4.90 — LONDRES $ 5.15 ¼	PARIS F. 5.— — LONDRES $ 5.05	PARIS F. 5.10 — LONDRES $ 4.95 1/10	PARIS F. 5.20 — LONDRES $ 4.85 ½	PARIS F. 5.30 — LONDRES $ 4.76 ¾	PARIS F. 5.40 — LONDRES $ 4.67 ¼	PARIS F. 5.50 — LONDRES $ 4.59 ¼	PARIS F. 5.60 — LONDRES $ 4.50 ¼	F. 0.10 par $ sur le change font au Havre par 100 kil.
$ 0.05	F. 0.65	F. 0.66	F. 0.68	F. 0.69	F. 0.70	F. 0.72	F. 0.73	F. 0.74	F. 0.76	F. 0.01
0.10	1.30	1.32	1.35	1.38	1.41	1.43	1.46	1.49	1.51	0.03
0.20	2.59	2.65	2.70	2.76	2.81	2.87	2.92	2.97	3.03	0.06
0.30	3.89	3.97	4.05	4.13	4.22	4.30	4.38	4.46	4.54	0.08
0.40	5.19	5.30	5.40	5.51	5.62	5.73	5.84	5.95	6.06	0.11
0.50	6.49	6.62	6.76	6.89	7.03	7.17	7.30	7.44	7.57	0.14
0.60	7.78	7.94	8.11	8.27	8.44	8.60	8.76	8.92	9.08	0.16
0.70	9.08	9.27	9.46	9.46	9.84	10.03	10.22	10.41	10.60	0.19
0.80	10.38	10.59	10.81	11.02	11.25	11.46	11.68	11.90	12.11	0.22
0.90	11.67	11.92	12.16	12.40	12.65	12.90	13.14	13.38	13.63	0.24
1.—	12.97	13.24	13.51	13.78	14.06	14.33	14.60	14.87	15.14	0.27
2.—	43.28	43.85	44.42	44.99	45.56	46.13	46.70	47.27	47.85	0.57
3.—	56.25	57.09	57.93	58.77	59.62	60.46	61.30	62.14	62.99	0.84
4.—	69.23	70.34	71.45	72.56	73.67	74.78	75.89	77.—	78.12	1.11
5.—	82.20	83.58	84.96	86.34	87.73	89.11	90.49	91.87	93.26	1.38
6.—	95.17	96.82	98.47	100.12	101.78	103.43	105.08	106.74	108.40	1.65
7.—	108.15	110.07	111.99	113.91	115.84	117.76	119.68	121.60	123.53	1.92
8.—	121.12	123.31	125.50	127.69	129.89	132.08	134.27	136.47	138.67	2.19
9.—	134.10	136.56	139.02	141.48	143.95	146.41	148.87	151.33	153.80	2.46
10.—	147.07	149.80	152.53	155.26	158.—	160.73	163.46	166.20	168.94	2.73

OBSERVATIONS

F. 10 par tonneau sur le fret font au Havre une différence de F. 2.04 par 100 kil. sur les prix.

On veut savoir le revient au Havre de Tabac coûtant à Guayama $ 5.25 par 100 ℘ au change de F. 5.20 et au fret de F. 70 par tonneau.

On trouvera dans la 1re et la 6e colonne de ce tableau que :

$ 0.05 font par 100 kil.	F.	0.70
» 0.20 id. id.	»	2.81
» 5.— id. id.	»	87.73
$ 5.25 feront donc par 100 kil.	F.	91.24

Droits d'entrée par 100 kil. en Août 1837

Par navire Français et pour la régie	Exempt
id. Etranger id.	F. 12.—
Pour compte particulier	Prohibé

COMPTE D'ACHAT ET DE REVIENT

A 100 BOUCAUTS DE TAFIA

100 boucauts de Tafia, preuve 25° contenant 11000 gallons à $ 30 les 110 gallons... $ 3000.—

FRAIS A GUAYAMA

Journaliers et frais d'embarquement	$	12.50		
Coût de 100 boucauts vides à $ 8	»	800.—		
Tonneliers	»	25.—	»	837.50
			$	3837.50
Commission d'achat et de remboursement 5 %			»	191.87
			$	4029.87
Remboursement sur Paris au change de F. 5 pour 1 $.			F.	20146.85

FRAIS AU HAVRE

Fret sur 86687 litres à F. 80 par tonneau de 900 litres	F.	3261.10		
Permis, frais au débarquement, tonneliers pour échantillonner, port en entrepôt, arrimage, magasinage d'un mois, livraison et menus frais.	»	300.—		
Assurance maritime sur F. 22161 à 1 ½ % et police	»	383.90		
id. contre le feu sur F. 26056 ½ ‰	»	13.—		
Commission de banque pour confirmation de crédit 1 %	»	201.45		
Courtage de vente ½ %				
Perte d'intérêt ½ %				
Escompte à la vente 2 %				
Commission de vente 2 %				
Ensemble 5 % sur F. 25532.95	»	1276.65	»	5386.10
			F.	25532.95

RENDEMENT :

Gallons facturés		11000
Déchet de route environ 12 %		1320
Rendement au Havre	gallons	9680

A litres 3.79 pour 1 gallon, soit 86687 litres à F. 69.60 les 100 litres entrepôt ... F. 25534.15

PRIX DE REVIENT AU HAVRE DES 100 LITRES ENTREPOT

AUX CHANGES SUIVANTS SUR PARIS

Avec la parité des changes sur LONDRES, calculés sur la base de F. 25.25 pour £ 1.—.—

Prix à GUAYAMA par 110 gallons	PARIS F. 4.80 — LONDRES $ 5.26	PARIS F. 4.90 — LONDRES $ 5.15 ¼	PARIS F. 5.— — LONDRES $ 5.05	PARIS F. 5.10 — LONDRES $ 4.95 ?	PARIS F. 5.20 — LONDRES $ 4.85 ?	PARIS F. 5.30 — LONDRES $ 4.76 ?	PARIS F. 5.40 — LONDRES $ 4.67 ?	PARIS F. 5.50 — LONDRES $ 4.59 ?	PARIS F. 5.60 — LONDRES $ 4.50 ?	F. 0.4[illegible] par $ de différence sur le change font au Havre par 100 lit.
$ 0.05	F. 0.07	F. 0.08	F. 0.08	F. 0.08	F. 0.08	F. 0.08	F. 0.08	F. 0.09	F. 0.09	F. 0.—
0.10	0.15	0.15	0.16	0.16	0.16	0.16	0.17	0.17	0.17	0.—
0.20	0.30	0.30	0.31	0.32	0.32	0.33	0.33	0.34	0.35	0.01
0.30	0.45	0.46	0.47	0.47	0.48	0.49	0.50	0.51	0.52	0.01
0.40	0.60	0.61	0.62	0.63	0.64	0.66	0.67	0.68	0.69	0.01
0.50	0.75	0.76	0.78	0.79	0.81	0.82	0.84	0.85	0.87	0.02
0.60	0.89	0.91	0.93	0.95	0.97	0.98	1.—	1.02	1.04	0.02
0.70	1.04	1.06	1.09	1.11	1.13	1.15	1.17	1.19	1.21	0.02
0.80	1.19	1.22	1.24	1.26	1.29	1.31	1.34	1.36	1.38	0.02
0.90	1.34	1.37	1.40	1.42	1.45	1.48	1.50	1.53	1.56	0.03
1.—	1.49	1.52	1.55	1.58	1.61	1.64	1.67	1.70	1.73	0.03
2.—	2.97	3.03	3.09	3.16	3.22	3.28	3.34	3.40	3.47	0.06
3.—	4.46	4.55	4.64	4.73	4.83	4.92	5.01	5.11	5.20	0.09
4.—	5.94	6.06	6.19	6.31	6.44	6.56	6.68	6.81	6.93	0.12
5.—	7.43	7.58	7.74	7.89	8.05	8.20	8.36	8.51	8.67	0.16
6.—	8.91	9.10	9.28	9.47	9.65	9.84	10.03	10.21	10.40	0.19
7.—	10.40	10.61	10.83	11.05	11.26	11.48	11.70	11.91	12.13	0.22
8.—	11.88	12.13	12.38	12.62	12.87	13.12	13.37	13.62	13.86	0.25
9.—	13.37	13.64	13.92	14.20	14.48	14.76	15.04	15.32	15.60	0.28
10.—	14.85	15.16	15.47	15.78	16.09	16.40	16.71	17.02	17.33	0.31
20.—	52.87	53.24	54.12	55.—	55.88	56.76	57.64	58.52	59.39	0.88
30.—	67.22	68.41	69.60	70.78	71.97	73.16	74.35	75.54	76.71	1.19
40.—	82.07	83.57	85.07	86.56	88.06	89.56	91.06	92.56	94.04	1.50
50.—	96.93	98.73	100.54	102.35	104.16	105.96	107.77	109.58	111.37	1.81
60.—	111.78	113.89	116.01	118.13	120.25	122.36	124.48	126.59	128.70	2.12
70.—	126.63	129.05	131.48	133.91	136.34	138.76	141.19	143.61	146.03	2.43
80.—	141.48	144.22	146.96	149.69	152.48	155.16	157.90	160.63	163.35	2.73
90.—	156.34	159.38	162.43	165.47	168.52	171.56	174.61	177.65	180.68	3.04
100.—	171.19	174.54	177.90	181.25	184.61	187.96	191.32	194.67	198.01	3.35

OBSERVATIONS

F. 10 par tonneau sur le fret font au Havre une différence de F. 1.11 par 100 litres sur les prix.

On veut savoir le revient au Havre de Tafia coûtant à Guayama $ 35.65 par 100 gallons, au change de F. 5.20 et au fret de F. 80 par tonneau.

On trouvera dans la 5me colonne de ce tableau que :

$ 0.05 font par 100 litres	F.	0.08
» 0.60 id. id.	»	0.97
» 5.— id. id.	»	8.05
» 30.— id. id.	»	71.97
$ 35.65 feront donc par 100 litres	F.	81.07

Droits d'entrée par 100 litres en Août 1867

Par tous pavillons ... F. 30.—

9 h

COMPTE D'ACHAT ET DE REVIENT

A 1000 SACS CAFÉ

1000 sacs Café pesant net 135000 ℔ à $ 10 pour 100 ℔			$	13500.—

FRAIS A SAINT-JEAN

Coût de 1000 sacs à $ 0.33 l'un	$	330.—		
Recevoir, peser, marquer, mettre en sacs et embarquer	»	175.—		
Courtage et magasinage ½ %	»	67.50		
Assurance contre le feu ½ %	»	67.50		
Droits municipaux	»	45.—		
Menus frais, échantillons	»	7.—	»	692.—
			$	14192.—
Commission d'achat et de remboursement 5 %			»	709.60
			$	14901.60
Remboursement sur Paris au change de F. 5 pour 1 $			F.	74508.—

FRAIS AU HAVRE

Fret sur 61990 kil. à F. 70 secs par tonneau de 900 kil.	F.	4821.45		
Permis, voiliers pour échantillonner et conditionner, port en entrepôt, arrimage, magasinage d'un mois, frais à la livraison et menus frais	»	490.—		
Assurance maritime sur F. 81058 à 1 ½ % et police	»	1230.85		
id. contre le feu sur F. 88500 à ½ ‰	»	44.25		
Commission de banque pour confirmation de crédit 1 %	»	745.10		
Courtage de vente ½ %				
Perte d'intérêt ½ %				
Escompte à la vente 2 %				
Commission de vente 2 %				
Ensemble 5 % sur F. 86147	»	4307.25	»	11639.—
			F.	86147.—

Rendement moyen : 100 ℔ nettes = 45 kil. nets :

Soit 60750 kil. nets à F. 141.80 par 100 kil. entrepôt .... F. 86143.50

N.-B. Si le droit municipal venait à être supprimé, il faudrait alors déduire des prix de revient de ce tableau l'équivalent, soit F. 0.42 par 100 kil.

PRIX DE REVIENT AU HAVRE DES 100 KIL. ENTREPOT

AUX CHANGES SUIVANTS SUR PARIS

Avec la parité des changes sur LONDRES, calculés sur la base de F. 25.25 pour £ 1.—.—

	PRIX à SAINT-JEAN par 100 ℔	PARIS F. 4.80 — LONDRES $ 5.26	PARIS F. 4.90 — LONDRES $ 5.15 ¼	PARIS F. 5.— — LONDRES $ 5.05	PARIS F. 5.10 — LONDRES $ 4.95 1/10	PARIS F. 5.20 — LONDRES $ 4.85 ½	PARIS F. 5.30 — LONDRES $ 4.76 ½	PARIS F. 5.40 — LONDRES $ 4.67 ¾	PARIS F. 5.50 — LONDRES $ 4.59 1/11	PARIS F. 5.60 — LONDRES $ 4.50 ⅞	F. 0.10 par $ sur le change font au Havre par 100 kil.
SUBDIVISIONS — Coût et frais variables	$ 0.05	F. 0.61	F. 0.62	F. 0.64	F. 0.65	F. 0.66	F. 0.68	F. 0.69	F. 0.70	F. 0.71	F. 0.01
	0.10	1.22	1.25	1.27	1.30	1.33	1.35	1.38	1.40	1.43	0.03
	0.20	2.45	2.50	2.55	2.60	2.65	2.70	2.75	2.80	2.85	0.05
	0.30	3.67	3.74	3.82	3.90	3.98	4.05	4.13	4.20	4.28	0.08
	0.40	4.89	4.98	5.10	5.20	5.30	5.40	5.50	5.60	5.71	0.10
	0.50	6.12	6.24	6.37	6.50	6.63	6.75	6.88	7.01	7.14	0.13
	0.60	7.34	7.49	7.64	7.79	7.95	8.10	8.26	8.41	8.56	0.15
	0.70	8.56	8.74	8.92	9.09	9.28	9.45	9.63	9.81	9.99	0.18
	0.80	9.78	9.98	10.19	10.39	10.60	10.80	11.01	11.21	11.42	0.21
	0.90	11.01	11.23	11.47	11.69	11.93	12.15	12.38	12.61	12.84	0.23
	1.—	12.23	12.48	12.74	12.99	13.25	13.50	13.76	14.01	14.27	0.26
Coût et frais variables et invariables	10.—	136.50	139.15	141.80	144.45	147.09	149.75	152.39	155.04	157.70	2.65
	11.—	148.73	151.64	154.54	157.45	160.34	163.26	166.14	169.05	171.96	2.90
	12.—	160.96	164.12	167.28	170.44	173.58	176.76	179.90	183.07	186.23	3.16
	13.—	173.19	176.61	180.02	183.44	186.83	190.26	193.66	197.08	200.50	3.42
	14.—	185.42	189.09	192.76	196.43	200.08	203.77	207.42	211.09	214.77	3.67
	15.—	197.64	201.57	205.49	209.42	213.33	217.27	221.17	225.10	229.03	3.92
	16.—	209.87	214.06	218.23	222.42	226.56	230.77	234.93	239.11	243.30	4.18
	17.—	222.10	226.54	230.97	235.41	239.82	244.27	248.69	253.13	257.57	4.43
	18.—	234.33	239.03	243.71	248.41	253.07	257.78	262.44	267.14	271.83	4.69
	19.—	246.56	251.51	256.45	261.40	266.32	271.28	276.20	281.15	286.10	4.94
	20.—	258.79	263.99	269.19	274.39	279.57	284.78	289.96	295.16	300.37	5.20

OBSERVATIONS

F. 10 par tonneau sur le fret font au Havre une différence de F. 1.13 par 100 kil. sur les prix.

On veut savoir le revient au Havre de Café coûtant à St-Jean $ 13.45 par 100 ℔, au change de F. 5.20 et au fret de F. 70 par tonneau de 900 kil.

On trouvera dans la 1re et la 6e colonne de ce tableau que :

$ 0.05 font par 100 kil.		F.	0.66
» 0.40 id.	id.	»	5.30
» 13.— id.	id.	»	186.83
$ 13.45 feront donc par 100 kil.		F.	192.79

Droits d'entrée par 100 kil. en Août 1867,

Par navire Français .... F. 30.40

id. Étranger .... » 55.40

COMPTE D'ACHAT ET DE REVIENT

A 200 BOUCAUTS ET 37 BARILS SUCRE BRUT

200 boucauts et 87 barils Sucre brut, pesant brut 339322 ℔ et net 302590 ℔ à $ 4 par 100 ℔			$	12103.60

FRAIS A SAINT-JEAN

Emmagasinage	$	48.98		
Rabattage et charroi	»	105.42	$	154.40
			$	12258.—
Commission d'achat et de remboursement 5 %			»	612.90
			$	12870.90
Remboursement sur Paris à 90 jours de vue au change de F. 5 pour 1 $			F.	64354.50

FRAIS AU HAVRE

Fret sur 117685 kil. nets à F. 80 par tonneau de 1000 kil. nets de douane	F.	9414.80		
Pennis, frais au débarquement, tonneliers pour échantillonner et conditionner, port en entrepôt, arrimage, magasinage d'un mois, livraison et menus frais	»	586.—		
Assurance maritime sur F. 70790 à 1 ½ % et police	»	1063.35		
id. contre le feu sur F. 81858 à ½ ‰	»	40.90		
Commission de banque à Paris pour confirmation de crédit 1 %	»	643.55		
Escompte à la vente 2 %				
Courtage de vente ½ %				
Perte d'intérêt ½ %				
Commission de vente 2 %				
Ensemble 5 % sur F. 80107.45	»	4005.35	»	15752.95
			F.	80107.45
Plus : réfactions pour couches à la livraison, variables			»	1075.—
			F.	81182.45

RENDEMENT : 100 ℔ nettes à Saint-Jean rendent en moyenne au Havre 38 kil. nets :

Soit 114984 kil. nets à F. 70.60 par 100 kil. Entrepôt .... F. 81178.70

PRIX DE REVIENT AU HAVRE DES 100 KIL. ENTREPOT

AUX CHANGES SUIVANTS SUR PARIS

Avec la parité des changes sur LONDRES, calculés sur la base de F. 25.25 pour £ 1.—.—

	PRIX à SAINT-JEAN par 100 ℔	PARIS F. 4.80 — LONDRES $ 5.26	PARIS F. 4.90 — LONDRES $ 5.15 [illegible]	PARIS F. 5.— — LONDRES $ 5.05	PARIS F. 5.10 — LONDRES $ 4.95 [illegible]	PARIS F. 5.20 — LONDRES $ 4.85 [illegible]	PARIS F. 5.30 — LONDRES $ 4.76 [illegible]	PARIS F. 5.40 — LONDRES $ 4.67 [illegible]	PARIS F. 5.50 — LONDRES $ 4.59 [illegible]	PARIS F. 5.60 — LONDRES $ 4.50 [illegible]	F. 0.10 par $ de différence sur le change font au Havre par 100 kil.
SUBDIVISIONS — Coût et frais variables	$ 0.05	F. 0.72	F. 0.73	F. 0.75	F. 0.76	F. 0.78	F. 0.79	F. 0.81	F. 0.82	F. 0.84	F. 0.02
	0.10	1.43	1.46	1.49	1.52	1.55	1.58	1.61	1.64	1.67	0.03
	0.20	2.87	2.93	2.99	3.05	3.11	3.17	3.23	3.29	3.35	0.06
	0.30	4.30	4.39	4.48	4.57	4.66	4.75	4.84	4.93	5.02	0.09
	0.40	5.74	5.86	5.98	6.10	6.21	6.33	6.45	6.57	6.69	0.12
	0.50	7.17	7.32	7.47	7.62	7.77	7.92	8.07	8.22	8.37	0.15
	0.60	8.60	8.78	8.96	9.14	9.32	9.50	9.68	9.86	10.04	0.18
	0.70	10.04	10.25	10.46	10.67	10.87	11.08	11.29	11.50	11.71	0.21
	0.80	11.47	11.71	11.95	12.19	12.42	12.66	12.90	13.14	13.38	0.24
	0.90	12.91	13.18	13.45	13.72	13.98	14.25	14.52	14.79	15.06	0.27
Coût et frais variables et invariables	1.—	25.17	25.48	25.80	26.11	26.42	26.73	27.05	27.36	27.68	0.31
	2.—	39.51	40.12	40.73	41.34	41.96	42.57	43.18	43.79	44.41	0.61
	3.—	53.85	54.76	55.67	56.58	57.49	58.40	59.31	60.22	61.44	0.91
	4.—	68.19	69.39	70.61	71.81	73.03	74.23	75.44	76.65	77.87	1.21
	5.—	82.53	84.03	85.55	87.05	88.56	90.07	91.58	93.08	94.60	1.51
	6.—	96.86	98.67	100.48	102.28	104.09	105.90	107.71	109.51	111.32	1.81
	7.—	111.20	113.31	115.42	117.52	119.63	121.73	123.84	125.93	128.05	2.11
	8.—	125.54	127.94	130.35	132.75	135.16	137.56	139.97	142.37	144.78	2.41
	9.—	139.88	142.58	145.29	147.99	150.70	153.40	156.10	158.80	161.51	2.70
	10.—	154.22	157.22	160.23	163.22	166.23	169.23	172.23	175.23	178.24	3.—

OBSERVATIONS

F. 10 par tonneau sur le fret font au Havre une différence de F. 1.02 par 100 kil. sur les prix.

On veut savoir le revient au Havre de Sucre coûtant à St-Jean $ 2.95 par 100 ℔, au change de F. 5.20 et au fret de F. 80 par tonneau.

On trouvera dans la 1re et la 6e colonne de ce tableau que :

$ 0.95 font par 100 kil.		F.	0.78
» 0.20 id.	id.	»	15.98
» 2.— id.	id.	»	41.96
$ 2.95 feront donc par 100 kil.		F.	58.72

Droits d'entrée par 100 kil. en Août 1887

Au-dessous du type nº 13	Par navire Français.	F.	42.—
	id. Étranger.	»	44.—
Du type nº 13 au nº 20.	Par navire Français.	F.	44.—
	id. Étranger.	»	48.—
Poudres blanches et au-dessus du nº 20	Par navire Français.	Prohibé	
	id. Étranger.		

COMPTE D'ACHAT ET DE REVIENT

A 100 BOUCAUTS 12 TIERÇONS ET 221 SACS CAFÉ

100 boucauts pesant net	₰	87290
12 tierçons id.	»	6407
221 sacs id.	»	27120

Ensamble....... net ₰ 120877 à $ 15 ¼ les 100 ₰ .... $ 18735.93

FRAIS A MAYAGUEZ

100 boucauts vides à $ 4 %	$	475.—		
12 tierçons id. à $ 3 %	»	45.—		
221 sacs id. à $ 0.30	»	66.30		
Charroi de la ville au port à $ 0.56 ¼ par 2000 ₰	»	34.—		
id. du magasin au quai à $ 0.18 ¾ par 2000 ₰	»	11.33		
Journaliers à $ 0.06 par 100 ₰	»	72.52		
Magasinage à $ 0.02 par 100 ₰	»	24.14		
Droit municipal à $ 0.03 ⅛ par 100 ₰ $ 37.77 et à 5 % prime	»	39.66		
Boites pour échantillons et frais d'expédition	»	5.—	»	772.95
			$	19508.88
Commission d'achat et de remboursement 5 %			»	975.44
			$	20484.32
Remboursement sur Paris au change de F. 5 pour 1 $			F.	102421.60

FRAIS AU HAVRE

Fret sur 100 boucauts et 12 tierçons, 49635 kil. bruts à F. 80 par tonneau de 800 kil. bruts	F.	4963.50		
Fret sur 221 sacs, 12452 kil. à F. 80 par tonneau de 900 kil. bruts	»	1106.85		
Permis, frais au débarquement, voiliers pour échantillonner, port en entrepôt, arrimage, magasinage d'un mois, livraison et menus frais	»	390.—		
Assurance maritime sur F. 112663 à 1 ½ % et police	»	1691.45		
id. contre le feu F. 120815 ½ %	»	60.40		
Commission de banque pour confirmation de crédit 1 %	»	1024.20		
Courtage de vente ½ %				
Perte d'intérêt ½ %				
Escompte à la vente 2 %				
Commission de vente 2 %				
Ensemble 5 % sur F. 117534.75	»	5876.75	»	15113.15
			F.	117534.75

Rendement : 100 ₰ nettes rendent au Havre 45 kil. nets.

Soit 120877 ₰ = 54395 kil. nets à F. 216.08 par 100 kil. Entrepôt .... F. 117534.90

N.-B. Dans le cas où le droit municipal serait supprimé, il faudrait retrancher des prix de revient de ce tableau l'équivalent, soit F. 0.41 par 100 kil.

PRIX DE REVIENT AU HAVRE DES 100 KIL. ENTREPOT

AUX CHANGES SUIVANTS SUR PARIS

Avec la parité des changes sur Londres, calculés sur la base de F. 25.25 pour £ 1.—.—

PRIX à MAYAGUEZ par 100 ₰	PARIS F. 4.80 — LONDRES $ 5.26	PARIS F. 4.90 — LONDRES $ 5.15 ⅓	PARIS F. 5.— — LONDRES $ 5.05	PARIS F. 5.10 — LONDRES $ 4.95 $^{5}/_{10}$	PARIS F. 5.20 — LONDRES $ 4.85 ⅖	PARIS F. 5.30 — LONDRES $ 4.76 ⅖	PARIS F. 5.40 — LONDRES $ 4.67 ⅔	PARIS F. 5.50 — LONDRES $ 4.59 ¼	PARIS F. 5.60 — LONDRES $ 4.50 ½	F. 0.10 par $ sur le change font au Havre par 100 kil.
$ 0.05	F. 0.61	F. 0.62	F. 0.63	F. 0.64	F. 0.66	F. 0.67	F. 0.68	F. 0.69	F. 0.71	F. 0.01
0.10	1.21	1.24	1.26	1.29	1.31	1.34	1.36	1.39	1.41	0.02
0.20	2.42	2.47	2.52	2.57	2.62	2.67	2.72	2.78	2.83	0.05
0.30	3.63	3.71	3.78	3.86	3.94	4.01	4.09	4.16	4.24	0.08
0.40	4.84	4.94	5.04	5.15	5.25	5.35	5.45	5.55	5.65	0.10
0.50	6.06	6.18	6.31	6.44	6.56	6.69	6.81	6.94	7.07	0.13
0.60	7.27	7.42	7.57	7.72	7.87	8.02	8.17	8.33	8.48	0.15
0.70	8.48	8.65	8.83	9.01	9.18	9.36	9.53	9.72	9.89	0.18
0.80	9.69	9.89	10.09	10.30	10.50	10.70	10.90	11.10	11.30	0.20
0.90	10.90	11.12	11.35	11.58	11.81	12.03	12.26	12.49	12.72	0.23
1.—	12.11	12.36	12.61	12.87	13.12	13.37	13.62	13.88	14.13	0.25
10.—	141.33	144.02	146.70	149.36	152.07	154.75	157.44	160.12	162.81	2.69
11.—	153.44	156.38	159.32	162.24	165.19	168.12	171.07	173.99	176.93	2.94
12.—	165.54	168.74	171.93	175.11	178.30	181.49	184.69	187.87	191.06	3.19
13.—	177.65	181.10	184.54	187.97	191.42	194.86	198.31	201.74	205.19	3.44
14.—	189.76	193.46	197.16	200.84	204.54	208.28	211.94	215.62	219.32	3.70
15.—	201.87	205.83	209.77	213.70	217.66	221.00	225.56	229.49	233.44	3.95
16.—	213.98	218.19	222.38	226.57	230.78	234.97	239.18	243.37	247.57	4.20
17.—	226.08	230.55	234.99	239.43	243.69	248.34	252.80	257.24	261.70	4.45
18.—	238.19	242.91	247.61	252.30	257.01	261.71	266.43	271.12	275.82	4.70
19.—	250.30	255.27	260.22	265.16	270.13	275.08	280.05	284.99	289.95	4.96
20.—	262.41	267.63	272.83	278.03	283.25	288.45	293.67	298.87	301.08	5.21

OBSERVATIONS

F. 10 par tonneau sur le fret font au Havre une différence de F. 1.40 par 100 kil. sur les prix.

On veut savoir le revient au Havre de Café, coûtant à Mayaguez $ 17.95 par 100 ₰, au change de F. 5.20 et au fret de F. 80.

On trouvera dans la 1re et la 6e colonne de ce tableau que :

$	0.05 font par 100 kil.	F.	0.66
»	0.90 id. id.	»	11.81
»	17.— id. id.	»	243.89
$	17.95 feront donc par 100 kil.	F.	256.36

Droits d'entrée par 100 kil. au Août 1867

Par navire Français	F.	50.40
Id. Étranger	»	55.40

COMPTE D'ACHAT ET DE REVIENT

206 BOUCAUTS MÉLASSE

206 boucauts Mélasse mise en 176 boucauts, 10 tierçons et 14 barils jaugeant 21333 gallons à $ 14 les 110 gallons			$	2715.10

FRAIS A MAYAGUEZ

176 boucauts vides à $ 6	$	1056.—		
Charroi des habitations sur 206 boucauts	»	206.—		
Rabattage	»	118.—		
Journaliers $ 0.25 par boucaut	»	51.50	»	1431.50
			$	4146.60
Commission d'achat et de remboursement 5 %			»	207.33
			$	4353.93
Remboursement sur Paris au change F. 5 pour 1 $			F.	21769.65

FRAIS AU HAVRE

Fret sur 107950 kil. bruts à F. 70 par tonneau de 1000 kil.	F.	7556.50		
Permis, frais au débarquement, tonnelier pour échantillonner, port en magasin, arrimage, magasinage d'un mois, livraison et menus frais	»	510.—		
Assurance maritime sur F. 23946 à 1 ½ % et police	»	360.70		
id. contre le feu sur F. 32373 à ½ ‰	»	16.20		
Commission de banque pour confirmation de crédit 1 %	»	217.70		
Courtage de vente ¼ %				
Perte d'intérêt ¾ %				
Escompte à la vente 2 %				
Commission de vente 2 %				
Ensemble.. 5 % sur F. 32032.35	»	1001.60	»	10262.70
			F.	32032.35

RENDEMENT : 1 gallon de Mélasse pèse environ 11 ℔ espagnoles :

Soit 21333 gallons	= ℔	234663
Déchet de route environ 12 %	»	28159
Net	℔	206504

100 ℔ pour 46 kil., soit kil. 94992 nets à F. 33.72 par 100 kil. entrepôt .... F. 32031.30

N.-B. — Le gabarrage à bord est de $ 0.25 par boucaut, $ 0.18 ¾ par tierçon et $ 0.06 ¼ par baril, payable par le navire, ou à porter sur la facture, suivant les conditions de la charte-partie ; ces frais réunis forment F. 0.28 par 100 kil. et ne sont pas compris dans les prix de revient de ce tableau.

PRIX DE REVIENT AU HAVRE DES 100 KIL. ENTREPOT

AUX CHANGES SUIVANTS SUR PARIS

Avec la parité des changes sur LONDRES, calculés sur la base de F. 25.25 pour £ 1.—.—

	PRIX à MAYAGUEZ par 110 Gallons	PARIS F. 4.80 — LONDRES $ 5.26	PARIS F. 4.90 — LONDRES $ 5.15 ¼	PARIS F. 5.— — LONDRES $ 5.05	PARIS F. 5.10 — LONDRES $ 4.95 ¹/₁₀	PARIS F. 5.20 — LONDRES $ 4.85 ⅗	PARIS F. 5.30 — LONDRES $ 4.76 ⁴/₇	PARIS F. 5.40 — LONDRES $ 4.67 ⁴/₇	PARIS F. 5.50 — LONDRES $ 4.59 ¹/₄	PARIS F. 5.60 — LONDRES $ 4.50 ¹/₇	F. 0.10 par $ de différence sur le change font au Havre par 100 kil.
SUBDIVISIONS — Coût et frais variables	$ 0.05	F. 0.06	F. 0.06	F. 0.06	F. 0.06	F. 0.06	F. 0.06	F. 0.06	F. 0.06	F. 0.07	F. 0.—
	0.10	0.11	0.11	0.12	0.12	0.12	0.12	0.13	0.13	0.13	0.—
	0.20	0.22	0.23	0.23	0.24	0.24	0.25	0.25	0.25	0.26	0.01
	0.30	0.33	0.34	0.35	0.35	0.36	0.37	0.38	0.38	0.39	0.01
	0.40	0.44	0.45	0.46	0.47	0.48	0.49	0.50	0.51	0.52	0.01
	0.50	0.56	0.57	0.58	0.59	0.61	0.62	0.63	0.64	0.65	0.01
	0.60	0.67	0.68	0.70	0.71	0.73	0.74	0.75	0.76	0.78	0.01
	0.70	0.78	0.80	0.81	0.83	0.85	0.86	0.88	0.89	0.91	0.02
	0.80	0.89	0.91	0.93	0.95	0.97	0.98	1.—	1.02	1.04	0.02
	0.90	1.—	1.02	1.04	1.06	1.09	1.11	1.13	1.15	1.17	0.02
	1.—	1.11	1.14	1.16	1.18	1.21	1.23	1.25	1.27	1.30	0.02
Coût et frais variables et invariables	10.—	28.28	28.69	29.09	29.49	29.89	30.29	30.69	31.10	31.50	0.40
	11.—	29.39	29.82	30.25	30.67	31.00	31.52	31.94	32.38	32.80	0.43
	12.—	30.51	30.96	31.41	31.86	32.30	32.74	33.19	33.65	34.09	0.45
	13.—	31.62	32.09	32.57	33.04	33.50	33.97	34.44	34.93	35.39	0.47
	14.—	32.73	33.23	33.73	34.22	34.71	35.20	35.69	36.20	36.69	0.49
	15.—	33.84	34.36	34.88	35.40	35.91	36.43	36.95	37.46	37.99	0.52
	16.—	34.95	35.50	36.01	36.58	37.12	37.66	38.20	38.75	39.29	0.54
	17.—	36.07	36.63	37.20	37.77	38.32	38.88	39.45	40.03	40.58	0.56
	18.—	37.18	37.77	38.36	38.95	39.53	40.11	40.70	41.30	41.88	0.59
	19.—	38.29	38.90	39.52	40.13	40.74	41.34	41.95	42.57	43.18	0.61
	20.—	39.41	40.04	40.67	41.31	41.94	42.57	43.21	43.84	44.48	0.63

OBSERVATIONS

F. 10 par tonneau sur le fret font au Havre une différence de F. 1.14 par 100 kil. sur les prix.

On veut savoir le revient au Havre de Mélasse coûtant à Mayaguez $ 16.85 par 110 Gallons, au change de F. 5.20 et au fret de F. 70 par tonneau.

On trouvera dans la 1re et la 6e colonne de ce tableau que :

$ 0.05	font par 100 kil.	F.	0.06
» 0.80	id. id.	»	0.97
» 16.—	id. id.	»	37.12
$ 16.85	feront donc par 100 kil.	F.	38.15

Droits d'entrée par 100 kil. en Août 1867

Mélasses importées pour être transformées en alcool.

Par navire Français	Exemptes
id. Étranger	F. 3.60

COMPTE D'ACHAT ET DE REVIENT

A 128 BOUCAUTS ET 50 QUARTS SUCRE

Pesant brut	₡ 196516		
Tare 10 %	» 19651		
Net	₡ 176865 à $ 3 les 100 ₡	$	5305.95

Réduits après ouillage à 124 boucauts et 50 quarts.

Pesant brut	₡ 191428
Tare 10 %	» 19142
Net	₡ 172286 ce qui fait une perte à l'ouillage de 2 $^{59}/_{100}$ % considérée comme faible, parfois plus importante suivant la qualité du sucre.

FRAIS A MAYAGUEZ

Charroi à $ 1 par boucaut et $ 0.25 par quart	$	140.50		
Tonneliers et journaliers à l'ouillage et au rabattage, magasinage	»	127.50		
Achat de 50 quarts vides à $ 0.75	»	37.50		
Droit municipal $ 0.03 % par 100 ₡, $ 53.84 et 5 % prime $ 2.69	»	56.53		
Echantillons expédiés par steamer	»	4.—	»	366.03
			$	5671.98
Commission d'achat et de remboursement 5 %			»	283.60
			$	5955.58
Remboursement sur Paris au change de F. 5 pour 1 $.			F.	29777.90

FRAIS AU HAVRE

Fret sur 68730 kil. nets à F. 80 par tonneau de 1000 kil. nets de douane	F.	5498.40		
Permis, frais au débarquement, tonneliers pour échantillonner et conditionner, port en magasin, arrimage, magasinage d'un mois, livraison et menus frais	»	855.—		
Assurance maritime sur F. 82755 à 1 ½ % et police	»	492.80		
id. contre le feu sur F. 39100 ½ %	»	19.55		
Commission de banque pour confirmation de crédit 1 %	»	297.80		
Escompte à la vente 2 %				
Courtage de vente ½ %				
Perte d'intérêt ½ %				
Commission de vente 2 %				
Ensemble 5 % sur F. 38359.40	»	1917.95	»	8581.50
			F.	38359.40
Plus : réfactions pour couches à la livraison, variables			»	700.—
			F.	39059.40

RENDEMENT : 100 ₡ nettes à Mayaguez rendent en moyenne au Havre 38 kil. nets :

Soit 67209 kil. nets à F. 58.11 par 100 kil. entrepôt .... F. 39055.15

N.-B. Dans le cas où le droit municipal viendrait à être supprimé, il faudrait alors déduire des frais de ce tableau l'équivalent, soit F. 0.48 par 100 kil.

PRIX DE REVIENT AU HAVRE DES 100 KIL. ENTREPOT

AUX CHANGES SUIVANTS SUR PARIS

Avec la parité des changes sur LONDRES, calculés sur la base de F. 25.25 pour £ 1.—.—

PRIX à MAYAGUEZ par 100 ₡	PARIS F. 4.80 — LONDRES $ 5.26	PARIS F. 4.90 — LONDRES $ 5.15 ½	PARIS F. 5.— — LONDRES $ 5.05	PARIS F. 5.10 — LONDRES $ 4.95 $^{1}/_{10}$	PARIS F. 5.20 — LONDRES $ 4.85 ½	PARIS F. 5.30 — LONDRES $ 4.76 ½	PARIS F. 5.40 — LONDRES $ 4.67 ½	PARIS F. 5.50 — LONDRES $ 4.59 ½	PARIS F. 5.60 — LONDRES $ 4.50 ½	F. 0.10 par $ sur le change font au Havre par 100 kil.
$ 0.05	F. 0.72	F. 0.73	F. 0.75	F. 0.76	F. 0.78	F. 0.79	F. 0.81	F. 0.82	F. 0.84	F. 0.02
0.10	1.43	1.46	1.49	1.52	1.55	1.58	1.61	1.64	1.67	0.03
0.20	2.87	2.93	2.99	3.05	3.11	3.17	3.23	3.29	3.35	0.06
0.30	4.30	4.39	4.48	4.27	4.66	4.75	4.84	4.93	5.02	0.09
0.40	5.74	5.86	5.98	6.10	6.21	6.33	6.45	6.57	6.69	0.12
0.50	7.17	7.32	7.47	7.62	7.77	7.92	8.07	8.22	8.37	0.15
0.60	8.60	8.78	8.96	9.14	9.32	9.50	9.68	9.86	10.04	0.18
0.70	10.04	10.25	10.46	10.67	10.87	11.08	11.29	11.50	11.71	0.21
0.80	11.47	11.71	11.95	12.19	12.42	12.66	12.90	13.14	13.38	0.24
0.90	12.91	13.18	13.45	13.72	13.98	14.25	14.52	14.79	15.06	0.27
1.—	27.52	27.88	28.24	28.60	28.95	29.31	29.68	30.03	30.40	0.36
2.—	41.86	42.52	43.17	43.83	44.49	45.15	45.80	46.46	47.13	0.66
3.—	56.20	57.15	58.11	59.07	60.02	60.98	61.93	62.89	63.86	0.96
4.—	70.54	71.79	73.05	74.30	75.56	76.81	78.06	79.32	80.59	1.26
5.—	84.88	86.43	87.99	89.54	91.09	92.65	94.20	95.75	97.32	1.56
6.—	99.21	101.07	102.92	104.77	106.62	108.48	110.33	112.18	114.04	1.85
7.—	113.55	115.71	117.86	120.01	122.16	124.31	126.46	128.61	130.77	2.15
8.—	127.89	130.34	132.80	135.24	137.69	140.14	142.59	145.04	147.50	2.46

OBSERVATIONS

F. 10 par tonneau sur le fret font au Havre une différence de F. 1.02 par 100 kil. sur les prix.

On veut savoir le revient au Havre de sucre moscovade coûtant à Mayaguez $ 3.50 par 100 ₡ au change de F. 5.20 et au fret de F. 80 par tonneau

On trouvera dans la 1re et la 6e colonne de ce tableau que :

$ 0.50 font par 100 kil.	F. 7.77
» 3.— id. id.	» 60.02
$ 3.50 feront donc par 100 kil.	F. 67.79

Droits d'entrée par 100 kil. en Août 1867

Au-dessous du type n° 13	Par navire Français	F. 42.—
	id. Étranger	» 44.—
Du type n° 13 au n° 20	Par navire Français	F. 44.—
	id. Étranger	» 46.—
Poudres blanches et au-dessus du n° 20	Par navire Français	Prohibé
	id. Étranger	Prohibé

COMPTE D'ACHAT ET DE REVIENT

A 124 BARRIQUES SUCRE BRUT

124 barriques Sucre brut pesant brut. kil. 79750
Tare 10 %.................. » 7975
Net.................. kil. 71775 à F. 40 par 100 kil.................. F. 28710.—

FRAIS A SAINT-PIERRE

Rabattage à F. 6 par barrique.................. F. 744.—
Transport d'ouillage.................. » 3.50
Timbre de traites et menus frais.................. » 18.70 » 766.20
F. 29476.20
Commission d'achat et de remboursement 2 ½ %.................. » 736.90
Remboursement sur Paris au pair à 90 jours.................. F. 30213.10

FRAIS AU HAVRE

Fret sur brut.................. kil. 76922
Tare 13 %.................. » 10000
Net.................. kil. 66922 à F. 50 et 10 % par tonneau F. 3703.70
Permis, frais au débarquement, tonneliers pour échantillonner et conditionner, port en entrepôt, arrimage, magasinage d'un mois, livraison et menus frais.................. » 335.—
Assurance maritime sur F. 33234 à 1 ¼ % et police.................. » 416.95
id. contre le feu sur F. 37688 ½ ‰.................. » 18.85
Courtage de vente.................. ¼ %
Commission de banque et perte d'intérêt.................. ¾ %
Escompte à la vente.................. 2 %
Commission de vente.................. 2 %
Ensemble.................. 5 % sur F. 37034.30.................. » 1851.70
Réfactions pour couches F. 4 par barrique (plus ou moins).................. » 496.— » 6821.20
F. 37034.30

RENDEMENT :

Soit brut.................. kil. 76922
Fonds lourds (variables.................. » 22
Net.................. kil. 76900
Tare 15 %.................. kil. 11535
Vidange 21° (variable). » 63 » 11598
Net.................. kil. 65302 à F. 56.71 par 100 kil. Entrepôt.................. F. 37032.75

PRIX DE REVIENT AU HAVRE DES 100 KIL. ENTREPOT

AUX FRETS SUIVANTS PAR TONNEAU DE 1000 KIL.

Poids net de Douane, remboursement au pair sur France

	PRIX à SAINT-PIERRE par 100 kil.	F. 50.— et 10 %	F. 55.— et 10 %	F. 60.— et 10 %	F. 65.— et 10 %	F. 70.— et 10 %	F. 75.— et 10 %	F. 80.— et 10 %
SUBDIVISIONS — Coût et frais variables	F. 0.50	F. 0.60	F. 0.60	F. 0.60	F. 0.60	F. 0.60	F. 0.60	F. 0.60
	1.—	1.20	1.20	1.20	1.20	1.20	1.20	1.20
	2.—	2.40	2.40	2.40	2.40	2.40	2.40	2.40
	3.—	3.60	3.60	3.60	3.60	3.60	3.60	3.60
	4.—	4.80	4.80	4.80	4.80	4.80	4.80	4.80
	5.—	6.01	6.01	6.01	6.01	6.01	6.01	6.01
	6.—	7.21	7.21	7.21	7.21	7.21	7.21	7.21
	7.—	8.41	8.41	8.41	8.41	8.41	8.41	8.41
	8.—	9.62	9.62	9.62	9.62	9.62	9.62	9.62
	9.—	10.82	10.82	10.82	10.82	10.82	10.82	10.82
	10.—	12.02	12.02	12.02	12.02	12.02	12.02	12.02
Coût et frais var. et fix.	30.—	44.68	45.27	45.86	46.45	47.04	47.63	48.22
	40.—	56.71	57.30	57.89	58.48	59.07	59.66	60.25
	50.—	68.74	69.33	69.92	70.51	71.10	71.69	72.28
	60.—	80.77	81.36	81.95	82.54	83.13	83.72	84.31
	70.—	92.80	93.39	93.98	94.57	95.16	95.75	96.34

OBSERVATIONS

1 % de prime ou d'escompte produit sur les prix de ce tableau ¾ % qui seront à ajouter ou retrancher selon le change qui se pratiquera à la Martinique.

On veut savoir le revient au Havre de Sucre coûtant à la Martinique F. 45 par 100 kil. au fret de F. 60, au change sur Paris au pair.

On trouvera dans la 1re et la 4e colonne de ce tableau que:

F. 5.10 font par 100 kil.................. F. 6.—
» 40.— id. id.................. » 57.89
F. 45.— feront donc par 100 kil.................. F. 63.90

Si le change était à 2 % d'escompte il faudrait ajouter 1 ½ % à ce prix ou les déduire s'il était à 2 % prime.

Les ventes ayant lieu à l'acquitté, et les prix du tableau ci-dessus étant à l'entrepôt, voici comment il faudra procéder pour établir les prix de revient ci-dessus à l'acquitté, aussi longtemps que le droit actuel ne sera pas modifié.

La tare de Douane étant de 13 %, le poids net des 124 barriques est donc de 66922 kil. nets, à F. 37 par 100 kil.................. F. 24761.15
Plus commission au receveur ¼ %.................. » 82.55
» courtage de vente sur l'acquitté.................. » 61.90
Soit ensemble.................. F. 24905.60

Ce qui sur le poids net du commerce fait par 100 kil. F. 38.14, à quoi il faut ajouter le prix de revient ci-contre de F. 63.90, représentant le coût à F. 45 à la Martinique, au fret de F. 60, change au pair.

Le prix de revient au Havre à l'acquitté par 100 kil. est de F. 102.04.

Droits d'entrée par 100 kil. en Août 1867

Au-dessous du type n° 13	Par navire Français	F. 37.—
	id. Etranger	» 39.—
Du type n° 13 au n° 20	Par navire Français	F. 39.—
	id. Etranger	» 41.—

COMPTE D'ACHAT ET DE REVIENT

A 723 BARRIQUES ET 20 QUARTS SUCRE

723 barriques, 20 quarts sucre, provenant de 769 barriques, 5 tierçons et 50 quarts pesant brut........ kil. 447597
Tare 10 %........ » 44759
Net........ kil. 402838 à F. 53 par 100 kil........ F. 213504.15

FRAIS A LA GUADELOUPE

Rabattage........ F. 2917.—
Port de lettres et menus frais........ » 100.— » 3017.—
F. 216521.15

N.-B. — Il n'a été tenu aucun compte des droits de sortie qui se déduisent d'abord en facture, pour ensuite être ajoutés.

Commission d'achat et de remboursement 2 ½ %........ » 5413.—
Remboursement sur Paris au pair........ F. 221934.15

FRAIS A NANTES

Fret sur 376128 kil. à F. 60 et 10 % par tonneau de 1000 kil........ F. 24824.45
Gabarrage sur kil. 432381 à F. 3 par 1000 kil........ » 1297.—
Mise à terre, pesage et arrimage........ » 1297.—
Tonneliers pour échantillonner et conditionner à F. 0.50 par barrique et F. 0.25 par quart........ » 366.50
Magasinage d'un mois à F. 0.35 par barrique et F. 0.15 par quart........ » 256.05
Livraison à F. 1 par 1000 kil........ » 430.40
Menus frais et ports de lettres........ » 200.—
Assurance maritime sur F. 244127 à 1 ½ % et police........ » 3663.40
id. contre le feu sur F. 270462 à ½ %........ » 138.25
Courtage de vente........ ½ %
Escompte à la vente........ 2 %
Commission de vente........ 2 %
Cies de banque et perte d'intérêt... ½
Ensemble........ 5 % sur F. 267797.05........ » 13389.85 » 45862.90
F. 267797.05

RENDEMENT :

723 barriques pesant........ kil. 428008 20 quarts pesant........ kil. 2392
Angle 4 %........ kil. 1712 Angle 4 %........ kil. 10.—
Surcharges........ » 692 Surcharges........ » 15.50
Tare 15 %........ » 63841 Tare 17 %........ » 402.—
Réfactions (variables)........ » 3377 kil. 69622 Réfactions........ » 4.50 » 432
Net........ kil. 358386 Net........ kil. 1960
Produit net de 20 quarts........ » 1960
Ensemble........ kil. 360346 à F. 74.32 par 100 kil. Entrepôt........ F. 267809.15

PRIX DE REVIENT A NANTES DES 100 KIL. ENTREPOT

AUX FRETS SUIVANTS PAR TONNEAU DE 1000 KIL.

Poids net de Douane, remboursement au pair sur France

PRIX au GUADELOUPE par 100 kil.	F. 50.— et 10 %	F. 55.— et 10 %	F. 60.— et 10 %	F. 65.— et 10 %	F. 70.— et 10 %	F. 75.— et 10 %	F. 80.— et 10 %
F. 0.50	F. 0.61	F. 0.61	F. 0.61	F. 0.61	F. 0.61	F. 0.61	F. 0.61
1.—	1.22	1.22	1.22	1.22	1.22	1.22	1.22
2.—	2.45	2.45	2.45	2.45	2.45	2.45	2.45
3.—	3.68	3.68	3.68	3.68	3.68	3.68	3.68
4.—	4.91	4.91	4.91	4.91	4.91	4.91	4.91
5.—	6.14	6.14	6.14	6.14	6.14	6.14	6.14
6.—	7.37	7.37	7.37	7.37	7.37	7.37	7.37
7.—	8.59	8.59	8.59	8.59	8.59	8.59	8.59
8.—	9.81	9.81	9.81	9.81	9.81	9.81	9.81
9.—	11.04	11.04	11.04	11.04	11.04	11.04	11.04
10.—	12.26	12.26	12.26	12.26	12.26	12.26	12.26
30.—	44.90	45.50	46.10	46.70	47.30	47.90	48.50
40.—	57.17	57.77	58.37	58.97	59.57	60.17	60.77
50.—	69.44	70.04	70.64	71.24	71.84	72.44	73.04
60.—	81.71	82.31	82.91	83.51	84.11	84.71	85.31
70.—	93.97	94.57	95.17	95.77	96.37	96.97	97.57

OBSERVATIONS

1 % de prime ou d'escompte produit sur les prix de ce tableau ¾ % qui seront à ajouter ou retrancher, d'après le change qui se pratiquera à la Guadeloupe.

On veut savoir le prix de revient à Nantes de Sucre coûtant à la Guadeloupe F. 55 par 100 kil., le change étant au pair sur Paris et le fret de F. 65.

On trouvera dans la 1re et la 5e colonne de ce tableau que :

F. 5 font par 100 kil........ F. 6.14
» 50 id. id........ » 71.24
F. 55 feront donc par 100 kil........ F. 77.38

Si le change était à 2 % d'escompte, il faudrait ajouter 1 ½ % à ce prix et les déduire par contre s'il était à 2 % de prime.

Les ventes ayant lieu à l'acquitté, voici comment il faut procéder pour établir les prix à l'acquitté. La tare de douane étant de 13 %, le poids net des 723 barriques 20 quarts sera de 374448 kil. nets à F. 37 par % kil........ F. 138545.75
Commission au receveur ⅓ %........ » 461.80
Courtage de vente sur l'acquitté ¼ %........ » 346.35
Ensemble........ F. 139353.90

Ce qui, sur le poids net du commerce, fait par 100 kil. F. 38.67 à quoi il faut ajouter le prix de revient ci-contre de F. 77.38 représentant le coût à la Guadeloupe à F. 55 au fret de F. 60 et 10 % ; change au pair.

Le prix de revient au Havre des 100 kil. acquittés est donc F. 116.05.

Droits d'entrée par 100 kil. en Août 1867

Au-dessous du type no 13	Par navire Français...	F. 37.—
	id. Etranger...	» 39.—
Du type no 13 au no 20	Par navire Français...	F. 39.—
	id. Etranger...	» 41.—

COMPTE D'ACHAT ET DE REVIENT

A 100 BALLES COTON DE JACMEL

		Droits		Frais		
100 Balles Coton de Jacmel 26885 ℘ à ∮ 5 la ℘					∮	134425.—
FRAIS A JACMEL						
Réception et mise à bord à ∮ 15 les 100 kil.			∮	4032.75	»	4032.75
					∮	138457.75
Droits de sortie à 26885 ℘ à P. 1 ⅓ or et 10 % les 100 ℘.	P.	443.60				
Commission d'achat 2 ½ %	»	11.09			»	3461.44
	P.	454.69			∮	141919.19
Remboursement sur Paris au change de F. 0.22 pour 1 ∮, voir pour la conversion des gourdes le tableau page 9					F.	31222.22
Les droits sur les cotons étant payés en or; les P. 454.69 ci-dessus sont à réduire au change de P. 18 ¾ = F. 100.	F.	2425.01				
FRAIS AU HAVRE						
Fret F. 100 sec les 400 kil. à 13190 kil.			F.	3297.50		
Permis, frais au débarquement, échantillonner, conditionner, port en magasin, arrimage, magasinage d'un mois, livraison et menus frais			»	135.—		
Assurance maritime à 2 ½ % sur F. 34344.44	»	66.69	»	858.61		
Assurance contre le feu à 1 ‰ sur F. 34344.44	»	2.43	»	34.34		
Escompte à la vente 2¼ %						
Courtage de vente ¼ %						
Commission de vente 2 %						
Ensemble 4½ % sur F. 37222.69	»	117.53	»	1675.02	»	6000.47
	F.	2611.66			F.	37222.69
Soit par 100 kil. nets	»	21.01				

Rendement réel 100 ℘ = 49 kil. ⁰/₀₀ brut :

Brut	kil. 13190		
Tare et don 5 %	» 660		
Net	kil. 12480 à F. 299.46 les 100 kil. Entrepôt	F.	37222.88
Plus les droits de port à Jacmel	» 21.01		
Ensemble	F. 320.47		

PRIX DE REVIENT AU HAVRE DES 100 KIL. ENTREPOT

AUX CHANGES SUIVANTS SUR PARIS (1)

	PRIX à JACMEL par ℘	F. 0.21	F. 0.22	F. 0.23	F. 0.24	F. 0.25	F. 0.26	F. 0.27	0.01 c. de différence sur le change font par 100 kil.
Coûts et frais variables	∮ 0.⅛	F. 6.27	F. 6.57	F. 6.86	F. 7.16	F. 7.46	F. 7.76	F. 8.06	F. 0.30
	0.¼	12.53	13.13	13.73	14.33	14.93	15.52	16.12	0.60
	0.⅜	18.80	19.70	20.60	21.49	22.39	23.28	24.18	0.90
	0.½	25.07	26 27	27.46	28.66	29.85	31.05	32.24	1.19
	0.⅝	31.34	32.83	34.32	35.82	37.31	38.81	40.30	1.49
	0.¾	37.60	39.40	41.19	42.98	44.78	46.57	48.36	1.79
	0.⅞	43.87	45.96	48.05	50.15	52.24	54.33	56.42	2.09
	1.—	50.15	52.53	54.92	57.31	59.70	62.09	64.48	2.39
Coûts et frais variab. et invariables	2.—	136.73	141.87	147.01	152.14	157.28	162.42	167.55	5.14
	3.—	186.88	194.40	201.92	209.45	216.97	224.49	232.03	7.52
	4.—	237.02	246.93	256.84	266.76	276.67	286.58	296.50	9.91
	5.—	287.17	299.46	311.76	324.07	336.37	348.67	360.98	12.30
Logarithmes des changes		50145	52533	54921	57309	59697	62085	64473	02388
Frais invariables par 100 kil.		36.44	36.80	37.16	37.52	37.88	38.24	38.60	0.36

Plus: droits de sortie à ajouter et à calculer suivant l'explication ci-bas.

(1) Voir pour la conversion des Gourdes (∮), avec les changes en cours, le tableau page 9.

OBSERVATIONS

F. 10 sec les 400 kil. sur le fret font au Havre une différence de F. 2.78 par 100 kil. sur les prix.

Logarithme sous change 2.388

On veut savoir le revient de Coton ayant coûté à Jacmel ∮ 3⅛ la ℘ au change de F. 0.24 par Gourde, voir le tableau page 9, et au fret de F. 100 les 400 kil.

On trouvera dans la 1re et 5e colonne de ce tableau que :

∮ 3.— font les 100 kil. ent.	F.	209.45
» 0.⅛ id. id.	»	28.66
à ajouter les Droits de sortie au change variable de 18 ¾	»	21.01
∮ 3.⅛ feront les 100 kil. entrepôt	F.	259.12

Ainsi le logarithme 2388 × le change de F. 0.24 = le logarithme correspondant à ce change 57309 ;

3⅛ × 57309 =	F.	200.59
à ajouter les frais invariables	»	37.52
id. droits de sortie	»	21.01
Revient égal	F.	259.12

N.-B. — Le logarithme pour les Droits de sortie de Jacmel est 2388. Exemple suivant les explications page 8: 2388 divisé par le change de ce compte P. 18¾ donne 1274, et en multipliant ce chiffre par P. 1⅓, droits actuels à Jacmel de ce compte, on trouve F. 19.10

à ajouter 10 % » 1.91

Soit pour droits de sortie les 100 kil, en France F. 21.01

Exempt de Droits d'entrée

DEPUIS JUIN 1869

COMPTE D'ACHAT ET DE REVIENT

A 500 SACS CAFÉ DE JACMEL

	Droits	Frais	
500 Sacs Café de Jacmel 65228 ℔ à ₰ 170 les 100 ℔			₰ 110887.60
FRAIS A JACMEL			
Charroi et frais d'embarquement à ₰ 4		₰ 2609.12	
Sacs vides à ₰ 6 le sac		» 3000.—	» 5609.12
Droits de sortie à 65228 ℔ à P. 2 ½ et 10 % par 100 ℔	P. 1793.77		₰ 116496.72
Commission d'achat et de remboursement 2 ½ %	» 44.84		» 2912.42
	P. 1838.61		₰ 119409.14
Remboursement sur Paris au change de F. 0.22 pour 1 ₰, voir pour la conversion des gourdes (₰) le tableau page 9			F. 26270.01
Les droits sur les cafés étant payables en P. or, les P. 1838.61 ci-dessus sont à réduire au change de P. 18 ¾ = F 100	F. 9805.92		
FRAIS AU HAVRE			
Fret à F. 60 sec par 900 kil. sur kil. 31686		F. 2109.06	
Permis, frais au débarquement, échantillonner, conditionner, port en magasin, arrimage, magasinage d'un mois, livraison et menus frais		» 265.—	
Assurance maritime à 2 ½ % sur F. 28897.01	» 269.66	» 722.42	
Assurance contre le feu à 1 ‰ sur F. 28897.01	» 10.79	» 28.90	
Courtage de vente ¼ %			
Escompte à la vente 1¾ %			
Commission de vente 2 %			
Ensemble 4 % sur F. 30620.20	» 420.26	» 1224.81	» 4350.19
	F. 10506.63		F. 30620.20
Soit par 100 kil. nets	» 34.16		

RENDEMENT : 100 ℔ = 48 kil. % brute :

Brut		kil. 31636	
Tare 2 %	kil. 633		
Réfaction pour pierres	» 250	» 883	
Net		kil. 30753 à F. 99.57 les 100 kil. Entrepôt	F. 30620.76
Plus les droits de sortie à Jacmel		» 34.16	
Ensemble		F. 133.73	

PRIX DE REVIENT AU HAVRE DES 100 KIL. ENTREPOT

AUX CHANGES SUIVANTS SUR PARIS (1)

PRIX à JACMEL par 100 ℔	F. 0.21	F. 0.22	F. 0.23	F. 0.24	F. 0.25	F. 0.26	F. 0.27	0.01 c. de différence sur le change font au Havre par 100 k.
₰ 1.—	F. 0.49	F. 0.51	F. 0.54	F. 0.56	F. 0.58	F. 0.61	F. 0.63	F. 0.02
2.—	0.98	1.02	1.08	1.12	1.16	1.22	1.26	0.04
3.—	1.47	1.53	1.62	1.68	1.74	1.83	1.89	0.07
4.—	1.96	2.04	2.16	2.24	2.32	2.44	2.52	0.09
5.—	2.45	2.56	2.68	2.80	2.91	3.03	3.15	0.11
6.—	2.94	3.06	3.24	3.36	3.48	3.64	3.78	0.12
7.—	3.43	3.57	3.78	3.92	4.06	4.25	4.41	0.15
8.—	3.92	4.08	4.32	4.48	4.64	4.88	5.04	0.18
9.—	4.41	4.59	4.86	5.04	5.22	5.49	5.67	0.20
10.—	4.89	5.12	5.36	5.59	5.82	6.06	6.29	0.23
140.—	80.73	84.19	87.67	91.12	94.58	98.05	101.51	3.46
150.—	85.62	89.31	93.03	96.71	100.40	104.11	107.80	3.69
160.—	90.51	94.43	98.39	102.30	106.22	110.17	114.09	3.92
170.—	95.41	99.57	103.73	107.89	112.05	116.21	120.37	4.16
180.—	100.30	104.69	109.09	113.48	117.87	122.27	126.66	4.39
190.—	105.19	109.81	114.45	119.07	123.69	128.33	132.95	4.62
200.—	110.09	114.95	119.80	124.66	129.52	134.37	139.23	4.86
210.—	114.98	120.07	125.16	130.25	135.34	140.43	145.52	5.09
220.—	119.87	125.19	130.51	135.84	141.16	146.48	151.81	5.32
Logarithmes des changes	489174	512468	535762	559056	582350	605644	628938	23294
Frais invariables par 100 kil.	12.25	12.45	12.65	12.85	13.05	13.25	13.45	0.20

Plus: droits de sortie à ajouter et à calculer suivant l'explication ci-bas.

(1) Voir pour la conversion des Gourdes (₰), avec les changes en cours, le tableau page 9.

OBSERVATIONS

F. 5 sec par 100 kil. sur le fret font au Havre une différence de F. 0.59¼ par 100 kil. sur les prix.

Logarithme sous change 0.023294

On veut savoir le revient de café ayant coûté à Jacmel ₰ 184 les 100 ℔ au change de F. 0.24 par Gourde (voir le tableau page 9) et au fret de F. 60 les 900 kil.

On trouvera dans la 1re et la 5e colonne de ce tableau que :

₰ 180.— font les 100 kil. entrepôt	F. 113.48
» 4.— id. id.	» 2.24
plus les droits de sortie au change variable de ₰ 18 ¾	» 34.16
₰ 180.— feront les 100 kil. entrepôt	F. 149.88

Ainsi le logarithme 0.023294 × le change de F. 0.24 = le logarithme correspondant à ce change 559056;

184 × 559056 =	F. 102.87
à ajouter les frais invariables	» 12.85
id. droits de sortie au change de ₰ 18 ¾	» 34.16
Revient égal	F. 149.88

N.-B.— Le logarithme pour les droits de sortie à Jacmel est 0.023294. Exemple suivant les explications page 6 : 0.023294 divisé par le change de ce compte ₰ 18 ¾ donne 1242 ; en multipliant ce chiffre par P. 2½ droits actuels, pour ce compte, on trouve .... F. 31.05

plus 10 % .... » 3.11

Ensemble pour droits de sortie de Jacmel pour 100 kil. .... F. 34.16

Droits d'entrée par 100 kil. depuis Juin 1869.

Sous tous pavillons .... F. 50.40

COMPTE D'ACHAT ET DE REVIENT

A I GRENIER BOIS DE CAMPÊCHE

1 Grenier bois de Campêche 530000 ℔ à $ 100 les 1000 ℔ pris sous palan du navire.	$	53000.—

FRAIS A JACMEL

Commission d'achat 5 %	»	2650.—
	$	55650.—
Remboursement sur Paris au change de F. 0.22 pour 1 $ (voir pour la conversion des Gourdes page 9)	F.	12243 —

FRAIS AU HAVRE

Fret à F. 50 sec par 1000 kil.		F.	13289.75		
Permis, frais au débarquement, échantillonner, conditionner, port en magasin, arrimage, magasinage d'un mois, livraison et menus frais.		»	707.40		
Assurance maritime à 1 ¾ % sur F. 13467.30		»	235.67		
Assurance contre le feu à 1 ‰ sur F. 13467.30		»	13.47		
Courtage de vente	¼ %				
Escompte à la vente	2¼ %				
Commission de vente	2 %				
Ensemble	4½ % sur F. 27831.73	»	1252.44	»	15588.78
				F.	27831.73

RENDEMENT : 100 ℔ = 50 kil. %/₀₀ :

Brut		kil. 265705		
Don 2 %	kil. 5310			
6537 kil. bois noir 2 %	» 131			
9921 » bois scié 5 %	» 496	» 5943		
Net		kil. 259852	à F. 10.71 les 100 kil. Ent. F.	27830.15

PRIX DE REVIENT AU HAVRE DES 100 KIL. ENTREPOT

AUX CHANGES SUIVANTS SUR PARIS (1)

	PRIX à JACMEL en Gourdes par 1000 ℔	F. 0.21	F. 0.22	F. 0.23	F. 0.24	F. 0.25	F. 0.26	F. 0.27	0.01 c. de différence par 1 $ sur le change font au Havre par 100 k.
ÉCHANTILLONS. — Coût et frais variables	$ 5.—	F. 0.24	F. 0.25	F. 0.26	F. 0.27	F. 0.29	F. 0.30	F. 0.31	F. 0.01
	10.—	0.48	0.50	0.53	0.55	0.57	0.59	0.62	0.02
Coût et frais variables et invariables	100.—	10.48	10.71	10.94	11.18	11.41	11.64	11.88	0.23
	110.—	10.96	11.21	11.47	11.73	11.98	12.23	12.50	0.26
	120.—	11.44	11.71	12.—	12.28	12.55	12.82	13.12	0.28
	130.—	11.92	12.21	12.53	12.83	13.12	13.41	13.74	0.30
	140.—	12.40	12.72	13.06	13.38	13.69	14.—	14.36	0.33
	150.—	12.88	13.23	13.58	13.92	14.27	14.62	14.96	0.35
	160.—	13.36	13.73	14.11	14.47	14.84	15.21	15.58	0.37
	170.—	13.84	14.23	14.64	15.02	15.41	15.80	16.20	0.39
	180.—	14.32	14.73	15.17	15.57	15.98	16.39	16.82	0.41
	190.—	14.80	15.23	15.70	16.12	16.55	16.98	17.44	0.43
	200.—	15.28	15.74	16.20	16.66	17.12	17.58	18.04	0.46
Logarithmes des changes		48048	50336	52624	54912	57200	59488	61776	02288
Frais invariables par 100 kil.		5.68	5.68	5.68	5.68	5.68	5.68	5.68	—.—

(1) Voir pour la conversion des Gourdes, avec les changes en cours, le tableau page 9.

OBSERVATIONS

F. 5 sec par 1000 kil. sur le fret font au Havre une différence de F. 0.53½ par 100 kil. sur les prix

Logarithme sans change 0,002288

On veut savoir le revient de bois de Campêche ayant coûté à Jacmel $ 155 les 1000 ℔ au change de F. 0 24 et au fret de F. 50 les 1000 kil.

On trouvera dans la 1re et la 5e colonne de ce tableau que :

$ 150.— font les 100 kil. entrepôt .... F. 13.92
» 5.— id. id. .... » 0.27
$ 155.— feront les 100 kil. entrepôt .... F. 14.19

Ainsi le logarithme 0,002288 × le change de F. 0.24 = le logarithme correspondant à ce change 54912 ;

155 × 54912 = ... F. 8.51
à ajouter les frais invariables .... » 5.68
Revient égal .... F. 14.19

Exempt de Droits d'entrée

DEPUIS JUIN 1869

COMPTE D'ACHAT ET DE REVIENT

A 65 BILLES BOIS ACAJOU

65 Billes Bois Acajou mesurant 2250 pieds à $ 1500 les 1000 pieds .... $ 3375.—

FRAIS A JACMEL

Frais d'embarquement à $ 10	$	650.—		
Droits de port à 2250 pieds à $ 22 et 10 % les 1000 pieds	»	54.45	$	704.45
			$	4079.45
Commission d'achat 2 ½ %			»	101.99
			$	4181.44
Remboursement sur Paris au change de F. 0.22 pour 1 $; voir pour la conversion le tableau page 9			F.	919.92

FRAIS AU HAVRE

Fret à 7865 kil. à F. 50 sec par 1000 kil	F.	393.25		
Permis, frais au débarquement, échantillonner, conditionner, port en magasin, arrimage, magasinage d'un mois, livraison et menus frais.	»	25.17		
Assurance maritime à 2 % sur F. 1011.91	»	20.24		
Assurance contre le feu à 1 ‰ sur F. 1011.91	»	1.01		
Escompte à la vente .... 2¼ %				
Courtage de vente .... ¼ %				
Commission de vente .... 2 %				
Ensemble .... 4½ % sur F. 1423.64	»	64.05	»	503.72
			F.	1423.64

RENDEMENT réel :

Brut	kil.	7865
Don 2 %	»	157
Net	kil.	7708

Net .... kil. 7708 à F. 18.47 les 100 kil. Entrepôt .... F. 1423.66

PRIX DE REVIENT AU HAVRE DES 100 KIL. ENTREPOT

AUX CHANGES SUIVANTS SUR PARIS (1)

	PRIX à JACMEL par 1000 pieds	F. 0.21	F. 0.22	F. 0.23	F. 0.24	F. 0.25	F. 0.26	F. 0.27	1 c. de différence par 1 $ sur le change font au Havre par 100 kil.
SOUMISSIONS — Coût et frais variables	$ 100.—	F. 0.67	F. 0.70	F. 0.74	F. 0.77	F. 0.80	F. 0.83	F. 0.87	F. 0.03
	200.—	1.34	1.40	1.48	1.54	1.60	1.66	1.74	0.06
	300.—	2.01	2.10	2.22	2.31	2.40	2.49	2.61	0.09
	400.—	2.68	2.80	2.96	3.08	3.20	3.32	3.48	0.13
	500.—	3.87	3.53	3.68	3.85	4.01	4.17	4.33	0.16
	1000.—	6.73	7.05	7.37	7.69	8.01	8.33	8.65	0.32
Coût et frais variables et invariables	1000.—	14.52	14.94	15.36	15.78	16.20	16.62	17.04	0.42
	1500.—	17.89	18.47	19.05	19.63	20.21	20.79	21.37	0.58
	2000.—	21.26	22.00	22.74	23.48	24.22	24.96	25.70	0.74
	2500.—	24.63	25.53	26.43	27.33	28.23	29.13	30.08	0.90
	3000.—	27.99	29.05	30.11	31.17	32.23	33.29	34.36	1.06
	Logarithmes des changes	673092	705144	737196	769248	801300	833352	865404	32052
	Frais invariables par 100 kil.	7.79	7.89	7.99	8.09	8.19	8.29	8.39	0.10

(1) Voir pour la conversion des Gourdes, avec les changes en cours, le tableau page 9.

OBSERVATIONS

F. 5 sec par 1000 kil. sur le fret font au Havre une differ. de F. 0.53½ par 100 kil. sur les prix.

Logarithme sans change 0,00032052

On veut savoir le revient au Havre du Bois d'Acajou ayant coûté à Jacmel $ 1900 les 1000 pieds au change de F. 0.24 et au fret de F. 50 les 1000 kil.

On trouvera dans la 1re et 5e colonne de ce tableau que :

$ 1500	font les 100 kil entrepôt	F.	19.63
» 400	Id. Id.	»	3.08
$ 1900	feront les 100 kil. entrepôt	F.	22.71

Ainsi le logarithme 0.00032052 × le change de F. 0.24 = le logarithme correspondant à ce change 0.769248 ;

1900 × 0.769248 = ...	F.	14.62
à ajouter les frais invariables	»	8.09
Revient égal	F.	22.71

Exempt de Droits d'entrée

DEPUIS JUIN 1869

COMPTE D'ACHAT ET DE REVIENT

A 17 BALLES COTON HAITI

	Droits de sortie		
17 Balles Coton Haïti pesant 4339 ℔ à # 5 le ℔			# 21695.—
FRAIS AUX CAYES			
Charroi et travailleurs à l'embarquement à # 64 la balle		# 1088.—	
Certificat consulaire		» 62.50	
Droits de sortie à 4339 ℔ à P. 1⅝ or et 10 % les 100 ℔	P. 71.59	»	» 1150.50
			# 22845.50
Commission d'achat 2 ½ %	» 1.79		» 571.14
	P. 73.38		# 23416.64
Remboursement sur Paris au change de F. 0.22 pour 1 #; voir pour la conversion des gourdes le tableau page 9.			F. 5151.66
Les droits sur les cotons étant payables en P. or; les P. 73.38 ci-dessus sont à réduire au change de P. 18¾ = F. 100	F. 391.36		
FRAIS AU HAVRE			
Fret à F. 100 sec les 400 kil. soit brut kil. 2126		F. 531.50	
Permis, frais au débarquement, échantillonner, conditionner, port en magasin, arrimage, magasinage d'un mois, livraison et menus frais		» 22.95	
Assurance maritime à 2 ½ % sur F. 5666.83	» 10.76	» 141.67	
Assurance contre le feu à 1 ‰ sur F. 5666.83	» 0.43	» 5.67	
Escompte à la vente 2½ %			
Courtage de vente ¼ %			
Commission de vente 2 %			
Ensemble 4½ % sur F. 6129.27	» 18.97	» 275.82	» 977.61
	F. 421.52		F. 6129.27
Soit par 100 kil. nets	» 20.87		

RENDEMENT : 100 ℔ de Cayes = brut 49 kil.

Brut	kil. 2126.—	
Tare et don 5 %	» 106.50	
Net	kil. 2019.50 à F. 303.50 les 100 kil	F. 6129.20
Plus les droits de sortie aux Cayes	» 20.87	
Ensemble	F. 324.87	

PRIX DE REVIENT AU HAVRE DES 100 KIL. ENTREPOT

AUX CHANGES SUIVANTS SUR PARIS (1)

PRIX aux CAYES par ℔ en Gourdes		F. 0.21	F. 0.22	F. 0.23	F. 0.24	F. 0.25	F. 0.25	F. 0.27	0.01 c. de différence par 1 # sur le change font au Havre par 100 kil.
SUBDIVISIONS — Coût et frais variables	# 0.⅛	F. 6.22	F. 6.52	F. 6.82	F. 7.12	F. 7.41	F. 7.71	F. 8.—	F. 0.30
	0.¼	12.45	13.04	13.64	14.23	14.82	15.42	16.01	0.60
	0.⅜	18.67	19.56	20.46	21.34	22.23	23.13	24.01	0.90
	0.½	24.90	26.09	27.28	28.46	29.65	30.83	32.02	1.19
	0.⅝	31.12	32.60	34.10	35.58	37.05	38.55	40.03	1.49
	0.¾	37.35	39.12	40.92	42.69	44.46	46.26	48.03	1.78
	0.⅞	43.57	45.64	47.74	49.81	51.87	53.97	56.04	2.08
	1.—	49.81	52.13	54.56	56.93	59.30	61.67	64.05	2.37
Coût et frais variables et invariables	2.—	141.58	146.95	152.32	157.69	163.06	168.43	173.80	5.37
	3.—	191.39	199.13	206.88	214.62	222.36	230.10	237.85	7.74
	4.—	241.20	251.31	261.44	271.55	281.66	291.77	301.90	10.12
	5.—	291.01	303.50	316.—	328.48	340.96	353.46	365.95	12.49
Logarithmes des changes		49812	52184	54556	56928	59300	61672	64044	2372
Frais invariables par 100 kil.		41.95	42.58	43.21	43.84	44.47	45.10	45.73	0.63

Plus: droits de sortie à ajouter et à calculer suivant l'explication ci-bas

(1) Voir pour la conversion des Gourdes, avec les changes en cours, le tableau page 9.

OBSERVATIONS

F. 10 sec par 400 kil. sur le fret font au Havre une différence de F. 2.76 par 100 kil. sur les prix

Logarithme sans change 2.372

On veut savoir le revient du coton ayant coûté aux Cayes # 4½ la ℔ au change de F. 0.24 par gourde (voir le tableau page 9) et au fret de F. 100 les 400 kil.

On trouvera dans la 1re et la 5e colonne de ce tableau que :

# 4.— font les 100 kil. entrepôt	F. 271.55
» 0.½ id. id.	» 14.23
à ajouter les droits de sortie au change variable de 18¾	» 20.87
# 4.½ feront les 100 k. entrepôt	F. 306.65

Ainsi le logarithme 2372 × le change de F. 0.24 = le logarithme correspondant à ce change 56928;

4½ × 56928 =	F. 241.94
à ajouter les frais invariables	» 43.84
id. droits de sortie	» 20.87
Revient égal	F. 306.65

N.-B.— Le logarithme pour les droits de sortie des Cayes est 2372. Exemple suivant les explications page 8 : 2372 divisé par le change de ce compte P. 18¾, donne 1255, et en multipliant ce chiffre par P. 1⅝ droits actuels de ce compte, on trouve . F. 18.98
à ajouter les 10 % » 1.89
Soit F. 20.87 pour droits de sortie des Cayes les 100 kil. en France.

Exempt de Droits d'entrée

DEPUIS JUIN 1869

COMPTE D'ACHAT ET DE REVIENT

A 200 SACS CAFÉ HAITI

		Droits						
200 Sacs Café Haiti 26321 ₲ à $ 180 pour 100 ₲							$	47377.80
FRAIS AUX CAYES								
Charrol et travailleurs à l'embarq. $ 2 ½ par 100 ₲				$	658.02			
Sacs vides à $ 4 par 100 ₲				»	1052.84	»		1710.86
							$	49088.66
Droits de sortie P. 2 ½ et 10 % pour 100 ₲		P.	723.80					
Commission d'achat et de remboursement 2 ½ %		»	18.10				»	1227.22
		P.	741.90				$	50315.88
Remboursement sur Paris au change de F. 0.22 pour 1 $; voir pour la conversion des gourdes le tableau page 9							F.	11069.49
Les droits sur les cafés étant payables en Piastres, les P. 741.90 ci-dessus sont à réduire au change variable de P. 18 ¾ pour F. 100		F.	3956.80					
FRAIS AU HAVRE								
Fret à F.70 sec par tonneau de 900 kil. sur 12897 kil. bruts				F.	1003.10			
Permis, frais au débarquement, échantillonner, conditionner, port en magasin, arrimage, magasinage d'un mois, livraison et menus frais				»	100.—			
Assurance maritime à 2 ½ % sur F. 12176.55		»	108.81	»	304.41			
Assurance contre le feu à 1 ‰ sur F. 12176.55		»	4.35	»	12.18			
Courtage de vente	¼ %							
Escompte à la vente	1 ¾ %							
Commission de vente	2 %							
Ensemble	4 % sur F. 13015.81	»	169.58	»	520.63	»		1946.32
		F.	4239.54				»	13015.81
Soit par 100 kil. nets		»	33.87					

RENDEMENT : 100 ₲ = brut 49 kil.

Brut		kil. 12897	
Tare 2 %	kil. 258		
Réfaction pour pierres à ½.	» 100	» 358	
Net		kil. 12539	à F. 103.80 par 100 kil. Entrep. F. 13015.48
Plus les droits de sortie aux Cayes		» 33.81	
Ensemble		F. 137.61	

PRIX DE REVIENT AU HAVRE DES 100 KIL. ENTREPOT

AUX CHANGES SUIVANTS SUR PARIS (1)

	PRIX aux CAYES par 100 ₲	F. 0.21	F. 0.22	F. 0.23	F. 0.24	F. 0.25	F. 0.26	F. 0.27	0.01 c. de différence par 1 $ sur le change font au Havre par 100 kil.
	$ 1.—	F. 0.48	F. 0.51	F. 0.53	F. 0.55	F. 0.57	F. 0.60	F. 0.62	F. 0.02
	2.—	0.97	1.01	1.06	1.11	1.15	1.20	1.24	0.04
	3.—	1.45	1.52	1.59	1.66	1.73	1.80	1.87	0.07
	4.—	1.94	2.02	2.12	2.22	2.30	2.40	2.49	0.09
	5.—	2.42	2.53	2.65	2.77	2.88	3.00	3.11	0.11
	6.—	2.90	3.04	3.18	3.32	3.46	3.60	3.73	0.14
	7.—	3.39	3.55	3.71	3.87	4.03	4.20	4.36	0.16
	8.—	3.87	4.05	4.24	4.42	4.60	4.80	4.98	0.18
	9.—	4.36	4.56	4.77	4.98	5.19	5.39	5.60	0.21
	10.—	4.84	5.07	5.30	5.53	5.76	5.99	6.22	0.23
Coûts et frais variables et invariables	130.—	75.29	78.44	81.59	84.73	87.88	91.03	94.17	3.15
	140.—	80.13	83.51	86.89	90.26	93.64	97.02	100.39	3.38
	150.—	84.97	88.58	92.19	95.79	99.40	103.01	106.61	3.61
	160.—	89.91	93.65	97.49	101.32	105.16	109.00	112.83	3.84
	170.—	94.64	98.71	102.78	106.85	110.92	114.99	119.05	4.07
	180.—	99.49	103.79	108.09	112.38	116.68	120.98	125.27	4.30
	190.—	104.33	108.86	113.39	117.91	122.44	126.97	131.49	4.53
	200.—	109.17	113.93	118.69	123.44	128.20	132.96	137.71	4.76
	Logarithmes des changes	48405	50710	53015	55320	57625	59930	62235	2305
	Frais invariables par 100 kil.	12.36	12.51	12.66	12.81	12.96	13.11	13.26	0.15

Plus : droits de sortie à ajouter et à calculer suivant l'explication ci-bas.

(1) Voir pour la conversion des Gourdes, avec les changes en cours, le tableau page 9.

OBSERVATIONS

F. 10 sec par tonn. de 900 kil. sur le fret font au Havre une différence de F. 1.19 par 100 kil. sur les prix.

Logarithme sans change 0,02305

On veut savoir le revient au Havre de café ayant coûté aux Cayes $ 185 les 100 ₲ au change de F. 0.23 par Gourde (voir le tableau page 9) et au fret de F. 70 sec les 900 k.

On trouvera dans la 1re et la 4e colonne de ce tableau que :

$ 5.— font les 100 kil. entrepôt	F.	2.65
» 180.— id. id.	»	108.09
plus droits de sortie au change variable de P. 18 ¾	»	33.81
$ 185.— feront les 100 kil. entrepôt	F.	144.55

Ainsi le logarithme 2305 × le change de F. 23 = le logarithme correspondant à ce change 53015 ;

185 × 53015 =	F.	98.08
à ajouter les frais invariables	»	12.66
plus les droits de sortie au change variable de P. 18 ¾	»	33.81
Revient égal	F.	144.55

N.-B. Le logarithme pour les droits de sortie aux Cayes est 23050. Exemple selon les explications page 8 : 23050 divisé par le change de ce compte P. 18¾ donne 1229 ; en multipliant ce chiffre par P. 2½, droits actuels selon ce compte, on trouve ...... F. 30.73

plus 10% ...... » 3.08

Ensemble ...... F. 33.81 pour droits de sortie aux Cayes par 100 kil. en France.

Droits d'entrée par 100 kil. depuis Juin 1889

Sous tous pavillons ...... F. 50.40

COMPTE D'ACHAT ET DE REVIENT

A I CAISSE ÉCAILLE DE CARET

1 Caisse Écaille de Caret pesant net 16 ℔ ½ à ℊ 40	ℊ	660.—

FRAIS AUX CAYES

Coût d'une caisse et frais d'embarquement	»	8.—
	ℊ	668.—
Commission d'achat 2 ½ %	»	16.70
	ℊ	684.70
Remboursement sur Paris au change de F. 0.22 pour 1 ℊ Gourde; voir pour la conversion des Gourdes le tableau page 9	F.	150.63

FRAIS AU HAVRE

Fret minimum	F.	10.—		
Permis, frais au débarquement, échantillonner, conditionner, port en magasin, arrimage, magasinage d'un mois, livraison et menus frais.	»	3.—		
Assurance maritime à 2 % sur F. 165.69	»	3.32		
Assurance contre le feu à 1 ‰ sur F. 165.69	»	0.17		
Escompte à la vente 2¼ %				
Courtage de vente ¼ %				
Commission de vente 2 %				
Ensemble 4½ % sur F. 175.—	»	7.88	»	24.37
			F.	175.—

RENDEMENT : 100 ℔ = net 48 kil.

Net kil. 7.92 à F. 22.10 les 100 kil. Entrepôt .... F. 175.03

PRIX DE REVIENT AU HAVRE DU KIL. ENTREPOT

AUX CHANGES SUIVANTS SUR PARIS (1)

PRIX aux CAYES par ℔ en ℊ	F. 0.21	F. 0.22	F. 0.23	F. 0.24	F. 0.25	F. 0.26	F. 0.27	0.01 c. de différence par ℊ sur le change font au Havre par kil.
Subdivisions — Coût et frais variables								
ℊ 1.—	F. 0.48	F. 0.50	F. 0.53	F. 0.55	F. 0.57	F. 0.59	F. 0.62	F. 0.02
2.—	0.96	1.—	1.05	1.10	1.14	1.19	1.24	0.04
3.—	1.44	1.50	1.58	1.65	1.71	1.78	1.86	0.07
4.—	1.92	2.00	2.10	2.20	2.28	2.37	2.48	0.09
5.—	2.41	2.51	2.63	2.75	2.86	2.97	3.09	0.12
Coût et frais variables et invariables								
20.—	11.57	12.03	12.50	12.98	13.44	13.91	14.38	0.47
25.—	13.98	14.54	15.13	15.73	16.30	16.88	17.47	0.59
30.—	16.38	17.07	17.77	18.47	19.16	19.86	20.56	0.70
35.—	18.79	19.58	20.40	21.22	22.02	22.83	23.65	0.81
40.—	21.19	22.11	23.03	23.97	24.88	25.80	26.74	0.92
45.—	23.60	24.62	25.66	26.72	27.74	28.77	29.83	1.04
50.—	26.00	27.15	28.30	29.46	30.61	31.76	32.92	1.15
Logarithmes des changes	48.09	50.38	52.67	54.96	57.25	59.54	61.83	02.29
Frais invariables par kil.	1.95	1.96	1.97	1.98	1.99	2.00	2.01	0.01

(1) Voir pour la conversion des gourdes, avec les changes en cours, le tableau page 9.

OBSERVATIONS

Logarithme sans change 0.0229

On veut savoir le revient d'Écaille de Caret ayant coûté aux Cayes ℊ 47 le ℔ au change de F. 0.24 et au fret de F. 10 la caisse.

On trouvera dans la 1re et la 5e colonne de ce tableau que :

ℊ 45.— font le kilog entrepôt	F.	26.71
» 2.— id. id.	»	1.10
ℊ 47.— feront le kilog entrepôt	F.	27.81

Ainsi le logarithme 0.0229 × le change 24 = le logarithme correspondant à ce change 5496 ;

47 × 5496 =	F.	25.83
à ajouter les frais invariables	»	1.98
Revient égal	F.	27.81

Exempt de Droits d'entrée

DEPUIS JUIN 1869.

COMPTE D'ACHAT ET DE REVIENT

A 1 GRENIER BOIS DE TEINTURE

1 Grenier Bois de Teinture 746700 ℘ à # 125 les 1000 ℘ .... # 93337.50

FRAIS A PORT DE PAIX

Gabarrage à # 4 les 1000 ℘ .... » 2986.80

96324.30

Commission d'achat 5 % .... » 4816.21

101140.51

Remboursement sur Paris au change de F. 0.22 pour 1 # (Gourde); voir pour la conversion page 9 ..... F. 22250.90

FRAIS AU HAVRE

Fret à F. 50 sec par 1000 kil .... F. 18107.72
Permis, frais au débarquement, échantillonner, conditionner, port en magasin, arrimage, magasinage d'un mois, livraison et menus frais. » 1086.40
Assurance maritime à 1 ¾ % sur F. 24476.— .... » 428.33
Assurance contre le feu à 1 ‰ sur F. 24476.— .... » 24.48
Escompte à la vente .... 2 ¼ %
Courtage de vente .... ¼ %
Commission de vente .... 2 %
Ensemble .... 4 ½ % sur F. 43872.14 .... » 1974.25 » 21621.24

F. 43872.14

RENDEMENT : 100 ℘ = 48 kil. ½

kil. 362149
Don 2 % .... » 7243
kil. 354906 à F. 12.36 les 100 kil. Entrepôt .... F. 43866.38

PRIX DE REVIENT AU HAVRE DES 100 KIL. ENTREPOT

AUX CHANGES SUIVANTS SUR PARIS (1)

PRIX à PORT-DE-PAIX en gourdes par 100 ℘	F. 0.21	F. 0.22	F. 0.23	F. 0.24	F. 0.25	F. 0.26	F. 0.27	0.01 c. de différence sur le change font au Havre par 100 k.
# 1.—	F. 0.05	F. 0.05	F. 0.05	F. 0.06	F. 0.06	F. 0.06	F. 0.06	F. 0.01
5.—	0.25	0.26	0.27	0.29	0.30	0.31	0.32	0.01
10.—	0.50	0.52	0.54	0.57	0.59	0.61	0.64	0.02
100.—	10.82	11.06	11.31	11.55	11.79	12.04	12.28	0.24
110.—	11.32	11.58	11.85	12.12	12.38	12.65	12.92	0.26
120.—	11.82	12.10	12.39	12.69	12.97	13.26	13.56	0.29
130.—	12.32	12.62	12.94	13.25	13.56	13.89	14.20	0.31
140.—	12.82	13.14	13.48	13.82	14.15	14.49	14.84	0.33
150.—	13.30	13.66	14.02	14.39	14.75	15.11	15.48	0.36
160.—	13.80	14.18	14.56	14.96	15.34	15.73	16.12	0.38
170.—	14.30	14.70	15.10	15.53	15.93	16.34	16.76	0.41
180.—	14.80	15.22	15.65	16.09	16.52	16.95	17.40	0.43
190.—	15.30	15.74	16.19	16.65	17.11	17.56	18.04	0.45
200.—	15.78	16.26	16.74	17.22	17.69	18.17	18.68	0.48
Logarithmes des changes	4956	5192	5428	5664	5900	6136	6372	0236
Frais invariables par 100 kil.	5.86	5.87	5.88	5.89	5.90	5.91	5.92	0.01

(1) Voir pour la conversion des Gourdes, avec les changes en cours, le tableau page 9.

OBSERVATIONS

F. 5 sec par 1000 kil. sur le fret font au Havre une différence de F. 0.53 ½ par 100 kil. sur les prix.

Logarithme sans Change 0.00236

On veut savoir le revient de Bois de teinture ayant coûté à Port de Paix # 162 les 1000 ℘ au change de F. 0.24 et au fret de F. 50 les 1000 kil.

On trouvera dans la 1re et la 5e colonne de ce tableau que :
1.— font les 100 kil. entrepôt .... F. 0.06
» 1.— id. id. .... » 0.06
» 160.— id. id. .... » 14.96
162.— feront les 100 kil. entrepôt .... F. 15.08

Ainsi le logarithme 236 × le change 24 = le logarithme correspondant à ce change 5664;
162 × 5664 = ... F. 9.18
à ajouter les frais invariables .... » 5.89
Revient égal .... F. 15.07

Exempt de Droits d'entrée
DEPUIS JUIN 1869

ILES CANARIES

Iles Canaries, Insulae fortunatae, groupe d'îles de l'Océan Atlantique à 200 kilom., de la côte Nord-Ouest de l'Afrique, entre 15° 40' et 20° 30' longitude Ouest, 27° 39' et 29° 30' latitude Nord. On en compte sept principales, Ténériffe, Fortaventura, Canarie, Palma, Lancerote, Gomera, Hierro ou île de Fer ; toutes appartiennent à l'Espagne. Population 199,000 habitants environ. Ces îles, qui sont de formation volcanique, offrent partout des côtes escarpées, des montagnes très hautes, entre autres le pic de Ténériffe qui a 3,808 mèt. de hauteur et qu'on voit à près de 200 kilom., en mer. Le climat supportable au Nord et à l'Ouest est d'une chaleur accablante et mortelle au Sud et au Sud-Est ; le sol est d'une fertilité extrême ; on élève dans toutes ces îles une grande quantité de bétail; vins exquis; serins renommés. Les Phéniciens et les Carthaginois ont eu jadis des comptoirs aux îles Canaries, mais après la ruine de Carthage, les Canaries demeurèrent ignorées et le nom seul d'Iles Fortunées resta dans le souvenir des navigateurs. Retrouvées en 1330 par des Français, elles furent d'abord négligées. En 1402 les îles Fortaventura, Gomera et de Fer furent soumises par Jean de Béthencourt, gentilhomme cauchois, pour le roi de Castille; la soumission par les Espagnols ne fut complète qu'en 1512, après l'extermination des indigènes, dits Guanches.

Commerce. — Sainte-Croix de Ténériffe, port le plus important des Canaries, commerce actif aux mains des Anglais. Exportation de Vin, Cochenille, Orseille. La soude naturelle s'exporte seulement pour l'Amérique et pour l'Espagne; son prix d'achat varie de F. 4 à F. 8 le quintal de 46 kil.

Le mode de remboursement se fait en traites sur Marseille à 30 jours de vue ou sur le Havre et Paris à 60 jours. Le change est ordinairement F. 5.40 la piastre forte ou 27 cent. de France le réal de vellon. On n'exige pas de crédit confirmé. Le peu d'achats qui se font à Ténériffe sont les résultats d'ordres de maisons à maisons qui sont en relation d'affaires suivies. D'ailleurs ces ordres d'achats pour compte sont très rares. Les négociants des Canaries exportent pour leur propre compte, afin de solder ainsi les factures des marchandises qu'ils demandent en retour. La pièce de cinq francs a cours dans le pays comme si c'était une monnaie espagnole. La valeur à Ténériffe est de 19 réaux de vellon.

Il n'existe aucune tare usuelle sur les marchandises en général. On ne fait pas d'escompte sur les marchandises. Le poids dont on se sert pour la vente est la livre de 16 onces qui équivaut à 460 grammes de France. Il n'existe aucun droit de sortie et à peine y en a-t-il d'entrée, car les ports des Canaries sont en franchise. Les droits d'entrée se réduisent à 1 % sur facture ad valorem. Le tabac paye 100 réaux (F. 27) par quintal ; les cigares 400 réaux (F. 108) le quintal. Les articles français qu'on importe sont : savon, cuirs tannés, épiceries, sucre pilé, amidon, farine, noisettes, verreries, tabac, chapelleries, chaussures, quincaillerie, mercerie, papeteries, articles de modes, soieries, rubans, articles de Paris, étoffes en laine douce, cotonnades, draps, bijouteries fine et fausse, horlogerie, liqueurs, vins de Champagne et de Bordeaux, bière, sardines à l'huile, poterie ordinaire, ciment romain, tuiles, carreaux, briques, bougies stéarines, etc.

La production annuelle des Canaries est de 1000 à 2000 Pipes de 450 litres de vin chacune et de 10 à 12,000 quintaux soit 460 à 552,000 kil. de cochenille.

Les frais de navigation sont très minimes. Le pilotage d'entrée ou de sortie se paye F. 18.25; s'il se fait de nuit on paye le double. Si on ne veut pas recevoir le pilote on ne paye rien. Les droits d'entrée sont de 14 c. par tonneau de jauge officiel, si le navire fait des opérations commerciales, et rien s'il n'en fait pas. Le droit de capitainerie est d'un franc pour un brick et F. 1 ½ pour un trois mâts. Le port est accessible à tous les navires, aucun danger ne l'environne. Les époques sont toutes également favorables ; il n'y a à craindre que les vents d'Est ou de Sud-Est qui ne soufflent que quelquefois dans l'année vers les mois de Décembre, Janvier ou Février.

État des Monnaies, Poids et Mesures en usage aux Iles Canaries et leur conversion en unités Françaises.

MONNAIES EN OR.

	F. C.
L'once d'or ou quadruple	84.80
La demi-once	42.40
Le quart d'once	21.20
Le huitième d'once	10.60
L'écu (1/16 d'once)	5.30
L'écu avec prime (escudo de premio)	5.65
Doublon d'Isabelle (valeur de 100 réaux)	26.50

EN ARGENT.

	F. C.
Piastre forte (duro) ∦	5.30
Demi piastre	2.65
Quart de piastre (toston)	1.325
Huitième de piastre (½ toston)	0.667
Seizième de piastre (fisca)	0.333
Piécette (pesete)	1.06
Demi piécette	0.53
Quart piécette soit le réal de vellon	0.27
La pièce de 5 F. (Napoléon) valeur 19 réaux	5.13

DE BILLON.

	F. C.
Pièce de 50 cent. de réal	0.135
id. de 25 cent. id.	0.067
id. de 10 cent. id.	0.026
id. de 2 quarts	0.063
id. de 1 quart	0.0315
id. de ½ quart	0.0157

NOTA. — Il y a aussi une monnaie imaginaire très en usage aux Canaries. C'est la piastre courante, équivalant à 7/8 de ∦ 4.63
Et le *réal de Plata* équivalant à 0.50

POIDS.

	Kilogrammes.
Le tonneau espagnol de 20 quintaux (1)	920.000
Le quintal de 100 ℔	46.000
L'arrobe de 25 ℔	11.500
La livre (℔)	0.460
L'once (1/16 de ℔)	0.02875
L'adarme (1/16 d'once)	0.00180

MESURES LONGITUDINALES.

	Mètres.
La vare de Burgos	0.836
Le pied de Burgos (1/3 de vare)	0.276
Le pouce (1/12 de pied)	0.023
La ligne (1/12 de pouce)	0.002

MESURES DE CAPACITÉ

Pour les Graines.

	Litres.
La fanègue de Ste-Croix de Ténériffe	62.66
La demi-fanègue	31.33
L'almud ou celemin (1/12 de fanègue)	2.61

POUR LES LIQUIDES.

	Litres.
La pipe du pays (480 cuartillos)	472.320
La pipe d'embarquement (450 cuartillos)	442 800
Le cuartillo	0 984

(1) Le tonneau de jauge se compose de deux pipes.

(Extrait du Dictionnaire de MM. GUILLAUMIN et Ce, ainsi que de nos renseignements particuliers).

COMPTE D'ACHAT ET DE REVIENT

A 10 BARILS VIN SEC 1re MARQUE

10 Barils Vin sec 1re marque contenant 56 litres chaque à 415 réaux de veillon par baril de 56 litres (fût compris)			Rx	4150.—

FRAIS A TÉNÉRIFFE

Port à quai	Rx	5.—		
Droits de la grue	»	2.50		
Chaland	»	20.—	»	27.50
			Rx	4177.50
Commission d'achat 3 %			»	125.32
			Rx	4302.82
Remboursement sur Paris à 60 jours de vue au change de 27 centimes pour 1 Réal de Veillon			F.	1161.76

FRAIS AU HAVRE

Fret à F. 4 et 10 % par baril	F.	44.—		
Permis, frais au débarquement, échantillonner, conditionner, port en magasin, arrimage, magasinage d'un mois, livraison et menus frais	»	12.50		
Assurance maritime à 1 ¼ % sur F. 1277.94	»	15.97		
Assurance contre le feu à 1 ‰ sur F. 1277.94	»	1.28		
Commission de banque à Paris à ¼ % sur F. 1161.76	»	2.90		
Escompte à la vente 2¼ %				
Courtage de vente ½ %				
Commission de vente 2 %				
Ensemble 4¾ % sur F. 1300.16	»	61.75	»	138.40
			F.	1300.16

RENDEMENT : 56 litres = 53 litres ¼

10 barils	litres	560
Perte	»	28
Net	litres	532 à F. 130 le baril de 53 ¼ litres ... F. 1300.—

PRIX DE REVIENT AU HAVRE DU BARIL DE 56 LITRES ENTREPOT

AUX CHANGES SUIVANTS SUR PARIS POUR 1 RÉAL DE VEILLON

PRIX à Ste-CROIX DE TÉNÉRIFFE par baril de 56 litres.	F. 0.26	F. 0.26 ½	F. 0.27	F. 0.27 ½	F. 0.28	½ cent. de différence sur le change fait au Havre par baril.
R. 0.01	F. 0.29	F. 0.29	F. 0.30	F. 0.30	F. 0.31	F. 0.01
0.02	0.57	0.58	0.59	0.60	0.62	0.02
0.03	0.86	0.87	0.89	0.90	0.93	0.03
0.04	1.14	1.16	1.18	1.20	1.24	0.04
0.05	1.43	1.46	1.49	1.51	1.54	0.05
0.10	2.86	2.92	2.97	3.03	3.08	0.11
3.00	92.53	94.20	95.86	97.53	99.19	3.33
3.25	99.68	101.48	103.29	105.09	106.89	3.60
3.50	106.83	108.77	110.71	112.65	114.59	3.88
3.75	113.98	116.15	118.14	120.22	122.29	4.15
4.00	121.13	123.34	125.56	127.78	129.99	4.43
4.25	128.28	130.62	132.99	135.35	137.69	4.70
4.50	135.43	137.92	140.41	142.90	145.39	4.98
4.75	142.58	145.19	147.84	150.48	153.09	5.25
5.00	149.73	152.50	155.26	158.03	160.79	5.53
Logarithmes des changes	286026	291526	297027	302527	308028	011001
Frais invariables par baril	6.72	6.74	6.75	6.77	6.78	0.03

OBSERVATIONS

F. 1 et 10 % par baril sur le fret font au Havre une différence de F. 1.15 par baril de 56 litres sur les prix.

Logarithme sans change 0.011001

On veut savoir le revient d'un baril de Vin ayant coûté à Ste-Croix de Ténériffe R. 3.07 au change de 26 ½ et au fret de F. 10 et 10 % le baril.

On trouvera dans la 1re et la 3e colonne de ce tableau que :

R. 3.— font le baril entrepôt	F.	94.19
» 0.05 id. id.	»	1.46
» 0.02 id. id.	»	0.58
R. 3.07 feront le baril entrepôt	F.	96.23

Ainsi le logarithme 0.011001 × le change 26½ = le logarithme correspondant à ce change 291526 ;

3.07 × 291526 =	F.	89.50
à ajouter les frais invariables	»	6.73
Revient égal	F.	96.23

Droits d'entrée les 100 litres depuis Juin 1869

Sous tous pavillons ... F. 0.30

COMPTE D'ACHAT ET DE REVIENT

A 100 BALLES ORSEILLE DES CANARIES

100 Balles Orseille des Canaries pesant brut... ℘ 20596				
Tare à ℘ 5... » 500				
Net ... ℘ 20096 à Rx 1.50 ...			Rx	30144.—

FRAIS A TÉNÉRIFFE

100 grands sacs à 15 Rx ...	Rx	1500.—		
Frais d'emballage à 2 Rx ...	»	200.—		
Port à quai ...	»	75.—		
Transport à bord ...	»	250.—	»	2025.—
			Rx	32169.—
Commission d'achat 3 % ...			»	965.07
			Rx	33134.07
Remboursement à 60 jours de vue sur Paris au change de 27 centimes par Réal de veillon ...			F.	8946.18

FRAIS AU HAVRE

Fret à 20596 ℘ à F. 3 et 10 % par 100 ℘ ...	F.	679.67		
Permis, frais à la réception, échantillonner, conditionner, port en magasin, arrimage, magasinage d'un mois, livraison et menus frais.	»	125.—		
Assurance maritime à 1 ¼ % sur F. 9840.80 ...	»	123.01		
Assurance contre le feu à 1 ‰ sur F. 9840.80 ...	»	9.84		
Commission de banque à ¼ % sur F. 8946.18 ...	»	22.37		
Escompte à la vente ... 2 ¼ %				
Courtage de vente ... ¼ %				
Commission de vente ... 2 %				
Ensemble ... 4 ½ % sur F. 10372,84 ...	»	466.77	»	1426.66
			F.	10372.84

RENDEMENT : 100 ℘ = 42 kil. ½

Brut ... kil. 8753			
Tare 2 % ... » 175			
Net ... kil. 8578 à F. 120.92 les 100 kil. Entrepôt ...		F.	10372.52

PRIX DE REVIENT AU HAVRE DES 100 KIL. ENTREPOT

AUX CHANGES SUIVANTS SUR PARIS POUR 1 RÉAL DE VEILLON

	PRIX à Ste-CROIX DE TÉNÉRIFFE par ℘	F. 0.26	F. 0.26 ½	F. 0.27	F. 0.27 ½	F. 0.28	1 c. de différence sur le change fait au Havre par 100 k.
DEBIT. Coûts et Frais variables	R. 0.01	F. 0.67	F. 0.68	F. 0.70	F. 0.71	F. 0.72	F. 0.03
	0.02	1.34	1.37	1.39	1.42	1.44	0.05
	0.03	2.01	2.05	2.09	2.12	2.16	0.08
	0.04	2.68	2.73	2.78	2.83	2.88	0.11
	0.05	3.34	3.41	3.47	3.54	3.60	0.13
Coûts et Frais variables et invariables	1.—	83.39	84.81	86.22	87.64	89.05	2.83
	1.05	86.73	88.21	89.69	91.17	92.65	2.96
	1.10	90.07	91.62	93.16	94.71	96.25	3.09
	1.15	93.41	95.02	96.63	98.24	99.85	3.21
	1.20	96.75	98.43	100.10	101.78	103.45	3.34
	1.25	100.10	101.84	103.57	105.31	107.04	3.47
	1.30	103.44	105.24	107.04	108.84	110.64	3.60
	1.35	106.78	108.65	110.51	112.38	114.24	3.73
	1.40	110.12	112.05	113.98	115.91	117.84	3.85
	1.45	113.46	115.46	117.45	119.45	121.44	3.98
	1.50	116.81	118.87	120.92	122.98	125.03	4.11
	1.55	120.15	122.27	124.39	126.51	128.63	4.24
	1.60	123.49	125.08	127.86	130.05	132.23	4.37
	1.65	126.83	130.08	131.33	133.58	135.83	4.50
	1.70	130.17	133.49	134.80	137.12	139.43	4.62
	1.75	133.52	135.90	138.27	140.65	143.02	4.75
	2.—	150.23	152.93	155.62	158.32	161.01	5.39
Logarithmes des changes		668304	681156	694008	706860	719712	025704
Frais invariables par 100 kil.		16.56	16.69	16.82	16.95	17.08	0.26

OBSERVATIONS

50 c. et 10 % par 100 kil. sur le fret font au Havre une différence de F. 1.38½ par 100 kil. sur les prix.

Logarithme sans change 2,5704

On veut savoir le revient de l'Orseille ayant coûté à Ste-Croix de Ténériffe R. 1.17 au change de 27½ et au fret de F. 3 et 10 %.

On trouvera dans la 1re et la 5e colonne de ce tableau que :

R. 1.15 font les 100 kil. entrepôt ...	F.	98.24
» 0.02 id. id. ...	»	1.41
R. 1.17 feront les 100 kil. entrepôt ...	F.	99.65

Ainsi le logarithme 2.5704 × le change 27 ½ = le logarithme correspondant à ce change 70684 ;

1.17 × 70686 = ...	F.	82.70
à ajouter les frais invariables ...	»	16.95
Revient égal ...	F.	99.65

Exempt de Droits d'entrée

DEPUIS JUIN 1860

COMPTE D'ACHAT ET DE REVIENT

A 20 BALLES COCHENILLE GRISE 1re QUALITÉ

20 Balles Cochenille grise 1re qualité pesant brut ℘ 2098				
Tare nette .... » 70				
Net .... ℘ 2028 à 15 Rx la ℘			Rx	30420.—

FRAIS A TÉNÉRIFFE

20 Sacs à 8 Rx	Rx	100.—		
20 Natties à 2 Rx	»	40.—		
Emballage à 1 Réal	»	20.—		
Port à quai et transport à bord	»	30.—	»	250.—
			Rx	30670.—
Commission d'achat 3 %			»	920.10
			Rx	31590.10
Remboursement à 60 jours de vue sur Paris au change de 27 centimes pour 1 Réal de veillon			F.	8529.33

FRAIS AU HAVRE

Fret à 2098 ℘ à F. 10 et 10 % par 100 ℘	F.	230.78		
Permis, frais au débarquement, échantillonner, conditionner, port en magasin, arrimage, magasinage d'un mois, livraison et menus frais.	»	36.—		
Assurance maritime à 1 ¼ % sur F. 9382.26	»	117.28		
Assurance contre le feu à 1 ‰ sur F. 9382.26	»	9.88		
Commission de banque à ¼ % sur F. 8529.33	»	21.32		
Escompte à la vente .... 2¼ %				
Courtage de vente .... ¼ %				
Commission et ducroire .... 2 %				
Ensemble .... 4½ % sur F. 9365.54	»	421.45	»	836.21
			F.	9365.54

RENDEMENT : 100 ℘ = 45 kil.

Brut		kil. 944		
Tare nette .... kil. 35				
Don pour pousse .... » 20		55		
Net .... kil. 889 à F. 10.53 ½ le kilo Entrepôt			F.	9365.61

PRIX DE REVIENT AU HAVRE DU KILOGRAMME ENTREPOT

AUX CHANGES SUIVANTS SUR PARIS POUR 1 RÉAL DE VEILLON

PRIX à Ste-CROIX DE TÉNÉRIFFE par ℘	F. 0.26	F. 0.26 ½	F. 0.27	F. 0.27 ½	F. 0.28	½ c. de différence sur le change fait au Havre par kil.
R. 0.¼	F. 0.16	F. 0.17	F. 0.17	F. 0.17	F. 0.18	F. 0.01
0 ½	0.32	0.33	0.34	0.34	0.35	0.02
0.¾	0.48	0.49	0.50	0.51	0.53	0.03
1.—	0.65	0.66	0.68	0.69	0.70	0.03
10.—	6.90	7.03	7.16	7.29	7.42	0.26
11.—	7.55	7.69	7.84	7.98	8.12	0.29
12.—	8.20	8.35	8.51	8.67	8.82	0.31
13.—	8.85	9.01	9.19	9.36	9.52	0.34
14.—	9.50	9.67	9.86	10.05	10.22	0.36
15.—	10.15	10.35	10.54	10.74	10.93	0.39
16.—	10.80	11.01	11.22	11.42	11.63	0.42
17.—	11.45	11.67	11.89	12.11	12.33	0.44
18.—	12.10	12.33	12.56	12.80	13.03	0.47
19.—	12.75	12.99	13.24	13.48	13.73	0.49
20.—	13.40	13.66	13.92	14.18	14.44	0.52
Logarithmes des Changes	65078	66329	67581	68832	70084	02503
Frais invariables par kil.	0.39	0.39	0.40	0.41	0.41	0.01

OBSERVATIONS

F. 1 et 10 % par 100 kil. sur le fret font au Havre une différence de F. 0,03 par kil. sur les prix.

Logarithme sans change 0,02503

On veut savoir le revient de la Cochenille ayant coûté à Ste-Croix de Ténériffe R. 14¾ la livre au change de 26½ et au fret de F. 10 et 10 % les 100 ℘.

On trouvera dans la 1re et 3e colonne de ce tableau que :

R. 14.— font le kil. Entrepôt	F.	9.67
» —.¾ » »	»	0.17
R. 14.¾ feront le kil. Entrepôt	F.	9.84

Ainsi le logarithme 0.02503 × le change 26 ½ = le logarithme correspondant à ce change 66329 ;

14¾ × 66329 = ...	F.	9.45
à ajouter les frais invariables	»	0.39
Revient égal	F.	9.84

Exempt de Droits d'entrée

DEPUIS JUIN 1869

JAMAIQUE

La Jamaïque une des îles anglaises des Grandes-Antilles est située au Sud de Cuba et à l'Ouest de Haïti par 21° 45' latitude et 80° longitude. Elle a 260 kilom. sur 50 et compte 441,000 habitants dont, 14,000 blancs, 81,000 mulâtres et 346,000 noirs. Elle a pour chef-lieu Kingston, mais le siége du gouvernement est Spanish-town ou Santiago de la Vega. On la divise en trois comtés, Cornwell, Surrey et Midlesex. Les montagnes Bleues la traversent. Le climat est chaud et malsain, et le sol, sujet aux tremblements de terre, est d'une fertilité extraordinaire. On en tire du sucre, du rhum, du café, piment, cire, arrowroot, miel, bois d'ébénisterie et bois de teinture. L'île fut découverte par Christophe Colomb. Elle appartint d'abord aux espagnols jusqu'en 1655. L'amiral W. Penn la leur enleva pour Cromwell et depuis, l'Angleterre l'a toujours gardée. Elle a souvent eu à réprimer des insurrections notamment en 1690, en 1700 et en 1795.

La Jamaïque a sa propre législature composée de 48 membres élus par les francs-tenanciers du pays, mais le gouvernement anglais a le veto et un conseil de 12 membres, nommé par la couronne, partage avec lui l'administration.

Kingston. — Capitale et port le plus considérable sur la côte méridionale de l'île, au fond d'une baie magnifique. La rade a 14 kilom. de longueur sur 4 de largeur, sa profondeur moyenne est de 6 brasses; elle est formée au Sud par une longue et étroite bande de terre, nommée Palisadoes à l'extrémité de laquelle se trouve Port-Royal ; un grand banc de sable qui en obstrue la partie Sud, se prolonge vers l'Ouest, et, avec un autre banc qui s'étend devant le fort Augusta, resserre considérablement l'entrée de cette rade. Le peu d'élévation de la côte ne met pas ce mouillage à l'abri des coups de vent.

Kingston est situé par 18° de latitude Nord et 75° 5' de longitude Ouest ; elle a été fondée en 1693 et n'a été érigée en ville qu'en 1802. La fièvre jaune y a souvent exercé ses ravages. Lors de la saison des pluies, il descend des montagnes plusieurs torrents qui causent beaucoup de dommages. Population de la ville 35,000 âmes, dont 10,000 blancs, 5,000 de couleur et 20,000 noirs. Revenus £ 275,000. Dépenses £ 274,000.

La Jamaïque comme les autres colonies anglaises des Antilles a eu longtemps à lutter contre les conséquences de la substitution du travail libre au travail esclave. Elle a traversé des crises plus ou moins graves ; mais elle a fini par en sortir à son honneur. L'émigration des travailleurs indiens, chinois et africains est venue au secours et cette émigration s'est organisée sur une échelle qui est de plus en plus importante et utile, car on sait que les esclaves émancipés ont montré le plus grand éloignement pour les travaux des champs et qu'ils préfèrent les petites industries qui s'exercent dans les villes quand ils ne croupissent pas dans une paresse absolue.

Les monnaies, poids et mesures sont les mêmes qu'en Angleterre.

Droits de sortie :

Sucre par boucaut	5/9
Café par 784 ℔ nettes	6/0
Bois de campêche par 112 ℔	1/0
Arrowroot par 112 ℔	1/0
Miel par 112 ℔	1/0
Rhum par puncheon	4/0
Piment par sac de 120 ℔	0/10
Cire par 112 ℔	2/0
Bois d'acajou par 1000 pieds	5/0

Trois tierçons comptent pour deux boucauts et huit barils pour un boucaut.

Frais de port d'un navire de 300 tonneaux de jauge.

Droits de tonnage à 2/4 d. par tonneau de jauge	£ 35.—
Frais de phares à 5 d	6.05
Officier de santé	—.12
Maître de port	1.12
Déclaration en douane, entrée et sortie	3.04
	£ 46.13

Pilotage de £ 3 à £ 10 suivant la grandeur du navire. Les Navires arrivant sur lest ou avec charbon et sortant chargés de produits de l'île ne payent que la moitié des droits de tonnage comptés ci-haut.

(Extrait du Dictionnaire de MM. GUILLAUMIN et Cᵉ, ainsi que de nos renseignements particuliers).

COMPTE D'ACHAT ET DE REVIENT

A 500 SACS CAFÉ JAMAIQUE

500 Sacs Café Jamaïque brut 102573 ℔ à 35/ par 100 ℔ sacs compris			£	1795. 0. 1

FRAIS A LA JAMAIQUE

Frais de réception et expédition 9 d. ½ par sac	£	19.15.10		
Droits d'exportation brut ℔ 102573				
Tare à 3 ℔ » 1500				
Net ℔ 101073 à 6/ par 784 ℔	»	38.13. 6		
Assurance contre le feu ½ % à £ 1795.01	»	8.19. 6	»	67. 8.10
			£	1862. 8.11
Commission d'achat et remboursement 5 %			»	93. 2. 6
			£	1955.11. 5
Remboursement sur Paris à 60 jours de vue au pair à F. 25 par £			F.	48889.27

FRAIS AU HAVRE

Frèt sur poids délivré à £ 2.10 et 5 % par 1016 kil. à brut kil. 46500 £ 120. 2.10 à F. 25.40	F.	3051.60		
Permis, frais au débarquement, échantillonner, conditionner, port en magasin, arrimage, magasinage d'un mois, livraison et menus frais	»	400.—		
Assurance maritime à 1 ¼ % sur F. 53778.20	»	672.23		
Assurance contre le feu à 1 ‰ sur F. 53778.20	»	53.78		
Commission de banque à ½ % sur F. 48889.27	»	488.89		
Escompte à la vente 1¼ %				
Courtage de vente ¾ %				
Commission de vente 2 %				
Ensemble 4 % sur F. 55787.26	»	2231.49	»	6897.99
			F.	55787.26

RENDEMENT : 100 ℔ brutes = 45 kil. ½ bruts

Brut		kil. 46500		
Tare 2 %	kil. 930			
Réfaction	» 100	» 1030		
Net		kil. 45470 à F. 122.69 les 100 kil. Entrepôt	F.	55787.15

PRIX DE REVIENT AU HAVRE DES 100 KIL. ENTREPOT

AUX CHANGES SUIVANTS AU PAIR SUR LONDRES POUR 1 £

	PRIX à la JAMAIQUE par 100 ℔	F. 24.75	F. 24,87 ½	F. 25.—	F. 25.12 ½	F. 25.25	F. 25.37 ½	F. 25.50	12½ c. de différence sur le change font au Havre par 100 k.
SUBDIVISIONS — Café et frais variables	Sh. 0.¼	F. 0.79	F. 0.79	F. 0.79	F. 0,80	F. 0.80	F. 0.81	F. 0.81	
	0.½	1.57	1.58	1.58	1.60	1.60	1.61	1.62	
	0.¾	2.36	2.37	2.37	2.40	2.40	2.42	2.43	
	1.—	3.15	3.16	3.18	3.19	3.21	3.23	3.24	F. 0.02
	2.—	6.29	6.32	6.35	6.38	6.41	6.45	6.48	0.03
	3.—	9.44	9.48	9.53	9.57	9.62	9.68	9.72	0.05
	4.—	12.58	12.64	12.70	12.76	12.82	12.90	12.96	0.06
	5.—	15.73	15.81	15.88	15.96	16.04	16.12	16.20	0.08
Café et frais variables et invariables	25.—	90.09	90.51	90.92	91.34	91.76	92.18	92.60	0.42
	30.—	105.81	106.31	106.81	107.30	107.80	108.30	108.80	0.50
	35.—	121.53	122.11	122.69	123.26	123.84	124.42	125.00	0,58
	40.—	137.26	137.92	138.57	139.23	139.88	140.54	141.20	0.66
	45.—	152.98	153.72	154.45	155.19	155.92	156.66	157.40	0.73
	50.—	168.71	169.52	170.34	171.15	171.96	172.77	173.59	0.81
	55.—	184.43	185.33	186.21	187.11	188.00	188.90	189.80	0.90
	60.—	200.16	201.13	202.10	203.07	204.04	205.01	205.98	0.87
	65.—	215.88	216.94	217.98	219.03	220.08	221.14	222.19	1.05
	70.—	231.61	232.74	183.87	234.99	236.12	237.25	238.38	1.13
Logarithmes des changes		314473	316061	317650	319238	320827	322415	324004	001584
Frais invariables par 100 kil.		11.47	11.49	11.51	11.53	11.55	11.57	11.59	0.02

OBSERVATIONS

Sh.5 et 5 % par 1016 kil. sur le fret font au Havre une différence de F. 0.70 par 100 kil. sur les prix.

Logarithme sans change 0,12706

On veut savoir le revient de Café en sac ayant coûté à la Jamaïque 47 sh. sterling les 100 ℔ au change au pair à 25.25 et au fret £ 2 ½ et 5% les 1016 kil.

On trouvera dans la 1re et la 6e colonne de ce tableau que :

sh. 45.— font les 100 kil. entrepôt	F. 155.92
» 2.— id. id.	» 6.41
sh. 47.— feront les 100 kil. entrepôt	F. 162.33

Ainsi le logarithme 0.12706 × le change 25.25 = le logarithme correspondant à ce change 320827 ;

47 × 320827 =	F. 150.78
à ajouter les frais invariables	» 11.55
Revient égal	F. 162.33

Droits d'entrée par 100 kil. depuis Juin 1869

Sous tous pavillons F. 50.40

COMPTE D'ACHAT ET DE REVIENT

A 100 BOUCAUTS CAFÉ

100 Boucauts Café brut ₰ 94632
Tare réelle .... » 9520
Net....... ₰ 85112 à 45 Sh. sterling par 100 ₰........ £ 1915. 0. 5

FRAIS A LA JAMAIQUE

100 Boucauts à 22/6	£	112.10.—		
Frais de réception et expédition	»	25.—.—		
Droits de sortie à 85112 ₰ à 6/ par 784 ₰........	»	32.11. 4		
Assurance contre le feu ½ % sur £ 1915. 0. 5	»	9.11. 6	»	179.12.10
			£	2094.13. 3
Commission d'achat et remboursement 5 %........			»	104.14. 8
			£	2199. 7.11
Remboursement au Pair à 90 jours de vue sur Londres à F. 25 par £.			F.	54984.90

FRAIS AU HAVRE

Fret à k. 42900 délivrés bruts à £ 2.10 et 5 % par 1016 k. = £ 110.16. 9 à F. 25.40	F.	2815.28		
Permis, frais au débarquement, échantillonner, conditionner, port en magasin, arrimage, magasinage d'un mois, livraison et menus frais.	»	385.—		
Assurance maritime à 1 ¼ % sur F. 60183 39........	»	756.04		
Assurance contre le feu à 1 % sur F. 60183 39........	»	60.48		
Commission de banque à Londres à 1 % sur F. 54984.90........	»	549.85		
Escompte à la vente........ 1¼ %				
Courtage de vente........ ¼ %				
Commission de vente........ 2 %				
Ensemble........ 4 % sur F. 62082.86........	»	2481.81	»	7047.96
			F.	62032.86

RENDEMENT : 100 ₰ brut = 45 kil. ½

Brut........ kil. 42900
Tare nette .... » 4560
Net........ kil. 38340 à F. 161.80 les 100 kil. Entrepôt........ F. 62034.12

PRIX DE REVIENT AU HAVRE DES 100 KIL. ENTREPOT

REMBOURSEMENT AU PAIR SUR LONDRES ET AUX CHANGES SUIVANTS PAR £ 1

	PRIX à la JAMAIQUE par 100 ₰	F. 24.75	F. 24.87 ½	F. 25.—	F. 25.12 ½	F. 25.25	F. 25.37 ½	F. 25.50	12 ½ c. de différence sur le change font au Havre par 100 k.
SUBDIVISIONS — Coût et frais variables	Sh. 0.¼	F. 0.77	F. 0.78	F. 0.78	F. 0.79	F. 0.79	F. 0.79	F. 0.80	
	0.½	1.55	1.56	1.56	1.57	1.58	1.58	1.60	
	0.¾	2.32	2.34	2.34	2.36	2.37	2.37	2.40	
	1.—	3.10	3.11	3.13	3.14	3.16	3.17	3.19	0.02
	2.—	6.19	6.22	6.25	6.28	6.31	6.34	6.38	0.03
	3.—	9.29	9.33	9.38	9.42	9.47	9.51	9.57	0.05
	4.—	12.38	12.44	12.50	12.56	12.62	12.68	12.76	0.06
	5.—	15.48	15.56	15.63	15.71	15.79	15.87	15.94	0.08
Coût et Frais variables et invariables	25.—	98.37	98.82	99.28	99.73	100.19	100.64	101.10	0.46
	30.—	113.84	114.38	114.91	115.44	115.97	116.50	117.04	0.53
	35.—	129.31	129.92	130.54	131.15	131.76	132.36	132.98	0.61
	40.—	144.79	145.47	146.17	146.86	147.54	148.22	148.92	0.69
	45.—	160.26	161.03	161.80	162.57	163.33	164.08	164.86	0.76
	50.—	175.74	176.58	177.43	178.27	179.11	179.95	180.80	0.84
	55.—	191.21	192.13	193.05	193.98	194.90	195.81	196.74	0.92
	60.—	206.69	207.68	208.68	209.69	210.68	211.67	212.68	1.—
	65.—	222.17	223.24	224.31	225.40	226.47	227.53	228.62	1.07
	70.—	237.64	238.79	239.95	241.10	242.25	243.40	244.55	1.15
	Logarithmes des changes	309474	311037	312600	314163	315726	317289	318852	001563
	Frais invariables par 100 kil.	21.—	21.06	21.13	21.19	21.25	21.31	21.38	0.07

OBSERVATIONS

5/ et 5 % par 1016 kil. sur le fret font au Havre une différence de F. 0.76 ½ par 100 kil. sur les prix.

Logarithme sans change 0,12504

On veut savoir le revient de Café en boucauts ayant coûté à la Jamaïque 52½ Sh. sterling les 100 ₰ au change au pair à 25.25 et au fret de £ 2 ½ et 5 % les 1016 kil.

On trouvera dans la 1re et la 6e colonne de ce tableau que:

Sh. 50.—	font les 100 kil. Entrepôt........	F. 179.11
» 2.—	id. id.	» 6.31
» —.½	id. id.	» 1.58
Sh. 52.½	feront les 100 kil. Entrepôt........	F. 187.—

Ainsi le logarithme 0.12504 × le change 25.25 = le logarithme correspondant à ce change 315726 ;
52½ × 315726 =........ F. 165.75
à ajouter les frais invariables........ » 21.25
Revient égal........ F. 187.—

Droits d'entrée par 100 kil. depuis Juin 1869

Sous tous pavillons........ F. 50.40

COMPTE D'ACHAT ET DE REVIENT

A 500 SACS PIMENT

500 Sacs Piment 59875 ℔ à 1 d. par ℔ sacs compris........ £ 249. 9. 5

FRAIS A LA JAMAIQUE

Droits de Sortie à 10 d. par Sac........	£	20.16. 8		
Frais d'expédition et d'embarquement........	»	3.11.10	»	24. 8. 6
			£	273.17.11
Commission d'achat et de remboursement 5 %........			»	13.13.11
			£	287.11.10
Remboursement au pair à 90 jours de vue sur Londres à F. 25 par £........			F.	7189.80

FRAIS AU HAVRE

Fret 1/4 d. et 5 % par ℔ soit £ 65.9.9. à F. 25.40........	F.	1663.35		
Permis, frais à la réception, échantillonner, conditionner, port en magasin, arrimage, magasinage d'un mois, livraison et menus frais.	»	360.—		
Assurance maritime à 1 ¼ % sur F. 7908.78........	»	98.86		
Assurance contre le feu à 1 ‰ sur F. 7908.78........	»	7.91		
Commission de banque à 1 % sur F. 7189.80........	»	71.90		
Escompte à la vente........ 1 ¾ %				
Courtage de vente........ ¼ %				
Commission de vente........ 2 %				
Ensemble........ 4 % sur F. 9783.14........	»	391.32	»	2593.34
			F.	9783.14

RENDEMENT : 100 ℔ = 42 kil. ½ :

Brut........		kil. 25446	
Tare 2 %........ kil. 509			
Réfactions........ » 100		» 609	
Net........		kil. 24837 à F. 39.39 les 100 kil. Entrepôt........ F.	9783.29

PRIX DE REVIENT AU HAVRE DES 100 KIL. ENTREPOT

REMBOURSEMENT AU PAIR SUR LONDRES ET AUX CHANGES SUIVANTS PAR £ 1

	PRIX à la JAMAIQUE par ℔	F. 24.75	F. 24.87 ½	F. 25.—	F. 25.12 ½	F. 25.25	F. 25.37 ½	F. 25.50	(1½c. de différence sur le change font au Havre par 100 k.)
SUBDIVISIONS — Coût et frais variables	D. 0.⅛	F. 3.49	F. 3.50	F. 3.52	F. 3.54	F. 3.56	F. 3.57	F. 3.59	F. 0.02
	0.¼	6.97	7.—	7.04	7.08	7.11	7.14	7.18	0.03
	0.⅜	10.46	10.50	10.56	10.61	10.66	10.71	10.77	0.05
	0.½	13.94	14.01	14.08	14.15	14.22	14.29	14.36	0.07
	0.⅝	17.42	17.50	17.60	17.68	17.77	17.85	17.95	0.09
	0.¾	20.91	21.—	21.12	21.22	21.32	21.42	21.54	0.10
	0.⅞	24.39	24.50	24.64	24.76	24.88	24.99	25.13	0.12
	1.—	27.87	28.01	28.15	28.29	28.43	28.57	28.71	0.14
SUBDIVISIONS — Coût et frais variables et invariables	1.—	39.08	39.24	39.39	39.55	39.70	39.86	40.01	0.16
	1.¼	46.05	46.23	46.43	46.63	46.81	47.00	47.19	0.19
	1.½	53.02	53.28	53.47	53.71	53.92	54.14	54.37	0.22
	1.¾	59.99	60.24	60.51	60.79	61.03	61.28	61.55	0.26
	2.—	66.95	67.25	67.54	67.84	68.13	68.43	68.72	0.30
	2.¼	73.92	74.24	74.58	74.92	75.24	75.57	75.90	0.33
	2.½	80.89	81.24	81.62	82.00	82.35	82.71	83.08	0.36
	2.¾	87.86	88.25	88.66	89.07	89.46	89.85	90.26	0.40
	3.—	94.82	95.26	95.69	96.13	96.56	96.99	97.43	0.44
	4.—	122.69	123.27	123.84	124.42	124.99	125.57	126.14	0.58
Logarithmes des changes		278660	280067	281475	282883	284290	285698	287105	601407
Frais invariables par 100 kil.		11.21	11.23	11.24	11.26	11.27	11.29	11.30	0.02

OBSERVATIONS

D. 1/16 et 5 % par ℔ sur le fret font au Havre une différence de F. 1.74 ½ par 100 kil. sur les prix

Logarithme sans change 1,1259

On veut savoir le revient du Piment ayant coûté à la Jamaïque 3 ¼ d. la livre au change de F. 25.25 la £ sterling et au fret de ¼ d. et 5 % par ℔.

On trouvera dans la 1re et la 6e colonne de ce tableau que :

D. 3.— font les 100 kil. entrepôt........	F.	96.56
» 0.¼ id. id.	»	7.11
D. 3.¼ feront les 100 kil. entrepôt........	F.	103.67

Ainsi le logarithme 1.1259 × le change 25.25 = le logarithme correspondant à ce change 284290;

3 ¼ × 284290 =........	F.	92.40
à ajouter les frais invariables........	»	11.27
Revient égal........	F.	103.67

Droits d'entrée par 100 kil. depuis Juin 1869

Sous tous Pavillons........ F. 50.—

COMPTE D'ACHAT ET DE REVIENT

A 2142 MORCEAUX BOIS JAUNE FUSTIC

2142 Morceaux Bois jaune Fustic 40 $^{100}/_{210}$ ton. = 90706 ℔ à 75/ par 2240 ℔ .... £ 151.17.—

FRAIS A LA JAMAIQUE

Droits de sortie à 90706 ℔ à 1/ par 2240 ℔	£	2.—. 6		
Connaissements, timbre et frais	»	0. 3.—	»	2. 3. 6
			£	154.—. 6
Commission d'achat et remboursement 5 %			»	7.14.—
			£	161.14. 6
Remboursement au Pair à 90 jours de vue sur Londres à F. 25 par £			F.	4043.13

FRAIS AU HAVRE

Fret sur kil. 39004 (1016 kil. = 2240 ℔) = 85993 ℔ à 40/ et 5 % par 2240 ℔ £ 80. 12. 5. à F. 25.40	F.	2047.76		
Permis, frais au débarquement, échantillonner, conditionner, port en magasin, arrimage, magasinage d'un mois, livraison et menus frais.	»	214.50		
Assurance maritime à 1 % sur F. 4447.44	»	44.47		
Assurance contre le feu à 1 ‰ sur F. 4447.44	»	4.45		
Commission de banque à Londres à 1 % sur F. 4043.13	»	40.43		
Escompte à la vente .... 2½ %				
Courtage de vente .... ½ %				
Commission de vente .... 2 %				
Ensemble .... 4½ % sur F. 6696.06	»	301.32	»	2652.93
			F.	6696.06

Rendement : 100 ℔ = 43 kil.

Brut .... kil. 39004
Don 2 % .... » 780
Net .... kil. 38224 à F. 17.52 les 100 kil. Entrepôt .... F. 6696.84

PRIX DE REVIENT AU HAVRE DES 100 KIL. ENTREPOT

REMBOURSEMENT AU PAIR SUR LONDRES ET AUX CHANGES SUIVANTS PAR £ 1

	PRIX à la JAMAIQUE par 2240 ℔	F. 24.75	F. 24.87 ½	F. 25.—	F. 25.12 ½	F. 25.25	F. 25.37 ½	F. 25.50	12½ c. de différence sur le change font au Havre par 100 k.
Subdivisions — Coût et frais variables	Sh. 1.—	F. 0.15	F. 0.15	F. 0.15	F. 0.15	F. 0.15	F. 0.15	F. 0.15	
	2.—	0.30	0.30	0.30	0.30	0.30	0.30	0.30	
	3.—	0.45	0.45	0.45	0.45	0.45	0.45	0.45	
	4.—	0.60	0.60	0.60	0.60	0.60	0.60	0.60	
	5.—	0.74	0.74	0.74	0.75	0.75	0.76	0.76	
Coût et frais variables et invariables	45.—	12.99	13.02	13.05	13.08	13.11	13.14	13.17	0.03
	50.—	13.73	13.76	13.79	13.83	13.86	13.90	13.93	0.04
	55.—	14.47	14.50	14.53	14.58	14.61	14.66	14.69	0.04
	60.—	15.20	15.25	15.29	15.34	15.38	15.43	15.47	0.05
	65.—	15.94	15.98	16.03	16.09	16.13	16.18	16.23	0.05
	70.—	16.68	16.72	16.78	16.84	16.89	16.94	17.—	0.05
	75.—	17.41	17.47	17.52	17.59	17.65	17.71	17.77	0.06
	80.—	18.15	18.21	18.27	18.34	18.40	18.47	18.53	0.07
	85.—	18.89	18.96	19.02	19.09	19.15	19.23	19.29	0.07
	90.—	19.62	19.70	19.77	19.85	19.92	20.—	20.07	0.08
	105.—	21.83	21.92	22.01	22.10	22.19	22.28	22.37	0.09
Logarithmes des changes		147411	148155	148900	149644	150389	151134	151878	000744
Frais invariables par 100 kil.		6.36	6.36	6.36	6.36	6.36	6.36	6.36	—.—

OBSERVATIONS

5/ et 5 % par 2240 ℔ ou 1016 kil. sur le fret font au Havre une différ. de F. 0.70 par 100 kil. sur les prix.

Logarithme sans change 0.005956

On veut savoir le revient de Bois Jaune ayant coûté à la Jamaïque 83 sh. sterling les 2240 ℔ au change de F. 25.25 par livre sterling et au fret de 40/ et 5 % les 2240 ℔

On trouvera dans la 1re et 6e colonne de ce tableau que :
Sh. 80.— font les 100 kil. entrepôt .... F. 18.40
» 3.— id. id. .... » 0.45
Sh. 83.— feront les 100 kil. entrepôt .... F. 18.85

Ainsi le logarithme 0.005956 × le change de F. 25.25 = le logarithme correspondant à ce change 150389 ;
83 × 150389 = ... F. 12.49
à ajouter les frais invariables .... » 6.36
revient égal .... F. 18.85

Exempt de Droits d'entrée
depuis juin 1869.

COMPTE D'ACHAT ET DE REVIENT

A 13708 MORCEAUX BOIS DE BLACK RIVER

13708 Morceaux Bois de Black River 295 $^{m}/_{m}$ tons = ℔ 661765
Don 5 %........................ » 33088
℔ 628677 à 38/ par 2240 ℔
rendu à bord .... £ 533. 5. 1

FRAIS A LA JAMAIQUE

Droits de sortie à 295 $^{m}/_{m}$ tons = 661765 ℔ à 1/ par 2240 ℔........ £ 14.15. 5
Connaissements, timbres et frais........................ » 0.10.— » 15. 5. 5
£ 548.10. 6
Commission d'achat et remboursement 5 %........................ » 27. 8. 6
£ 575.19.—
Remboursement au pair à 90 jours de vue sur Londres à F. 25........................ F. 14398.75

FRAIS AU HAVRE

Fret à 284559 kil. (réduction de 1016 kil. par 2240 ℔) = 627374 ℔ à 35/ et 5 % par 2240 ℔ = £ 514.12.10 à F. 25.40........................ F. 13071.90
Permis, frais à la réception, échantillonner, conditionner, port en magasin, arrimage, magasinage d'un mois, livraison et menus frais. » 569.10
Assurance maritime à 1 % sur F. 15838.62........................ » 158 39
Assurance contre le feu à 1 ‰ sur F. 15838.62........................ » 7.92
Commission de banque à Londres à 1 % sur F. 14398.75........................ » 143.99
Courtage de vente........................ ½ %
Escompte à la vente........................ 2¼ %
Commission de vente........................ 2 %
Ensemble........................ 4¾ % sur F. 29685.93........................ » 1335.86 » 15287.16
F. 29685.91

RENDEMENT : 100 ℔ = 48 kil.

Brut........................ kil. 284559
Don 2 %........................ » 5691
Net........ kil. 278868 à F. 10.65 les 100 kil. Entrepôt........................ F. 29699.44

PRIX DE REVIENT AU HAVRE DES 100 KIL. ENTREPOT

REMBOURSEMENT AU PAIR SUR LONDRES ET AUX CHANGES SUIVANTS PAR £ 1

PRIX à la JAMAIQUE par 2240 ℔	F. 24.75	F. 24.87 ½	F. 25.—	F. 25.12 ½	F. 25.25	F. 25.37 ½	F. 25.50	12½ c. de différence sur le Change fixe par 100 kil.
Sh. 1.—	F. 0.14	F. 0.14	F. 0.14	F. 0.14	F. 0.14	F. 0.14	F. 0.14	
2.—	0.28	0.28	0.28	0.28	0.28	0.28	0.28	
3.—	0.42	0.42	0.42	0.43	0.43	0.43	0.43	
4.—	0.56	0.56	0.56	0.57	0.57	0.57	0.57	
5.—	0.71	0.71	0.71	0.71	0.72	0.72	0.72	
30.—	9.46	9.49	9.51	9.54	9.56	9.59	9.61	0.02½
31.—	9.60	9.63	9.65	9.68	9.70	9.73	9.75	0.02½
32.—	9.74	9.77	9.79	9.82	9.84	9.87	9.89	0.02½
33.—	9.88	9.91	9.93	9.96	9.98	10.01	10.03	0.02½
34.—	10.02	10.05	10.07	10.10	10.12	10.15	10.18	0.02½
35.—	10.17	10.20	10.22	10.25	10.28	10.31	10.33	0.02¾
36.—	10.31	10.34	10.36	10.39	10.42	10.45	10.47	0.02¾
37.—	10.45	10.48	10.50	10.53	10.56	10.59	10.61	0.02¾
38.—	10.59	10.62	10.64	10.67	10.70	10.73	10.75	0.02¾
39.—	10.73	10.76	10.78	10.81	10.84	10.87	10.90	0.02¾
40.—	10.87	10.90	10.93	10.96	10.99	11.02	11.05	0.03
50.—	12.28	12.32	12.35	12.39	12.42	12.46	12.49	0.03½
Logarithmes des Changes	139887	140593	141300	142006	142713	143419	144126	000706
Frais invariables par 100 kil.	5.27	5.27	5.28	5.28	5.28	5.28	5.29	—.—

OBSERVATIONS

5/ et 5 % par 2240 ℔ ou 1016 kil. sur le fret font au Havre une différ. de F. 0.70 par 100 kil. sur les prix.

Logarithme sans change 0.005652

On veut savoir le revient de bois de Campêche ayant coûté à la Jamaïque 47 Sh. les 2240 ℔ au change de F. 25.25 par £ sterling et au fret de 35/ et 5 % les 2240 ℔.

On trouvera dans la 1re et la 6e colonne de ce tableau que :

Sh. 40.— font les 100 kil. entrepôt........ F. 10.99
» 5.— id. id. .... » 0.72
» 2.— id. id. .... » 0.28
Sh. 47 — feront les 100 kil. entrepôt........ F. 11.99

Ainsi le logarithme 0.005652 × le change de F. 25.25 = le logarithme correspondant à ce change 142713 ;
47 × 142713 =........................ F. 6.71
à ajouter les frais invariables........................ » 5.28
Revient égal........................ F. 11.99

Exempt de Droits d'entrée

DEPUIS JUIN 1869.

COMPTE D'ACHAT ET DE REVIENT

A 20 PUNCHEONS RHUM

20 Puncheons Rhum contenant 2091 Imp. gallons à 2/6 par gallon			£	261. 7. 6

FRAIS A LA JAMAIQUE

20 Puncheons à 12/	£	12.—.—		
Frais de réception et d'expédition	»	2.—.—		
Droits de sortie 4/ par Puncheon	»	4.—.—	»	18.—.—
			£	279. 7. 6
Commission d'achat et remboursement 5 %			»	13.10. 5
			£	203. 6.11
Remboursement au Pair à 90 jours de vue sur Londres à F. 25			F.	7333.65

FRAIS AU HAVRE

Fret à 1924 gallons délivrés à 4 d. et 5 % par gallon, soit £ 83.13.5 à F. 25.40	F.	855.24		
Permis, frais au débarquement, échantillonner, conditionner, port en magasin, arrimage, magasinage d'un mois, livraison et menus frais.	»	106.—		
Assurance maritime à 1 ¼ % sur F. 8067.—	»	100.84		
Assurance contre le feu à 1 ‰ sur F. 8067.—	»	8.07		
Commission de banque à 1 % sur F. 7333.65	»	73.34		
Escompte à la vente — 2 ¼ %				
Courtage de vente — ¼ %				
Commission de vente — 2 %				
Ensemble — 4 ½ % sur F. 8876.59	»	399.45	»	1542.94
			F.	8876.59

RENDEMENT : Gallons Imp. 2091
Perte 8 % » 167
Gallons Imp. 1924 et 1 Gallon Imp. = 4 $^{54}/_{100}$ litres.

Net 8735 litres à F. 101.62 les 100 litres Entrepôt .... F. 8876.51

PRIX DE REVIENT AU HAVRE DES 100 LITRES ENTREPOT

REMBOURSEMENT AU PAIR SUR LONDRES ET AUX CHANGES SUIVANTS PAR £ 1

PRIX à la JAMAIQUE par Gallon	F. 24.75	F. 24.82 ½	F. 25.—	F. 25.12 ½	F. 25.25	F. 25.37 ½	F. 25.50	12 ½ c. de différence sur le change font au Havre par 100 litres.
Coût et frais variables								
Sh. —. 1	F. 2.78	F. 2.80	F. 2.81	F. 2.83	F. 2.84	F. 2.86	F. 2.87	F. 0.02
—. 2	5.56	5.59	5.62	5.65	5.64	5.71	5.74	0.03
—. 3	8.35	8.39	8.43	8.48	8.52	8.56	8.60	0.04
—. 4	11.13	11.18	11.24	11.30	11.35	11.41	11.47	0.06
—. 5	13.91	13.97	14.05	14.12	14.19	14.26	14.34	0.07
—. 6	16.69	16.78	16.86	16.95	17.03	17.12	17.20	0.09
—. 7	19.47	19.57	19.67	19.77	19.87	19.97	20.07	0.10
—. 8	22.25	22.36	22.48	22.59	22.71	22.82	22.94	0.12
—. 9	25.04	25.17	25.29	25.42	25.55	25.67	25.80	0.13
—10	27.82	27.96	28.10	28.24	28.39	28.53	28.67	0.14
—11	30.60	30.75	30.91	31.08	31.23	31.38	31.54	0.16
1.—	33.38	33.55	33.72	33.89	34.06	34.23	34.40	0.17
Coût et frais variables et invariables								
1. 6	67.34	67.62	67.90	68.18	68.46	68.74	69.02	0.28
1. 9	75.69	76.01	76.33	76.65	76.98	77.30	77.62	0.32
2.—	84.03	84.40	84.76	85.13	85.49	85.85	86.22	0.37
2. 3	92.38	92.78	93.19	93.60	94.00	94.41	94.82	0.41
2. 6	100.72	101.17	101.62	102.07	102.52	102.97	103.42	0.45
2. 9	109.07	109.56	110.05	110.54	111.03	111.53	112.02	0.49
3.—	117.41	117.95	118.48	119.01	119.55	120.08	120.62	0.53
3. 3	125.76	126.33	126.91	127.49	128.06	128.64	129.22	0.57
3. 6	134.10	134.72	135.34	135.96	136.58	137.20	137.82	0.62
3. 9	142.45	143.11	143.77	144.43	145.09	145.76	146.42	0.66
4.—	150.79	151.50	152.20	152.90	153.61	154.32	155.02	0.70
5.—	184.17	185.05	185.92	186.80	187.67	188.55	189.42	0.88
Logarithmes des changes	333803	335489	337175	338861	340547	342233	343919	001686
Frais invariables par 100 litr.	17.27	17.30	17.33	17.36	17.39	17.42	17.45	0.03

OBSERVATIONS

1 d. et 5% par Gallon déliv. sur le fret font au Havre une différ. de F. 2.50 ¼ par 100 litr. sur les prix.

Logarithme sans change 1.3487

On veut savoir le revient du Rhum ayant coûté à la Jamaïque 2/11 d. le gallon au change de F. 25.25 et au fret de 4 d. et 5 % le gallon.

On trouvera dans la 1re et la 6e colonne de ce tableau que :
Sh. 2. 9 font les 100 litres entrepôt .... F. 111.03
» —. 2 id. id. .... » 5.68
Sh. 2.11 feront les 100 litres entrepôt .... F. 116.71

Ainsi le logarithme 1.3487 × le change de 25.25 = le logarithme correspondant à ce change 340547 ;
2 $^{11}/_{12}$ × 340547 = ... F. 99.32
à ajouter les frais invariables .... » 17.39
Revient égal .... F. 116.71

Exempt de Droits d'entrée

DEPUIS JUIN 1680

ILES DU CAP-VERT

Archipel situé en plein Océan Atlantique à 135 lieues à l'ouest du Cap Vert; le point saillant le plus avancé de la côte occidentale d'Afrique: les îles sont distribuées par 14° 15' à 17° 30' de latitude Nord et 25° 00' à 27° 45' de longitude Ouest. Elles se divisent en deux groupes:

1° A l'Est les îles sous le vent: Santiago, Maio, Fogo, Brava, Boavista, Sal.

2° A l'Ouest, les îles du vent: Bramo, Bauza, San-Nicolao, Santa-Lucia, San-Vincente, San-Antonio.

Praya est la principale ville des îles sous le vent et Porto-Grande, dans l'île de San-Vincente, le meilleur port de l'archipel.

PRAYA — Port de l'île Santiago et siége du gouvernement général des ces îles, s'élève au sommet d'un plateau, au fond d'une baie assez profonde par 14° 54' 0" latitude Nord et 25° 52' 15" longitude Ouest. Population 2000 âmes.

Le port est le plus spacieux, le plus profond et le plus sûr de l'île et est assez bien fermé à tous les vents, sauf ceux du Sud-Ouest au Sud-Est par le Sud qui y donnent librement. On n'y court de risques qu'à l'époque des grandes pluies, parce que le vent du Sud soufflant alors avec violence, jette les navires contre les rochers de la côte. Le port est en outre le plus fréquenté de l'archipel et on y compte, par an, une soixantaine de navires à voiles étrangers, soit presque le tiers des arrivages constatés pour l'ensemble de l'archipel. Les navires y trouvent de l'eau, des bestiaux, des volailles, surtout des dindons en grand nombre et à bas prix; l'orange y est bonne et très commune, ainsi que la banane. Ces avantages ont fait adopter ce mouillage par les navires et abandonner Santiago ou Ribéria-Grande, dans la même île, qui fut pendant longtemps la capitale de l'archipel.

L'archipel du Cap-Vert, découvert en 1450 par le Génois Ant. Noli, au service du Portugal, est peuplé d'environ 90000 habitants en grande majorité de race Africaine pure ou mélangée de sang Européen, qui procurent aux navires les approvisionnements indiqués comme propres à l'île Santiago et qui s'obtiennent dans la plupart des autres. On trouve dans l'archipel: des fruits, des légumes, du gibier, des poissons, des tortues, du maïs et du manioc. L'exportation porte sur le sucre, le tafia, le café, l'orseille, la graine et l'huile de ricin (pourquéro); le sel surtout y abonde ainsi que les peaux brutes, mais les taxes douanières sont combinées de manière à réserver au Portugal les bénéfices de la spéculation. Quelques essais ont porté sur la culture du coton et du tabac. L'orseille formait autrefois un des principaux articles d'exportation des îles du Cap-Vert. L'importation consiste principalement en céréales, vins et tabacs, tissus, quincailleries, verroteries, ouvrages en fer et autres articles de manufactures. Les affaires avec le Portugal et l'Amérique du Nord prédominent, puis avec l'Angleterre.

Le commerce total de ces îles était estimé dans ces derniers temps à 300 contos de reis (= F. 1,650,000).

Après Porto-Praya, les principaux mouillages de l'archipel sont les suivants: dans les groupe du Sud-Ouest, Porto-Ingles (île de Maio) dont le nom témoigne de l'occupation temporaire des Anglais pour l'exploitation des salines: ce port est peu sûr par les temps de pluie et d'un débarquement difficile en tout temps. Porto-da-Villa et Nossa-Senhora de la Luz (île de Fogo), d'un accès difficile dans un bassin que partage en deux une langue de terre; Furnas dans l'île de Brava qui peut offrir un abri sûr à un petit nombre de navires d'assez grande dimension, par une profondeur de 24 à 28 mètres. Dans le groupe de l'Est, Boavista possède Sal Rey, dans une baie qui a des fonds de 12 à 32 mètres, mais trop ouverte aux vents, et, Salla, baie de Mordeira, assez profonde, mais tout aussi ouverte. Dans les groupes du Nord-Ouest, Saint-Nicolas a trois mouillages connus sous les noms de Freshwater, San-Jorge et Tarrafal: Raza, Branco et Santa-Lucia ne sont que des îlots à peu près inaccessibles ou inhabités. San-Vincente possède, au contraire, dans Porto-Grande, le mouillage le meilleur et le plus sûr de tout l'archipel; c'est à ses qualités nautiques que ce port doit la préférence que lui ont donnée les steamers transatlantiques Anglais et Français, faisant le service du Brésil, pour leur dépôt de charbons, car à part ce mérite, l'île stérile n'offre presque pas de ressources en vivres frais. Enfin San-Antonio présente les trois échancrures de Ponta-del-Sol, rade ouverte, par des fonds de 16 mètres au minimum et néanmoins d'une pratique dangereuse, surtout en novembre et en mai; Carvoaires et Tarafal, qui est le meilleur mouillage.

Les poids, mesures et monnaies sont les mêmes qu'en Portugal; mais le réal monétaire est un peu plus faible.

Graine de Ricin. — La Graine de Ricin (pourquéro) est produite aux îles Santiago et Fogo d'où on l'expédie à Lisbonne, Marseille et le Havre. On en charge à Praya, Tarrafal et Pedro Badejo.

1 Alqueire pèse 1 arrobe ou 33 ℔ anglaises ou 15 kil.

La production annuelle s'élève à environ 4000 Moios à 60 Alqueires.

Sel. — Le Sel s'expédie de préférence des ports Sal, Boavista et Mayo pour le Brésil: 1 Moio sel pèse environ 2250 kil. ou 2 tonneaux ¼ anglais. On embarque par jour 80 tonnes.

Café. — Le Café est exporté de Santiago et San-Antonio pour le Portugal. On le vend par arrobe d'environ 15 kil. français ou 33 ℔ anglaises. Les sacs pèsent ordinairement environ 60 kil. celui de San-Antonio passe pour le meilleur, la production annuelle de cet endroit s'élève à 250000 kil. environ.

Sucre. — Le Sucre est exporté des mêmes ports et exclusivement au Portugal en barils de farine. Il passe pour être de belle qualité.

Cuirs et Peaux de chèvres. — Le commerce de ces articles était autrefois très considérable. Les Peaux de chèvres sont vendues à la mesure, si du cou à la queue elles mesurent plus de 36 pouces, on les appelle grandes peaux et elles valent alors 240 reis chaque; si moins, on les appelle petites peaux ne valant que 120 reis. Les cuirs sont généralement petits et pèsent environ 7 à 8 kil. chaque. Le prix varie de 90 à 120 reis par arratel (environ 459 grammes); ils sont d'abord salés et ensuite séchés au soleil.

Orseille. — L'Orseille s'expédie de toutes les îles en sacs d'environ 50 kil. généralement à Lisbonne, quelquefois en France. Le prix varie de 40 à 120 reis par arratel.

Les frais de port sont très-modérés.

(Extrait du Dictionnaire de MM. GUILLAUMIN et Ce, ainsi que de nos renseignements particuliers).

COMPTE D'ACHAT ET DE REVIENT

A 12000 ALQUEIRES GRAINE DE RICIN EN VRAC

12000 Alqueires = 200 Moios à 25.000 Reis par Moio		R.	5.000.000

FRAIS A PORTO PRAYA

Droits de sortie 6.000 R. et 3 % par Moio	R. 1236.000		
Droits de quayage 3 % sur R. 5.000	» 150.000		
Timbres et dépêches	» —.150		
Mesurage, transport à bord, location de sacs et d'embarcation	» 310.400		
	R. 1696.550		
Commission d'achat à 200 Moios à 1000 R. par Moio	» 200.000		
5 % à R. 1696.550 de frais	» 48.827	»	1.981.377
		R.	6.981.377
Remboursement à 30 jours de vue sur Paris à 0.172 Reis pour 1 F.		F.	40589.40

FRAIS AU HAVRE

Fret à 180,000 kil. délivrés à F. 30 sec par 1000 kil.	F. 5400.—		
Frais de débarquement, mise en sacs, location de sacs posés, 1 mois magasinage et livrer	» 1350.—		
Assurance maritime à 1 ½ % sur F. 44648.34	» 669.72		
Assurance contre le feu à 1 ‰ sur F. 44648.34	» 44.65		
Commission de banque à ¼ % sur F. 40589.40	» 101.47		
Escompte à la vente 2¼ %			
Courtage de vente ¼ %			
Perte d'intérêts 1 %			
Commission de vente 2 %			
Ensemble 5½ % sur F. 50957.93	» 2802.69	»	10368.53
		F.	50957.93

RENDEMENT : 1 Alqueire = 15 kil. 60 Alqueires = 1 Moio.

Brut	kil.	180000
Perte en magasin	»	1800
Net	kil.	178200 à F. 28.60 les 100 kil. Entrepôt .... F. 50965.20

PRIX DE REVIENT AU HAVRE DES 100 KIL. ENTREPOT

AUX CHANGES SUIVANTS SUR PARIS POUR F. 1

	PRIX à PORTO-PRAYA par Moio en Reis	R. 184	R. 178	R. 172	R. 166	R. 160	1 Reis de différence dans le change font au Havre par 100 kil.
Subdivisions 1. Cent et frais variables	R. 1.000	F. 0.68	F. 0.70	F. 0.73	F. 0.75	F. 0.78	F. 0.01
	2.000	1.36	1.41	1.45	1.51	1.56	0.01
	3.000	2.04	2.10	2.18	2.26	2.34	0.02
	4.000	2.72	2.81	2.91	3.01	3.12	0.02
	5.000	3.40	3.51	3.63	3.76	3.91	0.02
Cent et frais variables et invariables	10.000	16.80	17.24	17.70	18.20	18.72	0.08
	15.000	20.20	20.75	21.33	21.96	22.63	0.10
	20.000	23.60	24.26	24.96	25.72	26.54	0.12
	25.000	27.00	27.78	28.59	29.49	30.44	0.14
	30.000	30.39	31.29	32.23	33.26	34.35	0.16
Logarithmes des changes		06793	07022	07267	07530	07813	.0042
Frais invariables par 100 kil.		10.01	10.22	10.48	10.67	10.91	0.04

OBSERVATIONS

F. 5 sec par 1000 kil. sur le fret font au Havre une différence de F. 0.53½ par 100 kil. sur les prix.

Logarithme sans change 0.125

On veut savoir le revient de Graines de Ricin ayant coûté à Porto-Praya R. 21.000 au change de 178 et au fret de F. 30 les 100 kil.

On trouvera dans la 1re et la 3e colonne de ce tableau que :

R. 20.000 font les 100 kil. entrepôt		F. 24.26
» 1.000 id. id.		» 0.70
R. 21.000 feront les 100 kil. entrepôt		F. 24.96

Ainsi le logarithme 0.125 × le change 178 = le logarithme correspondant à ce change 0.7022 ;

21.000 × 0.7022 =	F. 14.74
à ajouter les frais invariables	» 10.22
Revient égal	F. 24.96

Exempt de Droits d'entrée

DEPUIS JUIN 1869

COMPTE D'ACHAT ET DE REVIENT

A 8040 ALQUEIRES SEL

8040 Alqueires Sel = 134 Moios au prix établi pour la saison de R. 4.800 rendu sous palan	R.	643.200

FRAIS A MAIO, BOAVISTA OU SAL

Droits de sortie et frais d'embarquement toujours à la charge du vendeur	»	—.—
	R.	643.200
Remboursement à 90 jours de vue sur Paris au change de 172 Reis pour F. 1	F.	3739.53
Couverture de Santos en remises à 90 jours de vue, au change de 400 Reis pour F. 1	Rs	1:495$812

FRAIS A SANTOS

	Fret		Frais	
Fret à 6930 Alqueires délivrés à 84 ℊ = 582120 ℊ, (2179 ℊ = 1000 k.) = 267150 k. à F. 40 par 1000 k. = F. 10686 à 400 Reis pour F. 1	Rs 4:274$400			
Droits locaux à 8040 Alqueires embarqués à 600 Reis = R. 4:824$000 1 ½ %		Rs	72$360	
Droits locaux à 6930 Alqueires délivrés à 10 Reis		»	69$300	
Mesurage, menus frais et assurance		»	24$250	165$910
			Rs	1:661$722
Perte d'intérêts 6 mois = 5 %				
Commission et ducroire.. 7 ½ %				
Ensemble 12 ½ %	» 610$628		»	237$389
	Rs 4:885$028			
Soit par Alqueire	» 0$705		Rs	1:899$111

RENDEMENT : 60 Alqueires = 1 Moio à l'embarquement.
1 Moio = 51 Alqueires ⁷⁵⁄₁₀₀ au débarquement.

6930 Alqueires à 0$274 reis sans le fret .... Rs 1:898$820

NOTA : Nous avons laissé dans ce compte le fret séparé du coût ou revient du Sel à Santos parce que les envois de Sel combinés ordinairement avec le retour, ne peuvent pas supporter proprement dit un fret d'aller ; c'est seulement après la livraison du Sel assuré franc d'avaries et connaissant le change ou retour sur Paris qu'on voit s'il y a ou non, en faveur de l'opération, une différence qui représente le fret de sortie ou une diminution d'autant sur le fret de retour.

PRIX DE REVIENT A SANTOS PAR ALQUEIRE SEL SANS FRET

AUX CHANGES SUIVANTS DE SANTOS OU RIO-JANEIRO SUR PARIS F. 1

PRIX au CAP-VERT par Moio	Rs 0$300	Rs 0$350	Rs 0$400	Rs 0$450	Rs 0$500	Rs 0$550	Rs 0$030 de différence sur le change font par alqueire.
R. 1.000	Rs 0$036	Rs 0$045	Rs 0$052	Rs 0$058	Rs 0$065	Rs 0$071	Rs 0$007
Coût et frais variables et invariables 4.300	0$192	0$220	0$248	0$276	0$304	0$332	0$028
4.400	0$196	0$225	0$253	0$282	0$311	0$339	0$028
4.500	0$200	0$229	0$258	0$288	0$317	0$346	0$029
4.600	0$204	0$234	0$264	0$294	0$324	0$353	0$030
4.700	0$208	0$238	0$268	0$300	0$330	0$360	0$030
4.800	0$212	0$243	0$274	0$306	0$336	0$367	0$031
4.900	0$216	0$248	0$279	0$311	0$343	0$374	0$032
5.000	0$220	0$252	0$284	0$317	0$349	0$381	0$032
5.100	0$224	0$257	0$289	0$323	0$356	0$388	0$033
5.200	0$228	0$261	0$294	0$329	0$362	0$395	0$033
5.300	0$232	0$266	0$300	0$334	0$368	0$402	0$034
Logarithmes des changes	0.02855	0.04497	0.05140	0.05782	0.06425	0.07067	0.00642
Frais invariables par Alqre.	0$026	0$027	0$027	0$027	0$027	0$027	—.—

REVIENT DU FRET AUX CHANGES CI-DESSUS PAR ALQUEIRE DE SEL.

TAUX DE FRET par 1000 k.	Rs 0$300	Rs 0$350	Rs 0$400	Rs 0$450	Rs 0$500	Rs 0$550	Rs 0$050 de différence sur le change font par alqueire.
Coût du Fret F. 5.—	Rs 0$066	Rs 0$077	Rs 0$088	Rs 0$099	Rs 0$110	Rs 0$121	Rs 0$011
10.—	0$132	0$154	0$176	0$198	0$220	0$242	0$022
20.—	0$265	0$309	0$353	0$397	0$441	0$485	0$044
25.—	0$331	0$386	0$441	0$496	0$551	0$606	0$055
30.—	0$397	0$463	0$529	0$595	0$661	0$727	0$066
35.—	0$463	0$540	0$617	0$694	0$771	0$848	0$077
40.—	0$529	0$617	0$705	0$793	0$881	0$969	0$088
45.—	0$595	0$694	0$793	0$892	0$991	1$090	0$099
50.—	0$661	0$771	0$881	0$991	1$101	1$211	0$110
Logarithmes des changes	0.13218	0.15421	0.17624	0.19827	0.22030	0.24233	0.02203

Logarithme des prix sans le change 0.0001285
id. des frets id. id. 0.04406

On veut savoir le revient à Santos de l'Alqueire de sel ayant coûté au Cap-Vert R. 4.500 au change de retour sur Paris de 450 Reis pour 1 franc et en voulant faire un fret de sortie de F. 20 par 1000 kil.

On trouvera dans la 1re et la 5e colonne de ce tableau que :

R. 4.500 font à Santos coût de sel	Rs	0$288
20 francs de fret font à Santos	»	0$397
R. 4.500 avec 20 fr. de fret feront à Santos comme prix de vente par Alqueire de sel.	Rs	0$685

Ainsi par le calcul des logarithmes ci-dessus on trouvera que le logarithme des prix 0.0001285 multiplié par le change 450 = 0 05782.

Le coût au Cap-Vert 4 500 × 0.05782 =	Rs	0$261
à ajouter les frais invariables	»	0$027
à ajouter le logarithme du fret 0.04406 × le change 450 = 0.19827 × le fret 20 =	»	0$397
Revient égal au prix de vente	Rs	0$685

COMPTE D'ACHAT ET DE REVIENT

A 4440 ALQUEIRES SEL DE MAIO, BOA-VISTA OU SAL

4440 Alqueires Sel (60 Alqueires = 1 Moio) = 74 Moios Sel au prix établi pour la saison de R. 4.800 par Moio sous palan .... R. 355.200

FRAIS A MAIO, BOA-VISTA OU SAL

Droits de sortie et frais d'embarquement toujours à la charge du vendeur .... » —.—

R. 355.200

Remboursement à 30 jours de vue sur Londres à raison de 4343 Reis pour 1 £ .... £ 81.16.—

Couverture de Rio-Grande du Sud à 90 jours de vue à raison de 25 d. pour 1000 reis. Rs 785$280

FRAIS A RIO-GRANDE DU SUD

	Fret	Frais	
Fret à 4040 alqueires délivrés = 144 tons ¼ à 40/ sac = £ 288.10 à 25 d. pour 1000 reis	Rs 2:769$600	R. —.—	
Droits à 4440 Alqueires à 600 reis, Rs 2664$000 à 1 ½ %	»	» 39$960	
Permis, mesurer et livrer	»	» 12$510	
Assurance maritime à 1 ¼ % sur Rs 863$808	»	» 10$797	
Perte d'intérêts 4 mois 2 % sur Rs 785$280		» 15$706	» 78$973
Commission de vente à 5 % sur Rs 909$739	» 145$768		» 45$486
	Rs 2:915$368		Rs 909$739
Soit par Alqueire	» 0$722		

Rendement : 1 Moio = 54 %₀₀ Alqueires de Rio-Grande.

4040 Alqueires à Rs 0$225 reis par Alqueire sans le fret .... R. 909$000

Nota : Nous avons laissé dans ce compte le fret séparé du coût ou revient du Sel à Rio-Grande, parce que les envois de Sel combinés ordinairement avec le retour, ne peuvent pas supporter proprement dit un fret d'aller ; c'est seulement après la livraison du sel assuré franc d'avaries et connaissant le change en retour sur Londres qu'on voit s'il y a ou non, en faveur de l'opération, une différence qui représente le fret de sortie ou une diminution d'autant sur le fret de retour.

PRIX DE REVIENT A RIO-GRANDE PAR ALQUEIRE SEL SANS FRET

AUX CHANGES SUIVANTS DE RIO-GRANDE OU DE RIO-JANEIRO SUR LONDRES

PRIX au CAP-VERT par Moio	D. 25	D. 24	D. 23	D. 22	D. 21	D. 20	D. 19	D. 18	½ d. de différence dans le change fait par alqueire.
R. 1.000	Rs 0$044	Rs 0$046	Rs 0$048	Rs 0$050	Rs 0$052	Rs 0$055	Rs 0$058	Rs 0$061	Rs 0$001
4.300	0$203	0$211	0$220	0$229	0$239	0$252	0$264	0$279	0$005
4.400	0$207	0$216	0$225	0$234	0$245	0$258	0$270	0$285	0$006
4.500	0$212	0$220	0$230	0$239	0$250	0$263	0$275	0$291	0$006
4.600	0$218	0$225	0$234	0$244	0$256	0$269	0$281	0$297	0$006
4.700	0$221	0$230	0$239	0$249	0$261	0$274	0$287	0$303	0$006
4.800	0$225	0$234	0$244	0$254	0$265	0$279	0$293	0$309	0$006
4.900	0$229	0$239	0$249	0$259	0$271	0$285	0$299	0$315	0$006
5.000	0$234	0$243	0$254	0$264	0$276	0$290	0$304	0$321	0$007
5.100	0$238	0$248	0$258	0$269	0$281	0$295	0$309	0$327	0$007
5.200	0$243	0$252	0$263	0$274	0$286	0$300	0$315	0$333	0$007
5.300	0$247	0$257	0$268	0$279	0$291	0$306	0$322	0$339	0$007
Logarithmes des changes ...	00440	00459	00479	00500	00524	00551	00580	00612	00012
Frais invariabl. par alqueire	0$014	0$014	0$014	0$014	0$014	0$014	0$014	0$014	—$—

REVIENT DU FRET AUX CHANGES CI-DESSUS PAR ALQUEIRE DE SEL

TAUX DU FRET par tonne	D. 25	D. 24	D. 23	D. 22	D. 21	D. 20	D. 19	D. 18	½ d. de différence dans le change fait par alqueire.
Sh. 5.—	Rs 0$090	Rs 0$094	Rs 0$098	Rs 0$102	Rs 0$107	Rs 0$113	Rs 0$119	Rs 0$125	Rs 0$002
10.—	0$180	0$188	0$196	0$205	0$215	0$227	0$238	0$251	0$005
20.—	0$360	0$376	0$392	0$410	0$430	0$454	0$476	0$502	0$009
25.—	0$450	0$470	0$490	0$512	0$537	0$567	0$595	0$627	0$012
30.—	0$540	0$564	0$588	0$615	0$645	0$681	0$714	0$753	0$014
35.—	0$630	0$658	0$686	0$717	0$752	0$794	0$833	0$878	0$017
40.—	0$720	0$752	0$784	0$820	0$860	0$908	0$952	1$004	0$019
45.—	0$810	0$846	0$882	0$922	0$967	1$021	1$071	1$129	0$022
50.—	0$900	0$940	0$980	1$025	1$075	1$135	1$190	1$255	0$024
Logarithmes des changes ...	0.180	0.188	0.196	0.205	0.215	0.227	0.288	0.169	0.005

Logarithme sans le change pour les prix 1.1014
id. id. id. les frets 0.451

On veut savoir le revient à Rio-Grande de l'alqueire de Sel ayant coûté au Cap-Vert R. 4.500 au change de retour sur Londres de 22 d. pour 1$000 Reis et en voulant faire un fret de sortie de sh. 10 par tonneau. On trouvera dans la [illegible] et 5e colonne de ce tableau que le coût au Cap-Vert de R. 4.500 font à Rio-Grande .... Rs 0$239
10 sh. de fret font à Rio-Grande .... » 0$205
R. 4.500 avec 10 sh. de fret feront à Rio-Grande un prix de vente par alqueire de .... Rs 0$444

Ainsi par le calcul des logarithmes ci-dessus on trouvera que le logarithme des prix 1.1014 divisé par le change sur Londres de 22 = 00500.
Le coût au Cap-Vert de 4.500 × 00500 = Rs 0$225
à ajouter les frais invariables .... » 0$014
à ajouter le logarithme du fret 0.451 divisé par le change 22 = 0.0205 et 0.0205 × le fret de 10 = ... » 0$205
Prix de vente égal à Rio-Grande ... Rs 0$444

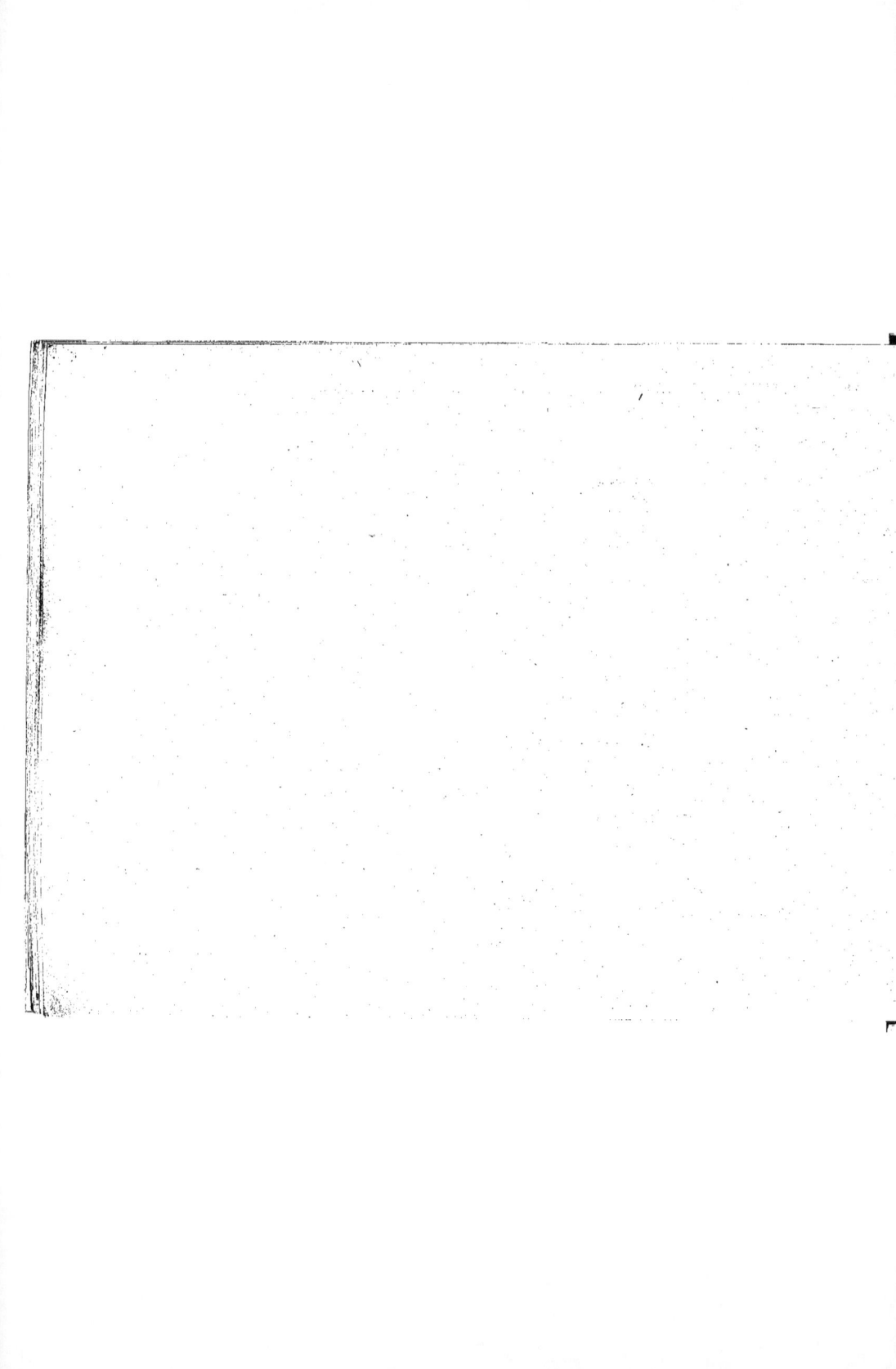

ZONE DES INDES OCCIDENTALES

RÉPERTOIRE DES COMPTES ET DES ARTICLES

CAP-VERT, HAVANE, PORT-AU-PRINCE, PORTO-RICO

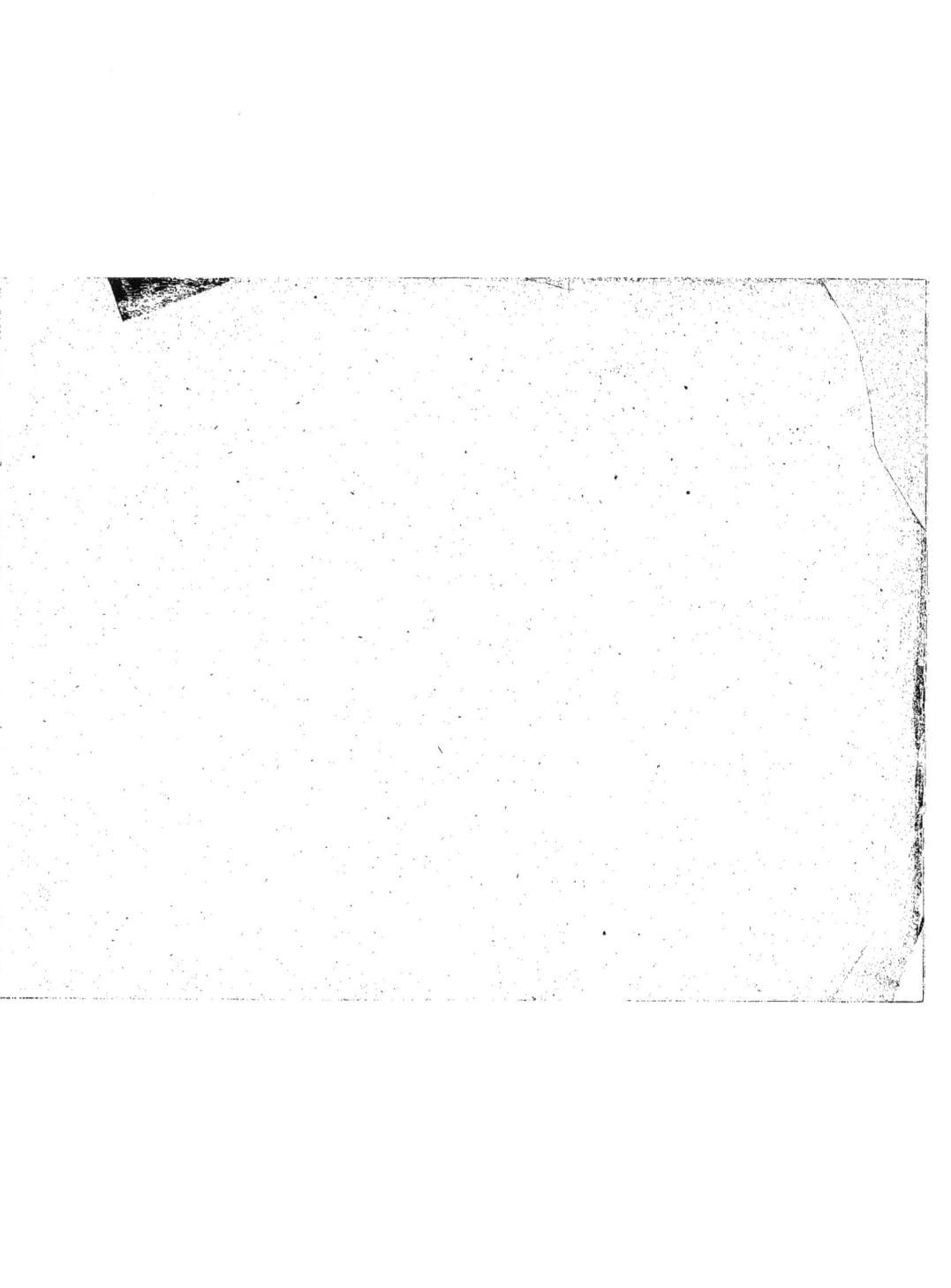

Plan général de l'Ouvrage

L'Édition Française comprend les Comptes de Revient de toutes les Marchandises importées en France des Pays d'Outre-Mer, ainsi que des Ports d'Europe, avec des Notices sur les Usages du Commerce et de la Marine marchande dans les principales Places.

Elle se publie par Livraisons de 100 à 200 Comptes ou pages.

L'Édition Anglaise comprend les Comptes de Revient de toutes les Marchandises qui figurent dans l'Édition Française, avec cette différence que ces comptes sont établis *pour l'importation en Angleterre*.

Elle se publie également par Livraisons de 100 à 200 Comptes ou pages.

Les **Livraisons par Zônes** sont formées par la réunion des Comptes Français et Anglais d'un certain nombre de Places d'exportation choisies de manière à composer un groupe ou une Zône.

N.-B. — L'Édition Française et l'Édition Anglaise renfermeront un certain nombre de Comptes qui ne seront pas compris dans les Éditions par Zônes.

Le prix des Livraisons est établi à raison de 25 centimes pour chaque Compte ou page.

Conditions de la Souscription

On peut souscrire *séparément* :

1° — A l'Édition Française ; 2° — à l'Édition Anglaise ; 3° — à une ou plusieurs des dix Livraisons par Zônes dont la liste suit :

1re **La Plata.** — Buenos-Ayres, Montevideo et Rio-Grande.

2e **Golfe du Bengale et Mer d'Oman.** — Calcutta, Madras, Pondichéry, Arakan, [illegible] Rangoon, Akyab, Colombo, Tuticorin, Bombay, Kurrachee, Mangalore, Tellichery.

3e **Iles de la Sonde et Océanie.** — Manille, Bornéo, Singapore, Pinang, Malacca, Batavia, Chéribon, Padang, Samarang, Sourabaya, Australie.

4e **Siam, Cochinchine, Chine et Japon.** — Bangkok, Siam, Saigon, Macao, Canton, Hong-Kong, Amoy, Ning-Pho, Shang-Haï, Nangasaki, [illegible]

5e **Afrique, Mozambique et Madagascar.** — Maurice, la Réunion, Cap de Bonne-Espérance, Bathurst, Port Natal, Mozambique, Madagascar.

6e **Brésil.** — Rio Janeiro, Pernambuco, Bahia, Maragnan, Para, Céara, Santos, Parahyba.

7e **Côtes du Pacifique.** — Lima, Arequipa, Iquique, Copiapo, Valparaiso, Payta, Guayaquil, Nicaragua, San-Salvador, Guatemala, Acapulco, Masatlan, San-Francisco.

8e **Amérique du Nord et Golfe du Mexique.** — New-York, Baltimore, Charleston, Savannah, Mobile, New-Orleans, Galveston, Matamoras, Tampico, Tuxpan, Vera-Cruz, Tabasco, Campêche, St-Jean-de-Nicaragua, Carthagène, Cayenne, Laguayra, Puerto-Cabello, Ste-Marthe, Maracaibo, Caracas, Cumana.

9e **Indes Occidentales.** — Havane, Matanzas, Cienfuegos, San-Yago-de-Cuba, Port-au-Prince, Gonaïves, Les Cayes, Jacmel, Porto-Rico, St-Jean, Ponce, Mayagüez, Guayama, Cap Vert, Ste-Croix-de-Ténériffe.

10e **Méditerranée et Mer Noire.** — Ajaccio, Bastia, Gênes, Livourne, Palerme, Girgenty, Malte, Cagliari, Almeira, Valence, Barcelone, Oran, Alger, Bône, Tunis, Tripoli, Alexandrie, Beyrouth, Smyrne, Salonique, Gallipoli, Scutary, Sinope, Trébizonde, Bourgas, Varna, Odessa, Taganrog, Constantinople.

www.ingramcontent.com/pod-product-compliance
Lightning Source LLC
Chambersburg PA
CBHW070307230526
45470CB00002B/762

9782014478105